성범죄자 심리치료의 이론과 실제

송원영 저

Theory and Practice of Sexual Offender Treatment

학지사

이 저서는 2017년 정부(교육부)의 재원으로 한국연구재단의 지원을 받아 수행된 연구임
(NRF-2017S1A6A4A01021859)

머리말

성범죄자 심리치료를 우리나라에 소개하고 시행하기 시작한 지 만 18년이 되었다. 첫 만남은 2003년 청소년보호위원회에서 저자가 당시 근무하던 신촌세브란스 병원에 연구용역을 발주하여 서울보호관찰소로 가서 참여하게 된 '인간존중 프로그램'이었다. 초기 연구진으로 참여하여 많은 청소년 성범죄자를 만났고, 이후 성인 보호관찰 대상자, 치료감호소 수감자, 교도소 재소자를 만나 성범죄자에 대한 심리치료를 실시하였다. 주로 만난 것은 성범죄자들이지만, 이 일의 시작에 영향을 미친 것은 소아정신과에서 만났던 어린 성폭력 피해자들이었다. 그들의 고통과 부모의 눈물, 모두의 파괴된 일상에 대한 안타까움으로 이런 일들을 줄이는 것에 뭐라도 도움이 되고 싶은 마음이었다. 성범죄자에 대한 심리치료는 성범죄를 일으킬 가능성이 높은 성범죄자에게 심리학적인 원리를 적용하여 재범을 방지하도록 돕는 가장 효과적인 방법으로 알려져 있다.

2021년 현재, 우리나라는 법무부의 다양한 기관에서 성범죄자에 대한 심리치료를 실시하고 있다. 보호관찰, 교정, 치료감호 등의 각 영역에서 매뉴얼을 개발하고, 해당 법과 규정에 따라 일정한 시간 동안 심리치료를 실시하고 있다. 하지만 연구자이자 치료자로서 아쉬운 점은 전반적인 내용을 한 번에 살펴볼 수 있는 입문서나 개론서가 없다는 것이었다. 일부 번역서로 소개되기는 하였지만, 우리나라 상황에서 전체를 살펴보고 안내해 줄 수 있는 책이 필요하다고 생각하였다. 다행히도 한국연구재단의 지원을 받아 저술을 시작하게 되었고, 생각보다 긴 시간을 거쳐 총 14개의 장으로 구성된 책을 세상에 내놓게 되었다.

제1부는 성범죄와 심리치료라는 주제로 성범죄자 심리치료를 맡는 사람이 기초적으로 알아야 할 지식에 대해 정리하였다. 성범죄 자체에 대한 설명은 줄이고, 심리치료를 진행하는 사람이 알아야 할 내용들만 포함시키고자 하였다. 제1장은 성범죄의 정의와 특성을 담았다. 특히 성범죄와 관련된 법률에 대해 설명하였다. 주로 심리학을 전공한 심리치료자들은 법적인 검토를 소홀히 하기 쉬운데, 성범죄자는 대부분 법제도하의 치료 장면에서 등장하게 되므로 관할 법에 대해 충분히 알아 두어야 할 필요가 있어서 해당 부분을 발췌하여 설명하였다. 제2장은 성범죄자 심리치료의 역사와 해외 프로그램 현황을 제시하였고, 제3장은 성범죄에 대한 심리학적 이론을 개관하였다. 제4장은 성범죄자에 대한 평가도구와 평가의 원리에 대해 설명하였다.

제2부는 성범죄자 심리치료의 이론들을 제시하였다. 제5장은 RNR 원리 등 중요한 원칙을 제시하였고, 제6장부터 제9장까지는 인지행동치료(CBT), 행동치료(BT), 재발 방지 모델(RP), 긍정심리학적 모델(GLM), 동기강화적 접근, 성 중독 및 Rockwood의 통합적 접근까지를 원리 중심으로 서술하였다. 서구에서는 이미 많은 연구가 이루어져서 이론만으로도 책 한 권이 나오겠지만, 전체적인 내용을 다루는 개론서를 쓴다는 목적하에 핵심적인 내용을 기술하였다.

제3부는 성범죄자 심리치료의 실제를 다루었다. 제10장은 치료의 구성에서 꼭 알아야 할 현실적이고 실제적인 점들을 설명하였고, 제11장은 현장에서 만날 수 있는 다양한 성범죄자의 유형과 특성을 소개하였다. 제12장은 우

리나라에서 개발된 성범죄자 심리치료 프로그램의 매뉴얼을 소개하여 번역서에서는 알 수 없는 우리나라 성범죄자 심리치료의 현황과 발전방향 등을 짚어 보려 하였다. 제13장은 향후 이 분야에서 일하고자 하는 사람들을 위해 성범죄자 심리치료자가 되기 위해 고민하고 생각해 보아야 할 가치관과 치료 시 갖게 되는 감정들, 그리고 성범죄자 심리치료자의 자격조건 등을 살펴보았다. 마지막으로, 제14장은 성범죄자 심리치료의 효과와 측정에 대해 기본 개념과 주요 연구, 메타연구 등을 소개하여 치료가 어떤 의미를 갖게 되는지에 대해 파악할 수 있도록 하였다.

책을 통해 새로운 것을 소개한다는 것은 의미 있는 일이지만 매우 부담스러운 일이기도 하다. 탈고를 앞두고 아쉬운 곳들이 자꾸 눈에 밟혀서 벌써 수정하고 싶어지지만, 아직 발전해야 할 분야에 대한 소개서가 부족하다는 의무감에 애써 마무리를 짓는다. 이 책의 오류나 부족한 부분은 전적으로 저자의 책임이며, 독자께서 피드백을 주신다면 참고하여 향후에 꼭 반영하겠다. 한국에서 미개척이었던 이 분야에 뛰어든 저자에게 많은 조언과 격려, 지도를 해 주신 W. Marshall 박사님께 감사드린다. 또한 초고를 검토해 준 최재광, 구미영 선생에게 감사를 표한다. 지금도 열악한 환경에서 성범죄자를 치료하기 위해 분투하는 많은 분이 있다. 이 책이 그분들께 조금이라도 참고가 될 수 있었으면 좋겠다. 나아가 좋은 심리치료를 통해 성범죄 피해자가 감소하기를 바라는 마음이 간절하다.

2021년 3월

송원영

차례

제1부

성범죄와 심리치료

제1장

성범죄의 정의와 특성

1. 성범죄란

1) 성범죄의 개요

성범죄는 한 번 발생하면 매우 큰 피해를 남기는 중범죄이므로 그 발생과 재범을 줄이는 것은 매우 의미 있고 중요한 일이다. 이를 위해 법적인 제재와 처벌이 이루어져 왔으나, 다른 범죄와는 달리 법적인 처벌에도 불구하고 지속적으로 재범을 하는 사람들이 있었고, 20세기 중반에 이르러서야 이들에 대한 치료가 시작되었다. 심리치료는 재범을 감소시키는 데 효과를 보이기 시작했고, 서구사회에서부터 점차 적용이 되기 시작했다. 우리나라에서는 2000년대에 들어와서야 비로소 성범죄에 대한 치료적인 접근이 시작되었다.

불행히도 최근 우리나라의 성범죄 발생비율은 지속적으로 증가하는 추세를 보이고 있다. 살인, 폭행 등의 다른 중범죄가 전체적으로 감소하는 것에 반해, 성범죄는 최근 20년간에도 계속 증가하고 있다. 2000년 이후에 발생한 것들만 살펴보아도, 대표적으로 '대전 발발이 사건'은 10여 년간 100명이 넘는 부녀자들을 성폭행하였는가 하면, 2008년에는 '안양 초등학생 납치 사건'으로 알려진 초등생 유괴 및 성폭행 사건이 있었고, 2009년에는 '조두순 사건', 그 이후 '김수철 사건' '이영학 사건' 등 많은 사건이 발생하였고 매번 전 국민은 충격에 빠졌다. 또한 정치인, 연예계, 종교계, 교육계 등에서 발생한 성범죄들이 2018년 현직 검사의 폭로로 시작된 '미투(me too)'를 통해 알려지고 사회운동으로 퍼지게 되었다. 2019년에서 2020년에는 온라인을 중심으로 아동 성착취를 일삼은 소위 'N번방 사건'이 발생하여 조주빈을 비롯한 아동 성착취범들이 세상에 알려지게 되었다.

미국의 경우, 평생 동안 여성 다섯 명 중 1명, 남성 71명 중 1명이 성범죄를 당하는 것으로 알려져 있으며(Black et al., 2011), 그중 12.3%가 10세 이하, 30%가 11~17세인 것으로 나타난다. 유럽의 경우 강간 피해자의 비율이 인구 10만 명당 영국은 71명, 스웨덴은 64명, 프랑스는 21명, 독일은 10명 등으로 나타난다(Eurostat, 2016). 아동 성범죄의 경우, 미국에서는 1,000명 중 0.7~1.83명의 아동 성학대 피해자가 보고된다. 성범죄 통계의 경우 성범죄 정의가 어떻게 적용되었는지, 표집의 특성이 어떠했는지, 인터뷰 형식을 무엇을 사용했는지, 같은 사람 범죄를 중복 계수하는지 여부 등의 차이가 있어서 단순 비교로 많고 적음을 판단하기는 어렵다. 또한 각국의 문화에 따라 성범죄에 대한 신고율이나 성범죄에 해당하는 행위에 대한 민감도 등이 다르기도 하다.

발생률과 더불어 참고해야 할 매우 중요한 개념은 재범률이다. 전 국민 중에서 발생하는 성범죄의 비율보다, 성범죄 전과자 중 성범죄가 발생하는 비율이 훨씬 높기 때문이다. 성폭력범죄는 신고된 재범률 자체는 폭력 등에 비해 높지 않지만, 재범자 중에는 고질적으로 재범을 하는 사람이 많고, 한 사람이 많은 피해자를 내는 경향이 있어서, 재범을 감소시키는 것이 매우 중요한 범죄이다. 고위험군인 성폭력범죄 전과자에 대한 관리와 치료적 개입은 추가적인 성범죄 발생을 억제하기 위해 반드시 필요한 접근이다(Camp &

Thyler, 1993; Marshall & Pithers, 1994; McGrath, 1995). 성범죄 발생의 억제에 가장 효과적인 것으로 알려진 방법이 심리치료이므로 이 책은 성범죄자의 심리치료에 대한 이론과 실제 방법에 대한 내용을 전반적으로 다루고 있다.

2) 성범죄의 정의

(1) 법적인 정의

성폭력은 성(sexuality)과 폭력(violence)이 결합된 단어이다. 사전적 의미는 성적인 행위로 타인에게 육체적 · 정신적 · 심리적 압박을 가하는 물리적 강제력이다(이윤용, 2015). 따라서 성폭력범죄는 성과 관련된 행위를 통하여 타인을 침해하는 행위로 정의할 수 있다. 성과 관련된 행위는 성범죄 행위 중 가장 대표격인 강간부터 유아나 아동 대상의 성과 관련된 일탈행동, 성희롱 및 성추행 등과 함께 최근에 문제가 되고 있는 스토킹(stalking) 등을 포함한다. 침해의 의미는 한 개인이 무력, 강제, 속임수 또는 자신이 소유하고 있는 여러 가지 능력을 이용하여 타인의 의견을 무시하거나 해를 주는 행위를 의미한다.

(2) 심리학에서의 정의

폭력이란 자신이 가진 힘(power)을 사용하여 (종종 상대방의 의사에 반하여) 자신의 욕구를 충족하는 것을 말한다. 따라서 성폭력은 성을 매개로 폭력을 행사하는 것을 의미하게 된다.

2. 성범죄의 유형

1) 행위에 따른 분류

(1) 접촉 여부에 따라

성범죄는 접촉 여부에 따라 **접촉형**(hands-on offenses)과 **비접촉형**(hands-off offenses)으로 나뉘게 된다. 접촉형이란 실제로 성범죄자와 피해자의 피부접촉이 일어나는 경우로서, 강간, 강제추행, 마찰도착장애, 가학장애 등에서 볼 수 있는 적극적인 성범죄를 말한다. 비접촉형이란 성범죄자와 피해자 사이의 피부접촉은 없으나 성적인 가해행위를 하는 것으로, 노출장애, 관음장애 등에서 보이는 행동들이 이에 포함된다고 하겠다.

(2) 대상에 따라

대상에 따른 분류는 피해자에 따라 성인을 대상으로 성범죄를 저질렀을 경우 **강간범**(rapist)이라 하고, 아동을 대상으로 성범죄를 저질렀을 경우 **아동 추행범**(child molester)이라 한다. 이는 법적으로는 피해자가 미성년자 또는 13세 미만의 아동 등으로 나뉘게 되지만, 심리학적으로는 사춘기(puberty)를 기준으로 하게 된다. 즉, 이차 성징이 나타나고 출산이 가능한 나이의 사람(주로 여성)을 대상으로 하는 경우, 실제적인 성관계가 가능하기 때문에 강간으로 볼 수 있으나, 사춘기 이전의 아동인 경우 추행으로 그치게 되는 경우가 많다. 또한 아동을 대상으로 성적인 각성이 된다는 것은 심리적으로 건강한 성인에게서 잘 나타나지 않는 현상이기 때문에, 소아성애장애 등의 문제가 있는 것으로 파악하게 된다. 범행의 초기에는 성인대상, 아동대상이 나뉘어져 있는 경우가 많으나, 범행을 반복하면서 두 종류의 피해자 모두에게 범행을 저지르는 **교차형**(cross-over)으로 발전하기도 한다.

(3) 관계에 따라

성범죄자가 피해자를 알고 있었는지에 따라 **면식범**(acquaintance rapists)과 **비면식범**(stranger rapists)으로 나눌 수 있다. 면식범의 경우, 직장동료, 교우, 이웃사람, 친지 등과 같이 기존에 관계가 있었던 사람을 피해자로 삼은 경우를 말하고, 비면식범의 경우, 범행을 통해 알게 된 사이를 말한다. 소개를 받거나 인사한 지 얼마 되지 않아 종종 이를 분류하기 애매한 경우도 발생하는데, 이러한 경우 통상 범행 발생 24시간을 기준으로 전혀 몰랐던 사람은 비면식, 그 전에도 만난 적이 있는 사람은 면식으로 분류한다.

(4) 가족관계에 따라

아동 추행범의 경우는 그 피해자가 가족인지 아닌지에 따라 **가족외 아동 추행범**(extra-familial child molesters)과 **가족내 아동 추행범**(intra-familial child molesters)으로 나누게 된다. 가족외인 경우는 낯선 사람일 수도 있으나 이웃이나 사회기관 등을 통해 알게 된 아이인 경우가 많다. 가족내인 경우는 친자녀, 의붓자녀나 손자녀 등을 말하며, 대체적으로 이들 성범죄자는 피해자 이외의 다른 사람들과의 정서적인 교류나 대인관계가 부족한 경우가 많다.

(5) 선호하는 성별에 따라

피해자의 성별에 따라 동성인 경우 **동성 선호**(same-sex preference), 이성인 경우 **이성 선호**(opposite-sex preference)라 한다. 대체적으로 성범죄자가 남성인 것을 상정한다면, 남성피해자를 선호하면 동성 선호, 여성피해자를 선호하면 이성 선호라 하겠다. 물론 양성을 모두 대상자로 삼는 경우도 있다.

2) DSM-5에 따른 분류

(1) 관음장애(voyeuristic disorder)

다른 사람이 옷을 벗고 있거나 성행위를 하고 있는 모습을 몰래 훔쳐봄으로써 성적 흥분을 느끼는 경우를 말한다. 관찰대상은 낯선 사람인 경우가 대부분이며 이러한 목격 내용을 회상하며 자위행위를 하는 경향이 있다. 대개 15세 이전에 시작되며 만성화되는 경향이 있다.

(2) 노출장애(exhibitionistic disorder)

낯선 사람에게 자신의 성기를 노출시키는 것에서 성적 흥분을 느끼는 경우를 말한다. 상상을 하며 자위행위를 하기도 하지만 낯선 사람과 성행위를 하려고 시도하는 경우는 드물다. 대개 18세 이전에 발생하고 40세 이후에는 상태가 완화되는 것으로 보인다.

(3) 접촉마찰장애(frotteuristic disorder)

동의하지 않는 사람에게 자신의 성기나 신체 일부를 접촉하거나 문지르는 행위를 반복적으로 나타내는 경우를 말한다. 피해자와 비밀스러운 애정 관계를 맺게 된다는 상상을 하곤 한다. 대개 15~20세 사이에 발생하여 연령이 증가할수록 발생 빈도는 점차 줄어든다.

(4) 성적피학장애(sexual masochistic disorder)

굴욕을 당하거나 매질을 당하거나 묶이는 등 고통을 당하는 행위를 중심으로 성적 흥분을 느끼거나 성적 행위를 반복하는 경우를 말한다. 고통을 당하는 행위는 실제적인 것일 수도 있고 가상적인 것일 수도 있다. 상상은 아동기부터 존재하나 실제 피학적 성행위는 대개 성인 초기에 시작된다. 성적피학장애는 보통 만성적이며 동일한 피학적 성행위를 반복하는 경향이 있다. 시간이 경과함에 따라 피학 행위의 정도가 심화되며 극단적 형태는 저산소 기호증(hypoxyphilia)으로 발전할 수 있다.

(5) 성적가학장애(sexual sadistic disorder)

성적피학장애와 반대되는 경우로서, 상대방으로 하여금 고통이나 굴욕감을 느끼게 함으로써 성적 홍분을 즐기거나 그러한 성적 행위를 반복하는 경우이다. 가학적인 성적 공상은 아동기부터 시작되는 경향이 있지만, 가학적 행위가 시작되는 연령은 대부분 초기 성인기이다. 성적가학장애는 보통 만성적이며 동의하지 않는 상대에게 가학적 성행위를 행하여 체포될 때까지 반복되는 경향이 있다. 시간이 경과함에 따라 강도가 높아진다.

(6) 소아성애장애(pedophilic disorder)

사춘기 이전의 아동(보통 13세 이하)을 대상으로 하여 성적 공상이나 성행위를 6개월 이상 반복적으로 나타내는 경우이며 적어도 16세 이상, 성적 대상이 되는 아동보다 적어도 5세 이상의 연상이어야 한다.

(7) 물품음란장애(fetishistic disorder)

물건에 대해서 성적 흥분을 느끼며 집착하는 경우를 말한다. 성적 흥분을 위해 그런 물건들이 필요하며 성행위 시 상대방에게 착용하도록 요구하는 경우가 많다. 대개 청소년기에 시작되며 일단 발병하면 만성적 경과를 나타낸다.

(8) 복장도착장애(transvestic disorder)

이성의 옷으로 바꿔 입음으로써 성적 흥분을 하는 경우를 말한다. 거의 이성애 남자에게서 보고되며 여성의 옷을 입거나 장신구, 화장을 하고 싶은 강렬한 충동과 성적 공상을 경험한다.

3. 성범죄의 현황

1) 우리나라의 성범죄 통계

우리나라의 통계를 살펴보면 성범죄는 매우 급증하는 범죄이다. 대검찰청과 경찰청의 자료에 의하면 2018년 우리나라의 총 범죄는 178만 2천 건으로, 거의 매년 발생 건수가 지속적으로 증가하고 있다. 특히 인구 10만 명 중 발생률로 환산하였을 때, 살인이나 절도, 강도는 모두 2010년 이후로 큰 폭으로 감소추세를 보이고 있으나 성폭력은 현저한 증가를 보이고 있다.

표 1-1 10년간 주요 범죄 발생 건수(2009~2018년)

연도	총 범죄 발생 건수	형법범죄	주요 강력범죄				
			살인	강도	성폭력	방화	폭행/상해
2009	2,168,185	998,594	1,390	6.381	17,377	1,866	250,537
2010	1,917,300	943,585	1,262	4,395	19,939	1,886	224,300
2011	1,902,720	1,000,849	1,221	4,021	22,034	1,972	232,229
2012	1,934,410	1,037,166	1,029	2,643	21,346	1,882	230,635
2013	1,996,389	1,056,704	966	2,013	26,919	1,730	219,805
2014	1,933,835	1,016,209	938	1,618	29,863	1,707	214,605
2015	2,020,731	1,047,761	958	1,472	31,063	1,646	226,543
2016	2,008,290	1,005,689	948	1,181	29,357	1,477	228,710
2017	1,825,876	958,865	858	990	32,824	1,358	215,717
2018	1,738,190	988,398	849	841	32,104	1,478	208,935

자료: 대검찰청(2010~2019).

성폭력범죄를 10개의 하위 유형으로 세분하여 발생 건수와 구성비를 살펴보면, 강간은 3,923건에서 5,826건으로 증가하였으나, 구성비로 볼 때는 2009년 22.6%에서 감소하여 2018년에는 18.1%를 보였다. 이에 비해 강제추행은 6,178건에서 15,672건으로 2.5배 정도의 증가를 보였고, 구성비 역시 2009년 35.6%에서 2018년에는 48.8%로 지속적으로 증가하여, 전체 성폭력범죄에서 가장 높은 비중을 차지하였다. 카메라 등 이용 촬영의 경우 2009년 834건에서 2018년 6,085건으로 무려 7.3배의 증가율을 보였다. 구성비로는 4.8%에서 19.0%로 증가하였다.

표 1-2 10년간 성폭력범죄 유형별 발생 건수 추이(2009~2018년) (단위: 건(%))

연도	강간	강제 추행	강간 등	강간 등 살인/치사	강간 등 상해/치상	특수강도 강간 등	카메라 등 이용 촬영	성적 목적의 장소 침입	통신매체 이용 음란	공중밀집 장소 추행	계
2009	3,923 (22.6)	6,178 (35.6)	2,706 (15.6)	18 (0.1)	1,544 (8.9)	479 (2.8)	834 (4.8)	–	761 (4.4)	934 (5.4)	17,377
2010	4,384 (21.3)	7,314 (35.5)	3,234 (15.7)	9 (0.0)	1,573 (7.6)	293 (1.4)	1,153 (5.6)	–	1,031 (5.0)	1,593 (7.7)	20,584
2011	4,425 (20.0)	8,535 (38.5)	3,206 (14.5)	8 (0.0)	1,483 (6.7)	285 (1.3)	1,565 (7.1)	–	911 (4.1)	1,750 (7.9)	22,168
2012	4,349 (18.6)	10,949 (46.9)	1,937 (8.2)	13 (0.1)	1,208 (5.2)	209 (0.9)	2,462 (10.5)	–	917 (4.0)	1,332 (5.7)	23,365
2013	5,359 (18.4)	13,236 (45.5)	1,186 (4.0)	22 (0.1)	1,094 (3.8)	150 (0.5)	4,903 (16.9)	214 (0.7)	1,416 (4.9)	1,517 (5.2)	29,097
2014	5,092 (16.7)	12,849 (42.2)	283 (0.9)	6 (0.0)	849 (2.7)	72 (0.2)	7,730 (24.9)	543 (1.7)	1,139 (3.7)	1,901 (6.1)	31,063
2015	5,274 (17.0)	13,266 (42.7)	283 (0.9)	6 (0.0)	849 (2.7)	72 (0.2)	7,730 (24.9)	543 (1.7)	1,139 (3.7)	1,901 (6.1)	31,063
2016	5,412 (18.4)	14,339 (48.8)	192 (0.7)	8 (0.0)	736 (2.5)	56 (0.2)	5,249 (17.9)	477 (1.6)	1,115 (3.8)	1,773 (6.0)	29,357
2017	5,555 (16.9)	15,981 (48.7)	144 (0.4)	7 (0.0)	716 (2.2)	34 (0.1)	6,615 (20.2)	422 (1.3)	1,265 (3.9)	2,085 (6.4)	32,924
2018	5,826 (18.1)	15,672 (48.8)	182 (0.6)	8 (0.0)	655 (2.0)	43 (0.1)	6,085 (19.0)	646 (2.0)	1,378 (4.3)	1,609 (5.0)	32,104

자료: 대검찰청(2010~2019).

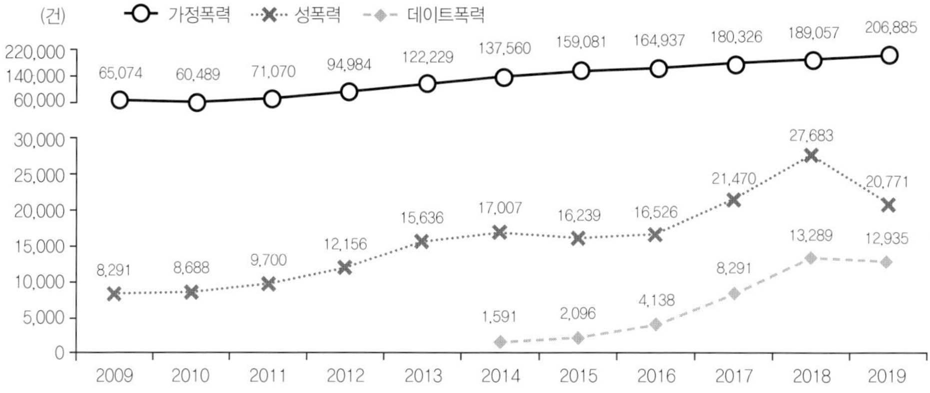

[그림 1-1] 1366(여성긴급전화) 상담 내용

자료: 여성가족부, http://www.mogef.go.kr

표 1-3 12년간 1366(여성긴급전화) 상담 건수(2008~2019년) (단위: 건, %)

	계	가정폭력	성폭력	성매매	데이트폭력	기타[1]
2008	158,635	47,760	8,205	1,817	–	100,853
2009	190,859	65,074	8,291	1,887	–	115,607
2010	183,240	60,489	8,688	1,497	–	112,566
2011	191,050	71,070	9,700	2,027	–	108,253
2012	223,109	94,984	12,156	2,324	–	113,645
2013	253,616	122,229	15,636	2,981	–	112,770
2014	265,792	137,560	17,007	3,070	1,591	106,564
2015	274,226	159,081	16,239	3,046	2,096	93,764
2016	266,901	164,937	16,526	2,647	4,138	78,653
2017	289,032	180,326	21,470	3,405	8,291	75,540
2018[2]	352,269	189,057	27,683	3,890	13,289	118,350
2019	353,947	206,885	20,771	4,146	12,935	109,210
2009년 대비 증감률	85.4	217.9	150.5	119.7	순증	−5.5
구성비	100.0	58.5	5.9	1.2	3.7	30.9

자료: 여성가족부, http://www.mogef.go.kr

주: 1) 가족문제, 심리정서, 단순 기관문의 등

2) 2018년부터 분류 방식의 변경으로 일부 항목이 삭제되고 데이트폭력 항목이 추가되었음.

여성가족부에서 보고한 1366(여성긴급전화)을 통한 여성 상담 내용은 2019년 가정폭력이 약 20만 7,000건으로 전체 상담 건수의 58.5%를 차지하고 있다. 성폭력 상담 건수는 2008년 8,205건에서 2019년 20,771건으로 2배 이상 증가했고, 2014년부터 조사를 시작한 데이트폭력 역시 1,591건에서 12,935건으로 현저한 증가를 보였다([그림 1-1]과 〈표 1-3〉 참조).

주요 강력범죄의 피해자 성별을 살펴본 결과, 살인과 방화는 남녀 피해자가 엇비슷한 정도이지만 성폭력의 경우 강간은 99%가, 강제추행은 91%가 여성이 피해자여서, 결과적으로 살인, 살인미수, 성폭력, 방화 피해자의 합을 계산해 보면 88.1%가 여성이 피해자인 것으로 나타나 성적 불균형이 심하다.

표 1-4 주요 강력범죄의 피해자 성별(단위: 건(%))

	계	살인	살인 미수 등	강도	강간	유사 강간	강제 추행	기타 강간 · 강제 추행 등	방화
계	26,476	297	482	798	5,310	782	17,120	325	1,362
남자 (남자비율)	3,072 (11.9)	138 (47.3)	290 (62.8)	418 (53.2)	34 (0.6)	86 (11.1)	1,489 (8.9)	7 (2.2)	610 (56.1)
여자 (여자비율)	22,718 (88.1)	154 (52.7)	172 (37.2)	367 (46.8)	5,245 (99.4)	686 (88.9)	15,303 (91.1)	313 (97.8)	478 (43.9)

자료: 통계청.

4. 성범죄와 관련된 법률

성범죄자가 심리치료를 자발적으로 받는 일은 흔하지 않다. 대개 법에 의해 치료가 집행되는 경우가 많으므로 심리치료를 시행하기 위해서는 심리치료에 관한 법과 규정에 대한 기본적인 지식이 있어야 한다. 우리나라의 법에서는 다음과 같은 다양한 법률을 통해 성범죄를 다루고 있다. 우선 기본이 되는 것은 형법이지만 성범죄와 관련해서는 다양한 특별법이 존재하고 있다. 성범죄자들은 판결과 제재에 민감하고, 치료에 대한 동기는 높지 않다. 이들과 대화하기 위해서는 치료자가 이들을 만나는 법적 근거에 대해 알고 있어야 하고, 특히 심리치료를 강제하는 법률의 이름과 내용을 숙지하고 있어야 하겠다. 성범죄와 관련된 법률은 지속적으로 개정되는 경향이 있으므로 법제처 홈페이지(https://www.moleg.go.kr/) 등을 통해 최신 법령을 수시로 찾아볼 필요가 있다.

1) 형법

형법은 범죄를 다루는 가장 기본법으로 강간, 유사강간, 강제추행 등에 대하여 다루고 있다. 2013년 개정 이전에는 제297조의 강간 규정이 '부녀'로 되어 있었으나, 개정 이후 '사람'으로 바뀌어서 남성피해자에 대한 범죄 역시 처벌하게 되었다. 형법 중 성폭력에 해당하는 범죄에 대한 조항은 다음과 같다(「성폭력처벌법」에서 인용하는 형법 조항).

1. 제2편 제22장 성풍속에 관한 죄 중 제242조(음행매개), 제243조(음화반포등), 제244조(음화제조등) 및 제245조(공연음란)의 죄
2. 제2편 제31장 약취(略取), 유인(誘引) 및 인신매매의 죄 중 추행, 간음 또는 성매매와 성적 착취를 목적으로 범한 제288조 또는 추행, 간음 또는 성매매와 성적 착취를 목적으로 범한 제289조, 제290조(추행, 간음 또는 성매매와 성적 착취를 목적으로 제288조 또는 추행, 간음 또는 성매매와 성적 착취를 목적으로 제289조의 죄를 범하여 약취, 유인, 매매된 사람을 상해하거나 상해에 이르게 한 경우에 한정한다), 제291조(추행, 간음 또는 성매매와 성적 착취를 목적으로 제288조 또는 추행, 간음 또는 성매매와 성적 착취를 목적으로 제289조의 죄를 범하여 약취, 유인, 매매된 사람을 살해하거나 사망에 이르게 한 경우에 한정한다), 제292조[추행, 간음 또는 성매매와 성적 착취를 목적으로 한 제288조 또는 추행, 간음 또는 성매매와 성적 착취를

목적으로 한 제289조의 죄로 약취, 유인, 매매된 사람을 수수(授受) 또는 은닉한 죄, 추행, 간음 또는 성매매와 성적 착취를 목적으로 한 제288조 또는 추행, 간음 또는 성매매와 성적 착취를 목적으로 한 제289조의 죄를 범할 목적으로 사람을 모집, 운송, 전달한 경우에 한정한다] 및 제294조(추행, 간음 또는 성매매와 성적 착취를 목적으로 범한 제288조의 미수범 또는 추행, 간음 또는 성매매와 성적 착취를 목적으로 범한 제289조의 미수범, 추행, 간음 또는 성매매와 성적 착취를 목적으로 제288조 또는 추행, 간음 또는 성매매와 성적 착취를 목적으로 제289조의 죄를 범하여 발생한 제290조 제1항의 미수범 또는 추행, 간음 또는 성매매와 성적 착취를 목적으로 제288조 또는 추행, 간음 또는 성매매와 성적 착취를 목적으로 제289조의 죄를 범하여 발생한 제291조 제1항의 미수범 및 제292조 제1항의 미수범 중 추행, 간음 또는 성매매와 성적 착취를 목적으로 약취, 유인, 매매된 사람을 수수, 은닉한 죄의 미수범으로 한정한다)의 죄

3. 제2편 제32장 강간과 추행의 죄 중 제297조(강간), 제297조의2(유사강간), 제298조(강제추행), 제299조(준강간, 준강제추행), 제300조(미수범), 제301조(강간등 상해 · 치상), 제301조의2(강간등 살인 · 치사), 제302조(미성년자등에 대한 간음), 제303조(업무상위력등에 의한 간음) 및 제305조(미성년자에 대한 간음, 추행)의 죄
4. 제339조(강도강간)의 죄 및 제342조(제339조의 미수범으로 한정한다)의 죄
5. 제3조(특수강도강간 등)부터 제15조(미수범)까지의 죄

형법 중 일부 조항의 내용을 소개하면 다음과 같다.

제297조(강간) 폭행 또는 협박으로 사람을 강간한 자는 3년 이상의 유기징역에 처한다. 〈개정 2012.12.18.〉

제297조의2(유사강간) 폭행 또는 협박으로 사람에 대하여 구강, 항문 등 신체(성기는 제외한다)의 내부에 성기를 넣거나 성기, 항문에 손가락 등 신체(성기는 제외한다)의 일부 또는 도구를 넣는 행위를 한 사람은 2년 이상의 유기징역에 처한다. [본조신설 2012. 12. 18.]

제298조(강제추행) 폭행 또는 협박으로 사람에 대하여 추행을 한 자는 10년 이하의 징역 또는 1천500만 원 이하의 벌금에 처한다. 〈개정 1995. 12. 29.〉

제299조(준강간, 준강제추행) 사람의 심신상실 또는 항거불능의 상태를 이용하여 간음 또는 추행을 한 자는 제297조, 제297조의2 및 제298조의 예에 의한다. 〈개정 2012. 12. 18.〉

제300조(미수범) 제297조, 제297조의2, 제298조 및 제299조의 미수범은 처벌한다. 〈개정 2012. 12. 18.〉

제301조(강간 등 상해 · 치상) 제297조, 제297조의2 및 제298조부터 제300조까지의 죄를 범한 자가 사람을 상해하거나 상해에 이르게 한 때에는 무기 또는 5년 이상의 징역에 처한다. 〈개정 2012. 12. 18.〉 [전문개정 1995. 12. 29.]

제301조의2(강간등 살인 · 치사) 제297조, 제297조의2 및 제298조부터 제300조까지의 죄를 범한 자가 사람을 살해한 때에는 사형 또는 무기징역에 처한다. 사망에 이르게 한 때에는 무기 또는 10년 이상의 징역에 처한다. 〈개정 2012. 12. 18.〉 [본조신설 1995. 12. 29.]

제302조(미성년자 등에 대한 간음) 미성년자 또는 심신미약자에 대하여 위계 또는 위력으로써 간음 또는 추행을 한 자는 5년 이하의 징역에 처한다.

제303조(업무상위력 등에 의한 간음) ① 업무, 고용 기타 관계로 인하여 자기의 보호 또는 감독을 받는 사람에 대하여 위계 또는 위력으로써 간음한 자는 5년 이하의 징역 또는 1천500만 원 이하의 벌금에 처한다. 〈개정 1995. 12. 29., 2012. 12. 18.〉

② 법률에 의하여 구금된 사람을 감호하는 자가 그 사람을 간음한 때에는 10년 이하의 징역에 처한다. 〈개정 2012. 12. 18., 2018. 10. 16.〉

제305조(미성년자에 대한 간음, 추행) ① 13세 미만의 사람에 대하여 간음 또는 추행을 한 자는 제297조, 제297조의2, 제298조, 제301조 또는 제301조의2의 예에 의한다. 〈개정 1995. 12. 29., 2012. 12. 18., 2020. 5. 19.〉

② 13세 이상 16세 미만의 사람에 대하여 간음 또는 추행을 한 19세 이상의 자는 제297조, 제297조의2, 제298조, 제301조 또는 제301조의2의 예에 의한다. 〈신설 2020. 5. 19.〉

제305조의2(상습범) 상습으로 제297조, 제297조의2, 제298조부터 제300조까지, 제

302조, 제303조 또는 제305조의 죄를 범한 자는 그 죄에 정한 형의 2분의 1까지 가중한다. 〈개정 2012. 12. 18.〉 [본조신설 2010. 4. 15.]

2) 특별법

(1) 성폭력범죄의 처벌 등에 관한 특례법(약칭: 성폭력처벌법)

성범죄에 대한 형법의 처벌이 있음에도 그 인식이 개인사 또는 가정사로 생각되어 형량이나 인식이 부족하다는 것을 보완하기 위해 특별법으로 마련된 법이다. 처음 마련되었을 때에는 「성폭력범죄의 처벌 및 피해자보호 등에 관한 법률」로 성범죄자의 처벌뿐만 아니라 피해자 보호도 함께 서술되었으나 2010년 4월 15일에 성폭력범죄의 처벌 및 그 절차에 관한 특례를 규정한 「성폭력범죄의 처벌 등에 관한 특례법」과 성폭력을 예방하고 성폭력피해자를 보호 · 지원함을 목적으로 하는 「성폭력방지 및 피해자보호 등에 관한 법률」로 각각 분리, 제정되었다. 특수강도강간 등과 특수강간 등, 친족관계에 의한 강간 등, 장애인에 대한 간음 등, 13세 미만의 미성년자에 대한 강간 · 강제추행 등, 강간 등 상해 · 치상, 강간 등 살인 · 치사, 업무상 위력 등에 의한 추행, 공중밀집장소에서의 추행, 통신매체이용음란, 카메라 등 이용촬영에 대한 처벌규정이 있다. 1997년 개정에서 13세 미만 미성년자에 대한 성폭력은 비친고죄로 하고, 성폭력피해자가 심리적 안정상태에서 수사와 재판을 받을 수 있도록 수사과정과 재판과정에 신뢰할 수 있는 사람의 동석을 허용함으로써 피해자 보호를 강화했다. 또한 친족에 의한 성폭행의 경우 친족 범위를 '4촌 이내의 혈족과 2촌 이내의 인척'으로 확대하여 의붓아버지나 연하의 친족에 의한 성폭력도 처벌할 수 있게 되었다. 2010년에는 「성폭력범죄의 처벌 등에 관한 특례법」으로 법이 바뀌었으며, 2011년 개정에서는 13세 미만 아동에 대한 성폭력범죄의 공소시효를 없앴다. 2018년에는 휴대폰 등 카메라를 사용하는 범죄가 증가하면서 제14조의 카메라 등을 이용한 촬영에 대한 조항이 개정되었고, 2020년에는 소지 · 구입 · 저장 또는 시청한 자에 대한 처벌 및 상습적인 범죄를 저지르는 자에 대한 가중처벌이 추가되었다.

특히 제16조에 따르면 성폭력으로 유죄판결을 받는 사람은 500시간 이내의 치료프로그램 이수명령을 부과하도록 되어 있다. 치료프로그램의 내용은 제7항에 표시된 바와 같이 1. 일탈적 이상행동의 진단 · 상담, 2. 성에 대한 건전한 이해를 위한 교육, 3. 그 밖에 성폭력범죄를 범한 사람의 재범예방을 위하여 필요한 사항으로 명시되어 있다.

제1조(목적) 이 법은 성폭력범죄의 처벌 및 그 절차에 관한 특례를 규정함으로써 성폭력범죄 피해자의 생명과 신체의 안전을 보장하고 건강한 사회질서의 확립에 이바지함을 목적으로 한다.

제3조(특수강도강간 등) ① 「형법」 제319조 제1항(주거침입), 제330조(야간주거침입절도), 제331조(특수절도) 또는 제342조(미수범. 다만, 제330조 및 제331조의 미수범으로 한정한다)의 죄를 범한 사람이 같은 법 제297조(강간), 제297조의2(유사강간), 제298조(강제추행) 및 제299조(준강간, 준강제추행)의 죄를 범한 경우에는 무기징역 또는 7년 이상의 징역에 처한다. 〈개정 2020. 5. 19.〉

② 「형법」 제334조(특수강도) 또는 제342조(미수범. 다만, 제334조의 미수범으로 한정한다)의 죄를 범한 사람이 같은 법 제297조(강간), 제297조의2(유사강간), 제298조(강제추행) 및 제299조(준강간, 준강제추행)의 죄를 범한 경우에는 사형, 무기징역 또는 10년 이상의 징역에 처한다.

제4조(특수강간 등) ① 흉기나 그 밖의 위험한 물건을 지닌 채 또는 2명 이상이 합동하여 「형법」 제297조(강간)의 죄를 범한 사람은 무기징역 또는 7년 이상의 징역에 처한다. 〈개정 2020. 5. 19.〉

② 제1항의 방법으로 「형법」 제298조(강제추행)의 죄를 범한 사람은 5년 이상의 유기징역에 처한다. 〈개정 2020. 5. 19.〉

③ 제1항의 방법으로 「형법」 제299조(준강간, 준강제추행)의 죄를 범한 사람은 제1항

또는 제2항의 예에 따라 처벌한다.

제14조(카메라 등을 이용한 촬영) ① 카메라나 그 밖에 이와 유사한 기능을 갖춘 기계장치를 이용하여 성적 욕망 또는 수치심을 유발할 수 있는 사람의 신체를 촬영대상자의 의사에 반하여 촬영한 자는 7년 이하의 징역 또는 5천만 원 이하의 벌금에 처한다. 〈개정 2018. 12. 18., 2020. 5. 19.〉

② 제1항에 따른 촬영물 또는 복제물(복제물의 복제물을 포함한다. 이하 이 조에서 같다)을 반포 · 판매 · 임대 · 제공 또는 공공연하게 전시 · 상영(이하 "반포등"이라 한다)한 자 또는 제1항의 촬영이 촬영 당시에는 촬영대상자의 의사에 반하지 아니한 경우(자신의 신체를 직접 촬영한 경우를 포함한다)에도 사후에 그 촬영물 또는 복제물을 촬영대상자의 의사에 반하여 반포등을 한 자는 7년 이하의 징역 또는 5천만 원 이하의 벌금에 처한다. 〈개정 2018. 12. 18., 2020. 5. 19.〉

③ 영리를 목적으로 촬영대상자의 의사에 반하여 「정보통신망 이용촉진 및 정보보호 등에 관한 법률」 제2조 제1항 제1호의 정보통신망(이하 "정보통신망"이라 한다)을 이용하여 제2항의 죄를 범한 자는 3년 이상의 유기징역에 처한다. 〈개정 2018. 12. 18., 2020. 5. 19.〉

④ 제1항 또는 제2항의 촬영물 또는 복제물을 소지 · 구입 · 저장 또는 시청한 자는 3년 이하의 징역 또는 3천만 원 이하의 벌금에 처한다. 〈신설 2020. 5. 19.〉

⑤ 상습으로 제1항부터 제3항까지의 죄를 범한 때에는 그 죄에 정한 형의 2분의 1까지 가중한다. 〈신설 2020. 5. 19.〉

제16조(형벌과 수강명령 등의 병과) ① 법원이 성폭력범죄를 범한 사람에 대하여 형의 선고를 유예하는 경우에는 1년 동안 보호관찰을 받을 것을 명할 수 있다. 다만, 성폭력범죄를 범한 「소년법」 제2조에 따른 소년에 대하여 형의 선고를 유예하는 경우에는 반드시 보호관찰을 명하여야 한다.

② 법원이 성폭력범죄를 범한 사람에 대하여 유죄판결(선고유예는 제외한다)을 선고하거나 약식명령을 고지하는 경우에는 500시간의 범위에서 재범예방에 필요한 수강명령 또는 성폭력 치료프로그램의 이수명령(이하 "이수명령"이라 한다)을 병과하여야 한다. 다만, 수강명령 또는 이수명령을 부과할 수 없는 특별한 사정이 있는 경우에는 그러하지 아니하다. 〈개정 2016. 12. 20.〉

③ 성폭력범죄를 범한 자에 대하여 제2항의 수강명령은 형의 집행을 유예할 경우에 그 집행유예기간 내에서 병과하고, 이수명령은 벌금 이상의 형을 선고하거나 약식명령을 고지할 경우에 병과한다. 다만, 이수명령은 성폭력범죄자가 「전자장치 부착 등에 관한 법률」 제9조의2 제1항 제4호에 따른 이수명령을 부과받은 경우에는 병과하지 아니한다. 〈개정 2016. 12. 20., 2020. 2. 4.〉

④ 법원이 성폭력범죄를 범한 사람에 대하여 형의 집행을 유예하는 경우에는 제2항에 따른 수강명령 외에 그 집행유예기간 내에서 보호관찰 또는 사회봉사 중 하나 이상의 처분을 병과할 수 있다.

⑤ 제2항에 따른 수강명령 또는 이수명령은 형의 집행을 유예할 경우에는 그 집행유예기간 내에, 벌금형을 선고하거나 약식명령을 고지할 경우에는 형 확정일부터 6개월 이내에, 징역형 이상의 실형(實刑)을 선고할 경우에는 형기 내에 각각 집행한다. 다만, 수강명령 또는 이수명령은 성폭력범죄를 범한 사람이 「아동 · 청소년의 성보호에 관한 법률」 제21조에 따른 수강명령 또는 이수명령을 부과받은 경우에는 병과하지 아니한다. 〈개정 2016. 12. 20.〉

⑥ 제2항에 따른 수강명령 또는 이수명령이 벌금형 또는 형의 집행유예와 병과된 경우에는 보호관찰소의 장이 집행하고, 징역형 이상의 실형과 병과된 경우에는 교정시설의 장이 집행한다. 다만, 징역형 이상의 실형과 병과된 이수명령을 모두 이행하기 전에 석방 또는 가석방되거나 미결구금일수 산입 등의 사유로 형을 집행할 수 없게 된 경우에는 보호관찰소의 장이 남은 이수명령을 집행한다.

⑦ 제2항에 따른 수강명령 또는 이수명령은 다음 각 호의 내용으로 한다.

1. 일탈적 이상행동의 진단 · 상담
2. 성에 대한 건전한 이해를 위한 교육
3. 그 밖에 성폭력범죄를 범한 사람의 재범예방을 위하여 필요한 사항

⑧ 성폭력범죄를 범한 사람으로서 형의 집행 중에 가석방된 사람은 가석방기간 동안 보호관찰을 받는다. 다만, 가석방을 허가한 행정관청이 보호관찰을 할 필요가 없다고 인정한 경우에는 그러하지 아니하다.

⑨ 보호관찰, 사회봉사, 수강명령 및 이수명령에 관하여 이 법에서 규정한 사항 외의 사항에 대하여는 「보호관찰 등에 관한 법률」을 준용한다.

(2) 성폭력방지 및 피해자보호 등에 관한 법률(약칭: 성폭력방지법)

앞서 설명한 것처럼 2010년 분리되어 성폭력을 방지하고 피해자를 보호하는 내용을 강화한 법률이다. 성폭력 실태조사, 성폭력 예방교육, 피해자 지원 등에 대한 내용들이 포함되어 있다.

제1조(목적) 이 법은 성폭력을 예방하고 성폭력피해자를 보호 · 지원함으로써 인권증진에 이바지함을 목적으로 한다. 〈개정 2015. 2. 3.〉

제27조(성폭력 전담의료기관의 지정 등) ① 여성가족부장관, 특별자치시장 · 특별자치도지사 또는 시장 · 군수 · 구청장은 국립 · 공립병원, 보건소 또는 민간의료시설을 피해자등의 치료를 위한 전담의료기관으로 지정할 수 있다. 〈개정 2011. 3. 30., 2012. 12. 18.〉

② 제1항에 따라 지정된 전담의료기관은 피해자 본인 · 가족 · 친지나 긴급전화센터, 상담소, 보호시설 또는 통합지원센터의 장 등이 요청하면 피해자등에 대하여 다음 각 호의 의료 지원을 하여야 한다. 〈개정 2011. 3. 30.〉

1. 보건 상담 및 지도
2. 치료
3. 그 밖에 대통령령으로 정하는 신체적 · 정신적 치료

(3) 아동·청소년의 성보호에 관한 법률(약칭: 청소년성보호법)

아동 청소년을 아동 포르노, 성폭행, 성매매 등으로부터 보호하기 위해 2000년 7월부터 제정한 특별법이다. 처음에는 「청소년의 성보호에 대한 법률」로 주로 청소년 성매매를 주 내용으로 하였었으나, 아동 성범죄의 증가와 함께 2009년 명칭개정을 '아동 · 청소년'으로 대상을 명확히 하였다. 제21조 제2항에는 아동 · 청소년 대상 성범죄자는 500시간 범위에서 이수명령을 통해 치료프로그램을 받도록 하는 조항이 명시되어 있다. 또한 2020년 개정을 통해 성매매 피해아동을 규정하고 이들을 처벌하지 않도록 조항을 정비하였다.

제1조(목적) 이 법은 아동·청소년대상 성범죄의 처벌과 절차에 관한 특례를 규정하고 피해아동·청소년을 위한 구제 및 지원 절차를 마련하며 아동·청소년대상 성범죄자를 체계적으로 관리함으로써 아동·청소년을 성범죄로부터 보호하고 아동·청소년이 건강한 사회구성원으로 성장할 수 있도록 함을 목적으로 한다.

제5조(사회의 책임) 모든 국민은 아동·청소년이 이 법에서 정한 범죄의 피해자가 되거나 이 법에서 정한 범죄를 저지르지 아니하도록 사회 환경을 정비하고 아동·청소년을 보호·지원·교육하는 데에 최선을 다하여야 한다. 〈개정 2020. 5. 19.〉 [시행일: 2020. 11. 20.]

제21조(형벌과 수강명령 등의 병과) ① 법원은 아동·청소년대상 성범죄를 범한 「소년법」 제2조의 소년에 대하여 형의 선고를 유예하는 경우에는 반드시 보호관찰을 명하여야 한다.

② 법원은 아동·청소년대상 성범죄를 범한 자에 대하여 유죄판결을 선고하거나 약식명령을 고지하눈 경우에는 500시간의 범위에서 재범예방에 필요한 수강명령 또는 성폭력 치료프로그램의 이수명령(이하 "이수명령"이라 한다)을 병과(併科)하여야 한다. 다만, 수강명령 또는 이수명령을 부과할 수 없는 특별한 사정이 있는 경우에는 그러하지 아니하다. 〈개정 2018. 1. 16.〉

③ 아동·청소년대상 성범죄를 범한 자에 대하여 제2항의 수강명령은 형의 집행을 유예할 경우에 그 집행유예기간 내에서 병과하고, 이수명령은 벌금 이상의 형을 선고하거나 약식명령을 고지할 경우에 병과한다. 다만, 이수명령은 아동·청소년대상 성범죄자가 「전자장치 부착 등에 관한 법률」 제9조의2 제1항 제4호에 따른 성폭력 치료프로그램의 이수명령을 부과받은 경우에는 병과하지 아니한다. 〈개정 2018. 1. 16., 2020. 2. 4.〉

④ 법원이 아동·청소년대상 성범죄를 범한 사람에 대하여 형의 집행을 유예하는 경우에는 제2항에 따른 수강명령 외에 그 집행유예기간 내에서 보호관찰 또는 사회봉사 중 하나 이상의 처분을 병과할 수 있다.

⑤ 제2항에 따른 수강명령 또는 이수명령은 형의 집행을 유예할 경우에는 그 집행유예기간 내에, 벌금형을 선고할 경우에는 형 확정일부터 6개월 이내에, 징역형 이상의 실형(實刑)을 선고할 경우에는 형기 내에 각각 집행한다. 다만, 수강명령 또는 이수

명령은 아동 · 청소년대상 성범죄를 범한 사람이 「성폭력범죄의 처벌 등에 관한 특례법」 제16조에 따른 수강명령 또는 이수명령을 부과받은 경우에는 병과하지 아니한다.

⑥ 제2항에 따른 수강명령 또는 이수명령이 형의 집행유예 또는 벌금형과 병과된 경우에는 보호관찰소의 장이 집행하고, 징역형 이상의 실형과 병과된 경우에는 교정시설의 장이 집행한다. 다만, 징역형 이상의 실형과 병과된 수강명령 또는 이수명령을 모두 이행하기 전에 석방 또는 가석방되거나 미결구금일수 산입 등의 사유로 형을 집행할 수 없게 된 경우에는 보호관찰소의 장이 남은 수강명령 또는 이수명령을 집행한다.

⑦ 제2항에 따른 수강명령 또는 이수명령은 다음 각 호의 내용으로 한다.

1. 일탈적 이상행동의 진단 · 상담
2. 성에 대한 건전한 이해를 위한 교육
3. 그 밖에 성범죄를 범한 사람의 재범예방을 위하여 필요한 사항

⑧ 보호관찰소의 장 또는 교정시설의 장은 제2항에 따른 수강명령 또는 이수명령 집행의 전부 또는 일부를 여성가족부장관에게 위탁할 수 있다.

⑨ 보호관찰, 사회봉사, 수강명령 및 이수명령에 관하여 이 법에 규정한 사항 외의 사항에 대하여는 「보호관찰 등에 관한 법률」을 준용한다.

(4) 전자장치 부착 등에 관한 법률(약칭: 전자장치부착법)

2008년 9월 특정 성범죄자에게 위치추적전자장치를 부착하는 법률이 시행되었고, 2010년 개정되어 살인, 유괴 등의 특정 범죄자에게 전자장치를 부착하게 되었다. 제9조의2에는 준수사항으로 500시간 이내의 치료명령을 내릴 수 있도록 하였고, 이에 따라 법무부에서는 2009년 위치추적전자장치 부착자를 위한 상담치료 매뉴얼을 개발하기도 하였다. 일부 조항을 소개하면 다음과 같다.

제5조(전자장치 부착명령의 청구) ① 검사는 다음 각 호의 어느 하나에 해당하고, 성폭력범죄를 다시 범할 위험성이 있다고 인정되는 사람에 대하여 전자장치를 부착하도록 하는 명령(이하 "부착명령"이라 한다)을 법원에 청구할 수 있다. 〈개정 2008. 6.13., 2010. 4.15., 2012.12.18.〉

1. 성폭력범죄로 징역형의 실형을 선고받은 사람이 그 집행을 종료한 후 또는 집행이 면제된 후 10년 이내에 성폭력범죄를 저지른 때
2. 성폭력범죄로 이 법에 따른 전자장치를 부착받은 전력이 있는 사람이 다시 성폭력범죄를 저지른 때
3. 성폭력범죄를 2회 이상 범하여(유죄의 확정판결을 받은 경우를 포함한다) 그 습벽이 인정된 때
4. 19세 미만의 사람에 대하여 성폭력범죄를 저지른 때
5. 신체적 또는 정신적 장애가 있는 사람에 대하여 성폭력범죄를 저지른 때

제9조의2(준수사항) ① 법원은 제9조 제1항에 따라 부착명령을 선고하는 경우 부착기간의 범위에서 준수기간을 정하여 다음 각 호의 준수사항 중 하나 이상을 부과할 수 있다. 다만, 제4호의 준수사항은 500시간의 범위에서 그 기간을 정하여야 한다. 〈개정 2010. 4. 15.〉

1. 야간 등 특정 시간대의 외출제한
2. 특정지역 · 장소에의 출입금지

2의2. 주거지역의 제한

3. 피해자 등 특정인에의 접근금지
4. 특정범죄 치료프로그램의 이수
5. 그 밖에 부착명령을 선고받는 사람의 재범방지와 성행교정을 위하여 필요한 사항

(5) 성폭력범죄자의 성충동 약물치료에 관한 법률(약칭: 성충동약물치료법)

성범죄자의 재범방지를 위해 남성호르몬 생성을 감소시키는 약물을 투여하는 것을 골자로 하는 법률이다. 주로 약물치료에 대한 법률이지만 제2조 제3항에 의하면 성충동 약물치료의 정의를 '약물투여 및 심리치료 등의 방법'으로 명시하고 있어서, 치료에 심리치료가 수반될 법적인 근거가 된다. 특히

이 법의 시행령에서는 인지행동치료 등 심리치료 프로그램에 대한 내용을 제시하고 있다.

제1조(목적) 이 법은 사람에 대하여 성폭력범죄를 저지른 성도착증 환자로서 성폭력범죄를 다시 범할 위험성이 있다고 인정되는 사람에 대하여 성충동 약물치료를 실시하여 성폭력범죄의 재범을 방지하고 사회복귀를 촉진하는 것을 목적으로 한다. 〈개정 2012. 12. 18.〉

제2조(정의) 이 법에서 사용하는 용어의 뜻은 다음과 같다. 〈개정 2011. 8. 4., 2012. 12. 18., 2016. 1. 19., 2017. 10. 31., 2017. 12. 19.〉

1. "성도착증 환자"란 「치료감호 등에 관한 법률」 제2조 제1항 제3호에 해당하는 사람 및 정신건강의학과 전문의의 감정에 의하여 성적 이상 습벽으로 인하여 자신의 행위를 스스로 통제할 수 없다고 판명된 사람을 말한다.
2. "성폭력범죄"란 다음 각 목의 범죄를 말한다. (중략)
3. "성충동 약물치료"(이하 "약물치료"라 한다)란 비정상적인 성적 충동이나 욕구를 억제하기 위한 조치로서 성도착증 환자에게 약물 투여 및 심리치료 등의 방법으로 도착적인 성기능을 일정기간 동안 약화 또는 정상화하는 치료를 말한다.

제10조(준수사항) ① 치료명령을 받은 사람은 치료기간 동안 「보호관찰 등에 관한 법률」 제32조 제2항 각 호(제4호는 제외한다)의 준수사항과 다음 각 호의 준수사항을 이행하여야 한다.

1. 보호관찰관의 지시에 따라 성실히 약물치료에 응할 것
2. 보호관찰관의 지시에 따라 정기적으로 호르몬 수치 검사를 받을 것
3. 보호관찰관의 지시에 따라 인지행동 치료 등 심리치료 프로그램을 성실히 이수할 것

② 법원은 제8조 제1항에 따라 치료명령을 선고하는 경우 「보호관찰 등에 관한 법률」 제32조 제3항 각 호의 준수사항을 부과할 수 있다.

③ 법원은 치료명령을 선고할 때에 치료명령을 받은 사람에게 치료명령의 취지를 설명하고 준수사항을 적은 서면을 교부하여야 한다.

④ 제1항 제3호의 인지행동 치료 등 심리치료 프로그램에 관하여 필요한 사항은 대통령령으로 정한다.

성폭력범죄자의 성충동 약물치료에 관한 법률 시행령

제5조(인지행동 치료 등 심리치료 프로그램) ① 법 제10조 제1항 제3호에 따른 인지행동 치료 등 심리치료 프로그램(이하 "심리치료 프로그램"이라 한다)은 다음 각 호의 내용을 포함하여야 한다.

1. 인지 왜곡과 일탈적 성적 기호(嗜好)의 수정
2. 치료 동기의 향상
3. 피해자에 대한 공감능력 증진
4. 사회적응 능력 배양
5. 일탈적 성행동의 재발 방지
6. 그 밖에 성폭력범죄의 재범 방지를 위하여 필요한 사항

② 심리치료 프로그램은 성충동 약물치료(이하 "약물치료"라 한다) 기간 동안 월 1회 이상 실시되어야 한다.

③ 법무부 장관은 심리치료 프로그램의 개발과 전문 집행 인력의 양성을 위하여 노력하여야 한다.

(6) 치료감호 등에 관한 법률(약칭: 치료감호법)

심신장애로 인해 범죄를 저질렀으나 그 심신장애로 인해 그 행위의 책임을 물을 수 없는 사람에게, 형벌을 집행하는 대신 심신장애를 치료하여 재범을 방지하기 위한 법이다. 치료감호는 최장 15년까지 받을 수 있으며, 6개월마다 종료, 가종료 심사를 받게 된다. 일부 조항을 소개하면 다음과 같다.

제1조(목적) 이 법은 심신장애 상태, 마약류 · 알코올이나 그 밖의 약물중독 상태, 정신성적(精神性的) 장애가 있는 상태 등에서 범죄행위를 한 자로서 재범(再犯)의 위험성이 있고 특수한 교육 · 개선 및 치료가 필요하다고 인정되는 자에 대하여 적절한 보호와 치료를 함으로써 재범을 방지하고 사회복귀를 촉진하는 것을 목적으로 한다.

제2조(치료감호대상자) ① 이 법에서 "치료감호대상자"란 다음 각 호의 어느 하나에 해당하는 자로서 치료감호시설에서 치료를 받을 필요가 있고 재범의 위험성이 있는 자

를 말한다. 〈개정 2014.12. 30.〉 (중략) 3. 소아성기호증(小兒性嗜好症), 성적가학증(性的加虐症) 등 성적 성벽(性癖)이 있는 정신성적 장애인으로서 금고 이상의 형에 해당하는 성폭력범죄를 지은 자 (후략)

제6장의2 치료명령사건

제44조의5(준수사항) 치료명령을 받은 사람은 다음 각 호의 사항을 준수하여야 한다.

1. 보호관찰관의 지시에 따라 성실히 치료에 응할 것
2. 보호관찰관의 지시에 따라 인지행동 치료 등 심리치료 프로그램을 성실히 이수할 것

제44조의6(치료명령의 집행) ① 치료명령은 검사의 지휘를 받아 보호관찰관이 집행한다.

② 치료명령은 정신건강의학과 전문의의 진단과 약물 투여, 상담 등 치료 및 「정신건강증진 및 정신질환자 복지서비스 지원에 관한 법률」에 따른 정신건강전문요원 등 전문가에 의한 인지행동 치료 등 심리치료 프로그램의 실시 등의 방법으로 집행한다. 〈개정 2016. 5. 29., 2017. 12. 12.〉

③ 보호관찰관은 치료명령을 받은 사람에게 치료명령을 집행하기 전에 치료기관, 치료의 방법 · 내용 등에 관하여 충분히 설명하여야 한다.

④ 그 밖에 치료명령의 집행에 관하여 필요한 사항은 대통령령으로 정한다. [본조신설 2015. 12. 1.]

제2장

성범죄자 심리치료의 역사 및 해외 프로그램 현황

1. 성범죄자 심리치료의 역사

성범죄는 인류의 역사와 더불어 발생하고 자행되어 왔다. 그리스 신화에 보면, 제우스는 레아, 헤라, 페르세포네 등 많은 여신이나 인간, 님프를 강간한 것으로 그려져 있고, 성경에도 다윗의 아들인 암논이 다말을 강간하는 장면이 나타난다. 민주사회가 자리 잡기 전까지는 권력자나 정복자들의 성범죄가 당연한 듯이 여겨지던 시대도 있었다. 그러나 안정된 사회에서는 성범죄에 대한 규제나 처벌을 하였고, 사회질서를 유지하기 위해 엄격하게 다스리던 시기도 있었다. 성범죄에 대한 시각이 처벌 위주의 관점에서 치료의 대상이라는 관점으로 바뀌기 시작한 것은 그리 오래되지 않았다. 길게는 심리학의 시작인 19세기 후반부터, 짧게는 2차 세계대전 이후로부터 본격적인 치료적 접근이 시작되었다고 볼 수 있다.

1) 성 관련 심리치료의 시작

성에 대한 관심과 치료가 본격적으로 시작된 것은 19세기 후반이라 할 수 있다. 한편에서는 Freud의 정신분석적 접근을 중심으로 성적인 에너지가 삶의 원동력이자 정신병리의 원인도 되는 무의식의 근원이라는 점에서 많은 문제를 성적인 관점에서 풀어내려 하였고, 다른 한편에서는 눈으로 확인될 수 있는 행동만이 진정한 인간행동의 과학적 측면이라는 전제하에, 인간의 능력과 행동 및 그 변화를 관찰하고 측정하는 행동주의 사조가 발달하게 되었다. 이후 정통 Freud 학파인 정신분석과 이후 제자들의 분파를 포함한 정신역동적 접근은 심리학뿐 아니라 문학, 예술, 철학, 언어학 등에 이르기까지 많은 영향을 주었다. 그러나 다른 학문영역으로 확산된 것에 반해 과학적인 측정이나 검증에는 한계가 있었고, 엄격한 훈련을 받은 치료자도 많이 양성되지 못한다는 비판을 받기도 하였다. 반면, 객관적인 과학적 방법을 처음부터 적용한 행동치료는 점차 다양한 기법과 그 효과를 입증하기 시작했고, 성과 관련된 문제에도 실험이나 반복검증을 통한 방법들을 개발하여 적용하였다. 초기의 고전적 조건형성과 조작적 조건형성 등의 학습이론에서 출발한 개념은 Watson(1919), Jones(1924)와 같은 치료자에 의해 공포증의 치료 등으로 확장되었다. 행동주의자들은 재학습, 홍수치료, 상호억제, 혐오치료, 포만 등의 치료적 방법들을 개발하여 보급하였다.

1950년대를 지나면서 행동치료 기법들은 성도착을 해결하는 것에 적용되었다. 그 당시에는 성범죄가 성적인 욕구의 과다 또는 잘못된 연합으로 인해 발생하는 것으로 생각하였기 때문에 성도착의 문제가 해결이 되면 성범죄자에게 도움이 될 것이라 간주하였고, 이에 성적 변화를 일으키기 위한 다소 급진적인 방법들을 사용하였다. 당시에는 질병으로 여겨졌던 동성애자의 성 취향을 바꾸기 위해 조건형성이나 혐오치료를 사용한 사례들이 있고, 다른 성도착에도 유사한 기법들을 사용하였다. 혐오치료는 윤리적인 문제와 치료자-내담자 관계에서의 어려움 등이 부각되면서 조금씩 쇠퇴하기도 하였으나 이 시기를 지나며 개발된 오르가슴 재조건화(orgasmic recondition; Marquis, 1970) 등의 기법은 현재까지도 활발하게 사용되고 있다(Marshall, 2003).

2) 사회기술의 강조

급진적 행동주의 기법에서 벗어나 뚜렷하게 다른 접근을 시도한 사람은 캐나다의 Marshall(1971)이다. 1970년대에 들어서서 그는 일탈된 성행동을 보이는 사람들이 성인 파트너와의 상호작용을 위한 효과적인 기술이 부족하다는 것을 발견하고, 성의 선호성만을 바꾸는 것만으로는 불충분하다는 생각을 하게 되었다. 이에 사회기술훈련이 포함된 성범죄자 치료프로그램을 개발, 실시하였고, 효과가 있음이 증명되었다. 이어서 성인 강간범과 아동 성추행범을 위한 프로그램들이 개발되었고, 1975년에는 행동치료협회(AABT)의 심포지엄을 통해 **성학대자 행동치료협회**(Association for the Behavioral Treatment of Sexual Abusers, 현재의 ATSA)가 태동하게 되었다. 이후 Meichenbaum, Mahoney, Aron Beck, Albert Ellis, Tomam, Guthrie, Miller 등의 치료자들이 참여하였고, Cautela의 내현적 조건화(covert conditioning procedure), Marlatt의 재발방지(relapse prevention)와 같은 접근법들이 개발, 적용되기 시작하였다. 이후로 1980년대에는 치료 효과에 대한 관심이 증가하였고, 1990년대 이후로는 인지적 재구조화, 공감능력 증진과 같은 인지행동치료의 요소들이 보다 풍부하게 추가되었다.

3) 이론의 발전

성범죄자들에 대한 심리학적 개입이 활기를 띠면서, 성범죄자들의 특징을 하나씩 알아보고자 하는 특성 연구와 성범죄라는 행동의 발생과 유지를 설명하려는 이론 연구가 발전하게 되었다.

설명을 위한 이론으로서 범죄의 발생을 현장분석 및 범죄자의 유형에 따라 나누고 분석하고자 하는 프로파일링이 활용되기 시작하였고, Groth를 시작으로 한 다양한 프로파일링 연구가 소개되었다. 이를 통해 성인을 대상으로 한 강간범들이 성적 욕구뿐 아니라 권력에의 불안정감, 분노, 불안 등이 있음이 밝혀졌고, 아동기의 트라우마 또는 부적절한 양육이 아동 성추행범에게서 중요한 범죄 지속요인이 된다는 것들이 알려지게 되었다. FBI 역시 연쇄살인범들을 대상으로 한 체계적/비체계적 범죄 등의 분류법을 성범죄자들에게도 활용하여 다양한 프로파일링을 소개하기에 이르렀다.

보다 통합적인 관점에서 성범죄 현상을 설명한 이론으로는 Wolf의 순환이론이 있다. 자존감이 낮은 사람이 자신의 의견이나 감정, 주장을 억누르고 위축되어 지내면서 부적응적으로 대처하는 방법 중 하나가 음란물 등을 통해 성적 공상을 갖게 되는 것이고, 반복된 성적 공상으로 인해 만들어진 성적 행동 각본이 높은 스트레스나 음주와 같은 탈억제 상황에서 현실화된 것이 성범죄라는 것이다. 성범죄를 저지른 사람은 다시 합리화나 자기 편향적 귀인을 통해 스스로 평정을 찾으려 하지만 이미 저지른 범죄나 범죄에 대한 죄책감은 자존감을 더 낮게 만들고, 이후 동일한 과정이 반복되고 악순환하는 경향이 심해진다.

Finkelhor는 아동 성범죄를 설명하기 위해 네 개의 전제조건이 있음을 설명하였다. 첫째, 성범죄의 동기가 발생하는 것으로 아동을 대상으로 한 성적 욕구가 발생하는 것인데, 대개 이들에게는 아동 대상 성욕의 금기가 풀려 있고, 성인과의 관계에 단절이 있는 등의 문제가 발견된다. 둘째, 내적인 억제를 넘어서는 것으로 도덕적 제어가 힘을 잃거나 자신의 행동을 미리 정당화할 구실을 만드는 것 등이다. 셋째, 법이나 경찰, 주위 사람들의 시선 등 외적인 억제요소를 넘어서는 것으로 상황을 설정하고 계획하는 단계이다. 넷째, 피해자의 저항을 제압하는 단계로서 이를 위해 아동에게 선물을 주거나 위협하는 행동을 하고, 부모의 양육이 적절치 않거나 좀 더 취약해 보이는 아동에게 접근하여 성공 가능성을 높이는 등의 계획을 짜고 범행을 이루어 간다.

4) 통합적 이론

대표적인 통합적 연구는 성적인 각성, 애착, 친밀감, 외로움, 포르노그라피, 공감, 자존감, 인지, 수치와 죄책감 등의 다양한 주제를 포괄하는 Marshall 등의 '취약성(vulnerability)' 관점이다. 취약성은 '탄력성(resilience)'과 반대쪽 극단에 있는 개념으로, 취약성과 탄력성은 둘 다 일생에 걸쳐 발달하게 된다. 탄력성은 잠재적인 유혹이나 기회에 저항하는 것을 비롯하여 다양한 신념, 인지적 기술, 행동적 기술, 정서적 기질 등을 소유하는 것인데, 탄력성 습득에 실패하게 되면 그것이 곧 취약성을 형성하는 것과 마찬가지 결과를 초래한다. 취약성이 있는 사람들은 성폭력을 저지를 기회를 만들고, 기회가 생겼는지 수시로 확인하며, 기회가 발생하면 범죄를 저지르게 된다. Marshall(1993)은 탄력성(또는 취약성)이 어린 시절 부모와의 경험에서 얻어진다고 주장한다. 부모와 적절한 애착을 형성하지 못한 아동은 자기 확신이 부족하고 적절한 친밀감을 형성하는 것에 어려움을 느끼며, 결국 다른 사람과 가깝다는 느낌을 갖지 못한 채 외로움을 느끼게 된다. 불안정하게 애착된 아동은 대개 불친절하고 의존적이며, 감정적이고 따뜻함이 결여되어 있고, 자존감이 낮으며 쉽게 상처받거나 무능력한 경향이 있다(Grossman & Grossman, 1991). 이런 특성들은 후에 성폭력을 가할 취약성을 형성한다. 부모로부터 거부를 당한 아동은 대인관계에서의 친밀감 형성에 대한 모델링이 빈약할 뿐 아니라 오히려 폭력에 대한 모델링을 통해 대인관계를 해결하는 경험을 한다. 부모의 관심이나 돌봄이 부족한 아동은 아동시기에 다른 성범죄자들의 눈에 띄기 쉽고, 그들의 유혹이나 폭력을 접하기 쉽기 때문에 피해자가 될 가능성도 크다. 애착과 관련해서는 어머니와의 불안정한 애착은 반사회적 경향을 형성하는 반면, 아버지와의 불안정한 애착은 성적인 문제를 일으키는 것과 관련되어 있다는 연구도 있다(Smallbone & Dadds, 2000). 이렇게 불안정한 유년기를 보낸 사람들은 사춘기에 시작되는 신체적인 성장과 호르몬의 변화에 대응할 준비가 잘 되어 있지 못하다. 사춘기에 접어들면 2년 사이에 테스토스테론 수치는 4배로 증가하게 된다. 취약성이 있는 아이들은 이 시기에 생물학적인 영향은 동일하게 많이 받는 반면, 사회기술이나 자신감은 부족하여 열등감을 갖기 쉽다. 이에 대한 반작용으로 통제감이나 힘을 상징하는 무엇인가를 찾게 된다. 이때 아동이나 여성을 대상으로 하는 강제적인 성행위를 주제로 하는 포르노그라피는 이들의 욕구와 잘 맞아떨어지는 대처방법이 된다. 대개 다양한 문화권에서, 자존감이 낮거나 심리적으로 취약한 남성들은 남성성이나 통제, 힘에 대한 욕구, 폭력에 대한 수용도, 여성에 대한 부정적인 관점, 남성 지배에 대한 기대가 높고, 강간과 아동 성추행에 대한 저항감은 낮은 경향이 있다.

좋은 삶 모델(good lives model)은 긍정심리학의 영향을 받아 2000년대 이후에 소개된 치료 이론이다. 이 이론은 성범죄자들도 근본적으로는 모든 인간이 추구하는 행복을 위한 덕목들을 추구하고 있으나, 그것을 얻는 방법이 잘못되어 있으므로 이를 수정하고, 적절한 방법으로 자신들이 원하는 실제 덕목들을 얻을 수 있도록 도와야 한다는 관점을 가지고 있다. 사실 이전의 성범죄자 심리치료 프로그램들도 대인관계에 대한 학습의 필요성과 치료자의 모델링 및 긍정적이고 접근적인 목표가 치료에 더 도움이 된다는 것은 알고 활용하고 있었으나, 좋은 삶 모델의 등장과 함께 이를 더욱 명확하게 설정하고 전달할 수 있게 되었다. 좋은 삶 모델은 동기강화 접근(motivational approach) 및 재발 방지 모델 등과 연결되어 점차 자리를 잡아가고 있으며, 많은 치료프로그램에서 기본적 방향의 설정에 도움을 주고 있다.

2. 해외 프로그램 현황

1) 미국

성범죄자에 대한 치료프로그램을 가장 활발하게 진행하는 곳은 미국과 캐나다 등의 북미지역이다. 북미지역을 중심으로 조직된 ATSA(Association for the Treatment of Sexual Abusers)라는 협회가 1984년 결성되어 30여 년째 매년 컨퍼런스와 각종 워크숍 등을 통해 최신의 치료기법을 서로 공유하고 공통의 주제로 연구를 진행하기도 하는 등 활발한 활동을 하고 있다. 이는 미국과 캐나다의 대부분의 주에서 성범죄자에 대한 심리치료를 진행하고 있을 뿐 아니라 주 정부에서 위원회를 구성하여 프로그램과 치료자를 체계적으로 관리하고 있기 때문에 가능한 일이다. 미국의 경우 현재 적어도 17개 주에서 성폭력흉악범(SVP)의 출소 후 민간위탁프로그램을 허용하는 법이 제정되어 있다.

미국의 성범죄자 치료프로그램은 대체적으로 인지행동치료에 기반하고 있고, 재범방지 등을 추가로 활용한다. 최근에는 긍정심리학적 모델을 추가하는 경향이 있다. 몇몇 주에서 진행되는 프로그램들을 예를 들어 보면 다음과 같다. 콜로라도주의 경우 왜곡된 성적 사고와 행동들을 변화시키기 위한 장기적인 인지-행동적 통합치료를 실시하고 있다. 치료 장면에서는 부인과 방어 경감, 일탈된 성적 각성 및 환상 감소 및 조절, 재범을 회피할 수 있는 자기-관리 교육, 인지적 왜곡 확인 및 수정, 재범을 촉진시키는 사고, 정서, 행동의 확인 및 치료, 피해자에 대한 공감능력 촉진 등을 다루고 있다. 또한 성범죄자들에 대한 임상적 경험의 정도 및 전문성에 따라 치료자의 요건을 3단계로 구분하고 있다.

워싱턴은 1970년대 초부터 성범죄자들을 대상으로 기관 치료프로그램을 제공하고 있다. 워싱턴 교정국이 관리하는 Monroe 교정 복합단지에 있는 '트윈 리버스 성범죄자 치료프로그램(Twin Rivers Sex Offender Treatment Program)'과 워싱턴 사회보건부(DSHS)에 의해 운영되는 특별치료센터(SCC)에 대해 설명하면 다음과 같다. **SCC 프로그램**은 형기 종료 후 위탁치료를 받게 된 성범죄자들에게 제공하는 전문적인 정신건강 치료프로그램으로, 단계적 프로그램으로 구성되어 있으며 각 치료단계는 앞의 치료단계를 완료한 후에 진행될 수 있다. 단계가 높아질수록 더 심화된 치료를 제공하고 가족 상담과 지역사회로 나갈 준비를 할 수 있는 치료를 제공한다. 프로그램의 내용을 단계별로 살펴보면 1단계는 '안내와 평가'의 단계로 자신의 삶, 행위, 사고방식에 대해 검사들을 하게 된다. 2단계는 '치료준비'의 단계이고, 3단계는 '기술 습득'의 단계로 지각적 왜곡, 방어기제, 범죄동기, 성 욕구 패턴, 범죄의 순환체계 등을 이해한다. 4단계는 '기술적용'의 단계로 통찰을 얻고 범죄에 대한 책임감을 갖도록 하며 위험요소를 파악하고 적절한 분노표출법을 배우며 재발에 대처하는 단계이다. 5단계는 '기술일반화'로 성폭력의 장단기적 영향을 이해하고, 상상과 흥분패턴을 공개적으로 토론하며 변화를 증명할 수 있도록 격려하는 단계이다. 6단계는 '퇴소준비'의 단계로 재범방지계획을 개발하도록 돕는 단계이고, 7단계는 '석방 후 갱생치료'의 단계이다(이수정, 고려진, 2007). **트윈 리버스 성범죄자 치료프로그램**(Twin Rivers Sex Offender Treatment Program)은 1993년부터 시작되었으며, 다양한 재소자 중 성폭력범을 대상으로 프로그램을 진행한다. 전문 인력으로는 심리학자, 심리치료사, 사회복지사 등이 활동한다. 팀 접근을 원칙으로, 하나의 팀 당 한 명의 팀장과 4~5명의 치료사(therapist)를 배정한다. 대상자의 자발적 참여를 원칙으로 하며, 두 가지 목표가 있다. 첫 번째 목표는 성범죄자가 재범의 위험성을 줄이기 위해 사회적이며 비폭력적인 생활양식에 필요한 기술을 획득함으로써 자신의 행동을 관리하는 방법을 배우는 것이다. 두 번째 목표는 성범죄자가 재범을 하게 되는 상황적 징조, 심리적 패턴, 그리고 범죄 순환체계에 대해 치료자들이 살펴보고 이를 막을 수 있는 사회적 네트워크를 범죄자에게 제공하는 것이다. 프로그램의 운영은 위험성-욕구-반응성(RNR) 원칙에 따른다. 치료프로그램에 참여하기 위해서는 먼저 평가 과정을 실시한다. 평가 과정에서는 프로그램 참여 여부에 대한 의견을 묻고 재소자의 자발적 참여를 원칙으로 하여 프로그램의 참여자를 결정한다. 이후, 프로그램에 참여하는 성범죄자의 태도, 공격성, 사회성 등에 대한 평가를 하고, 치료프로그램에 대해 전반적인 소개를 하며, 위험성, 욕구, 반응성을 평가하는 프로그램 오리엔테이션 과정을 거친다. 실행과정에서는 재발방지를 위해 인지-행동이론을 모델로 한 '행동 관리방법'과 '가족 후원 세미나'를 실시한다. '행동 관리방법'에는 '책임감 받아들이기' '재범징조 인식하기' '스트레스 관리기술 배우기' '효과적인 의사소통' '문제 해결하기' '성충동의 관리' '재범위험 피하기' 등이 있다. 실행과정에서 치료의 상당 시간은 비정상적 성 행동과 관련한 범죄자의 사고, 신념, 태도를 수정하도록 돕는 데 쓰인다. 범죄 순환체계를 인식하고 파악하는 것이 중요하며 이는 치료의 개별화를 통해 이루어져야 한다(이수정, 고려진, 2007). 프로그램 종료 과정에서는 프로그램 대상자가 성범죄 행위와 관련된 요소를 이해하는 정도, 재범방지를 위한 기술 습득정도에 따라 프로그램 종료 여부를 평가하게 된다. 각각의 참여자에 대한 치료 요약(treatment summary)을 활용할 수 있다. 통상적으로, 프로그램을 종료하는 데 2~3년 정도의 시간이 소요된다. 트윈 리버스 성범죄자 치료프로그램(Twin Rivers Sex Offender Treatment Program)의 특징은 프로그램 종료 이후에 치료 참여자가 지역사회로 복귀할 경우, 지역사회 교정 담당자와 긴밀히 협력하여 철저한 추후 서비스를 제공하는 것을 강조하고 있는 것이다. 반면, 프로그램 운영의 초기 과정에서 드러난 문제점은 참여자의 중도 탈락률이 높다는 것이었다. 프로그램을 종료하지 못한 성범죄자의 재범률이 종료한 성범죄자보다 2~6배 정도 높다는 것을 감안하면, 중도 탈락률을 낮추기 위한 노력이 필요하고 현재는 매우 개선된 상태이다.

텍사스는 1999년부터 정신적 이상이 있는 석방된 성폭력범죄자들을 강제적으로 민간에 위탁하는 프로그램을 실시해 오고 있는데, 텍사스의 민간위탁 프로그램은 다른 주들과 차별된 외래치료 프로그램 방식을 채택하고 있다. 성범죄자의 외래치료를 담당할 수 있는 치료자여야 하며 성범죄자 치료협의회와 계약을 통해 치료를 제공한다. 성범죄자 치료집단은 10명으로 제한되며, 세부적 범죄 유형에 따라 구별되어 집단을 구성한다. 치료프로그램은 여러 분야를 혼합한 치료로서, '인지-행동적 접근' '충동 통제 기술의 습득' '피해자에 대한 공감과 이해 높이기' '재범방지 기술 습득' '약물치료'를 제공한다. 치료는 집단치료는 최소한 일주일에 두 번, 개인치료는 한 달에 두 번씩 수행해야 한다. 치료프로그램의 일부로서 성범죄자는 포괄적 위치 추적 장치에 의해 감시되고, 성적 충동에 대한 그들의 통제력을 평가하기 위해 거짓말 탐지기와 음경 측정기(Penil Plethysmograph: PPG) 테스트에 의무적으로 참가하고, 약물검사에 응해야 한다(이수정, 고려진, 2007).

캘리포니아의 성범죄자 치료프로그램은 재범방지를 위한 인지-행동모델을 채택하여 성범죄자가 성폭력에 개입하도록 하는 위험요소를 파악하도록 도와주는 것이 첫 번째 목표이고, 잠재적 재발 가능성을 감소시키기 위하여 고위험 요소들에 대한 대처기술을 연습하고 개발하도록 돕는 게 두 번째 목표이다. 프로그램은 5단계로 구성되며 1단계는 '프로그램 소개와 안내'이고, 2~4단계는 성범죄를 저지르게 하는 자신의 왜곡된 사고와 행동패턴을 파악하고 대처기술을 습득하고 발전시키는 행동수정의 단계를 포함한다. 5단계는 외래환자로서 치료를 지속할 수 있도록 하는 것이다(이수정, 고려진, 2007).

미네소타주의 교도소 내 성범죄자 치료프로그램을 살펴보면, 미네소타주의 프로그램은 미네소타 교정국에 의해서 **교도소 기반의 성범죄자 치료프로그램**(Sexual Offender Treatment Program: SOTP)을 실시하고 있다. 이는 인지행동치료 기반으로 20개월 이상의 형기가 남은 사람들에게 실시된다. 주로 중위험군이나 고위험군을 대상으로 하며, 저위험군의 경우 종종 보호관찰소로 치료명령이 이관되기도 한다. 교도소는 환경치료적인 기반에서 운영되는 생활관과 식사, 종교, 교육, 치료 등이 진행되는 프로그램관으로 나뉜다. SOTP에 참여하는 재소자들은 30일간의 평가 단계에 들어간다. 평가에서는 심리검사, 심리치료에 필요한 요구조사, 범죄 과거력 및 범죄의 역동을 살필 수 있는 여러 가지 검사와 과제를 하게 된다. 치료 참가에 대한 정보를 제공하고 기대나 방어, 부인, 피해자에게 미친 영향, 화학적 의존 등에 대한 교육도 실시하며, 개인별 평가 보고서 및 치료 계획서가 서면으로 만들어진다. 평가 단계가 끝나면 주당 6시간(주로 90분씩 4회) 진행되는 프로그램에 약 12주 정도 참여한다. 지적장애가 있는 재소자들은 별도의 프로그램으로 배정한다. 프로그램의 주제는 정서조절, 알코올 및 마약교육, 인지 재구성, 성 건강, 가정폭력, 성범죄 원리, 재범 방지, 피해자 공감, 피해 경험, 애도와 상실, 도덕과 가치 등이고 한 번에 1~2개의 프로그램을 수강한다. 자녀 양육이나 전환계획(집 구하기, 직장 구하기, 통근 등)에 대한 교육도 따로 준비되어 있다. 종합하면 재소자들은 일주일에 10~15시간의 프로그램에 참여하게 되며, 개인차가 있지만 대개 1년에서 3년 정도 프로그램에 참여하게 된다(NIJ, 2020). 이 치료는 재범률을 27% 감소시킨 것으로 보고된다. 한편, 미네소타주의 Lino Lake 교도소의 경우 교도소 수용자 모두에게 매우 세분화되고 엄격한 규칙을 적용하고 강도 높은 대면적 상호작용을 강조하는 특징을 갖는 **치료공동체**(Therapeutic Community: TC)적 환경에서 실시되고 있다. 치료공동체(TC)는 네 단계로 운영되고 성범죄자의 특성에 따라 적절한 단계에 배정되며 한 단계를 성공적으로 이수해야만 다음 단계로 이행된다. 1단계는 '책임감 단계'로 기초적 기술을 배우고 자신의 과거 범죄행동에 대한 책임감을 갖도록 요구되며, 의사소통기술, 집단에 대한 대체기술, 방어기제, 인지왜곡의 조정, 불쾌감 및 분노조절, 스트레스 대처 등을 학습하는 단계이다. 2단계는 '통찰 단계'로 성범죄 주기에 대한 통찰력을 가질 수 있도록 돕고, 성, 생물학, 정서적 욕구, 성적 공격, 피해자 감정의 이해, 자기 주장 훈련, 성폭력범죄에 대한 이해, 방어적 범죄행동의 결과 등을 학습한다. 3단계는 '통합/행동 변화 단계'로 자신에 대한 통찰이 일상생활에서 행동으로 이어지도록 하는 단계이다. 재범 신호와 위기인자 인지, 피해자의 고통 깨닫기, 자신의 아동기 학대 경험, 피해자로서의 감정 표현하기, 사과하는 방법, 피해자에게 편지 보내기, 역할 연습 등이 중점 교육내용이다. 4단계는 '출소 전 준비 단계'로 변화된 행동을 출소 후에도 유지할 수 있도록 내면화시키며, 관계에 대한 사회기술을 개발하고, 알코올 및 약물남용 방지, 스트레스 대처법 등에 대한 전반적인 재범억제 전략과 방안을 모색하도록 돕는 단계이다(윤정숙, 박정일, 여운철, 2011).

청소년의 경우 **다중체계치료-성문제행동**(Multisystemic Therapy for youth with Problem Sexual Behaviors: MST-PSB)이 주로 활용된다. 이는 성범죄를 저지른 청소년을 대상으로 하며, 주로 청소년의 사회화 과정과 대인관계를 통해 성적인 문제행동, 반사회적 행동, 가출 등을 다룬다. 지도자는 청소년의 가족을 직접 만나거나 지역사회에 가서 친구, 교사, 보호관찰관을 직접 만나 활동을 한다. 부모를 만나는 경우 청소년을 잘 양육하기 위한 자원이나 양육기술을 제공하고 격려하는 것을 주된 목적으로 한다. 주로 석사 수준의 훈련을 받은 치료자들이 활동하고, 한 사람당 4~6가정을 담당한다. 다중체계치료-성문제행동(MST-PSB)에 참여한 청소년의 재범률은 8%로 참여하지 않은 청소년의 재범률 46%과 비교하면 17%에 불과해 매우 치료 효과가 높은 것으로 나타난다(Borduin, Schaeffer, & Heiblum 2009).

2) 캐나다

통합적 접근은 Marshall, Fernadez를 비롯한 성범죄자 치료의 선구자들이 활동해 온 캐나다 Ontario 지역에 있는 교정국에서 실시되는 프로그램이다. 이 지역의 모든 성범죄자는 그들의 안전요구와 재범 가능성, 치료 욕구에 따라 평가되고 처우가 이루어진다. 평가는 모두 Millhaven Assessment Unit에서 받게 되고 이후 이들은 〈표 2-1〉에 보이는 다섯 개의 기관으로 나누어져

관리된다. 다섯 개의 기관은 다음 표와 같다.

표 2-1 Ontario 지역의 교도소 및 특성

기관명	특성	대상자
Millhaven Assessment Unit	평가 기관	모든 성범죄자
Regional Treatment Center	최대의 보안	가장 위험하거나 정신과적 문제가 있는 사람
Kingston Penitentiary	최대의 보안	최대한의 경비가 필요한 사람
Warkworth Institution	중등도의 보안	고위험 성범죄자
Bath Institution	경도의 보안	중등도 위험 성범죄자
Pittsburgh institution	최소의 보안	저위험 성범죄자

Bath Institution에는 16가지의 프로그램이 마련되어 있으며, 고등교육을 받거나 직업훈련을 할 수 있는 시설이 완비되어 있다. 여기에는 인지 기술, 분노조절, 약물남용을 비롯하여 다양한 성범죄자 치료프로그램이 실시되고 있다. 성폭력 치료프로그램은 대개 다른 프로그램을 수강한 후에 듣게 되어 있다. 이곳의 특징은 치료자를 보호하기 위한 장치가 잘 마련되어 있다는 것이다. 같은 집단을 주 3회 이상 만나지 않게 함으로서 정서적인 탈진을 방지하고, 치료자 간의 의사소통과 회의를 통해 치료시간에 얻게 된 정서적 부담이나 어려움을 털어놓도록 시간을 마련해 놓고 있다. 또한 창의적인 일을 계속할 수 있도록 연구에 많은 시간을 들이고 있으며, 그에 대한 지원이 잘 마련되어 있다.

성폭력 치료프로그램은 집단치료로 진행된다. 그 이유는 참가자들이 동료의 말을 더 신뢰하기도 하며, 서로의 생각에 도전할 수 있고, 서로를 통해 대리학습이 가능하기 때문이다. 또한 프로그램 시간 이외의 시간과 장소에서도 서로 영향력을 줄 수 있다. 치료의 중요한 원칙은 적극적인 참여로, 치료적인 많은 노력뿐 아니라 제도적인 지원이 치료 동기를 높이기 위해 주어지고 있다. 제도적 자원의 예로는 치료를 거부하거나 탈락될 경우 프로그램이 없는 보다 엄격한 단계의 교도소로 이감되는 것, 또 한 가지는 치료자의 의견이 이후의 형기의 감량이나 보호관찰에 매우 중요한 자료로 쓰이게 된다는 것 등이 있다.

통합적 접근에서 진행되는 인지행동치료는 앞서 살펴본 대부분의 주제를 다룬다. 인지적 왜곡에 대한 치료, 공감능력 향상, 친밀감 형성, 자존감의 향상, 애착유형의 발견, 성적 공상이나 일탈된 성적 선호에 대한 수정, 재발방지 프로그램들이 실행되고 있다. 성범죄자 프로그램에서 분노조절이나 폭력 없이 살아가기 등의 주제는 다루고 있지 않은데, 다른 전문화된 프로그램에서 모두 다루어 주고 있기 때문이다. 특히 애착 및 사회적인 관계에 대한 접근이나 '범행을 부인하는 거부적인' 사람들에 대한 특화된 치료는 이곳에서 시작되어 확산된 것이다.

치료프로그램 중 앞에서 살펴보지 않은 '부인하는 사람들에 대한 치료'를 살펴보면 다음과 같다. 성범죄자에 대한 개입을 실시하는 도중 마주치는 실제적인 문제 중 하나는 참가자가 자신의 이야기를 잘 꺼내 놓지 않으려 한다는 것이다. 특히 범행을 부인하는 사람들(denier)의 경우 다루기가 무척 어렵다. 어떤 치료 모듈에서는 이들을 아예 제외를 하는 경우도 있다. 그러나 이보다는 가능한 한 이들을 포함시켜서 치료하는 것이 사회를 위해서는 더욱 필요하기 때문에 다른 보완책들을 마련하는 고민들이 이루어진다. 한 가지 방법은 한 집단 안에 부인하는 사람이 너무 많이 들어가지 않도록 사전검사를 통해 제한하는 것이다. 범행을 인정하는 사람(admitter)이 많으면 집단 압력(group pressure)을 통해 이들에게 접근하기가 더 쉬워지기 때문이다. 캐나다의 경우 연방 시스템의 도움이 있다. 성범죄자가 자신이 문제를 부인할 경우 이들은 프로그램에 참여하지 않는 다른 기관으로 보내지는데, 다른 기관은 훨씬 엄격할 뿐 아니라 범죄자들 사이에서 성범죄자들은 불쾌한 경험을 하게 된다. 부인하는 사람들만을 위한 예비 프로그램(preparatory program)도 있는데, 그 경우는 초반 회기에서 왜 성범죄자들이 부인을 하는가에 대한 설명을 하고 참가자들과 그 주제로 토론을 하며 이후 참가자들이 자신의 생각을 바꿀 수 있는 기회를 준다. 이후 회기에서는 재발 방지에 대한 프로그램과 자신의 사례와 비슷한 다른 사람의 사례를 통해 위와 비슷한 프로그램을 진행한다. 부인하는 사람들을 위한 6개의 요소로 된 치료 전 프로그램을 운영하기도 한다. 첫째 요소는 과거의 부인에 대해 이야기하고 그 이점에 대해 이야기하며 판단을 존중한 후, 이제는 그 이점이 더 이상 소용없음을 말하여 이들이 체면을 유지할 수 있도록 해 준다. 둘째 요소는 변화의 가능성에 대해 낙관적인 태도를 불러일으키는 것이고, 셋째 요소는 부인의 목적에 대해 이야기하고 이것을 성범죄자들이 변화할 수 있는 방법으로 재개념화(reframe)한다. 네 번째 요소는 재개념화의 반복이며, 다섯째 요소는 피해자에 대한 공감을 소개한다. 마지막으로, 성범죄자의 관점에 대해 도전하는 것에 대한 동의를 받은 후 점차 도전을 시작해 나간다(Marshall, 1999).

성범죄자 심리치료 프로그램이 실시되는 Bath 교도소로 이송되어 프로그램을 받고자 하는 사람이 늘어남에 따라 다른 교도소에서 미리 준비하는 예비 프로그램도 마련되었다. 이 예비 프로그램은 인지, 행동, 그리고 사회 학습 접근을 기반으로 기술 중심의 접근을 사용한다. 자존감을 고양시키기 위해서 사회적 활동이나 즐거운 활동에 더 많이 참여하도록 하며, 긍정적인 자기 진술을 매일 암송하도록 한다. 자존감 증진은 정서의 자기조절을 향상시키며(Leary & Downs, 1995), 적절한 대처 전략의 발달은 타인과 자신에 대한 인지와 행동, 정서적 반응을 변화시킨다(Endler & Parker, 1989; McCrae & Costa, 1986). 예비 프로그램에는 자기조절 행동, 적응적인 정서 표현, 친사회적 인지 도식 형성, 자신에 대한 긍정적인 인지 도식의 증진 등의 기술 훈련도 포함되어 있다. 록우드 예비 프로그램의 효과를 연구한 첫 번째 연구 결과(Marshall, Marshall, Fernandez, Malcolm, & Moulden, 2008)에 따르면, 내담자의 모듈뿐만 아니라(Scherer et al., 1982), 특성/상태 희망 수준을 증가시켰다(Snyder et al., 1991; Snyder et al., 1996). 두 번째 연구에 따르면, 예비 프로그램을 성공적으로 종결한 참가자들이 그렇지 않은 집단에 비해 치료프로그램에서 더 높은 성취를 달성하였다. 또한 감시가 더 적은 기관에 수감되고, 가석방 시기가 더 빠른 경향이 있었으며, 더 낮은 재범률을 보였다. 마지막으로, 치료자들의 비공식적인 피드백에 따르면, 예비 프로그램에 참여했던 참가자들이 치료프로그램에 더 적극적이고 활발하게 참여하였다. 이들은 자기를 더 많이 개방하였고, 위험요인들에 대해 더 잘 이해하였으며, 범죄에 대해 더 많은 책임감을 느꼈고, 적절한 집단행동(예: 피드백에 대한 적절한 도전과 반응, 다른 집단 구성원들에 대한 존중, 적은 저항 등)을 더 많이 보였다.

3) 독일

독일에서는 형 집행 과정에서 사회치료를 실시하는 것은 궁극적으로 장래에 재범 없이 사회적으로 책임 있는 생활을 할 수 있도록 수형자를 돕는다고 여긴다. 오랜 기간 동안 반사회적이었던 범죄자를 교정하기 위해서, 남자 대상자는 사회치료시설에서 최소 24개월, 청소년과 여자 대상자는 최소 12개월의 치료기간이 소요되는 것을 전제로 프로그램을 구성하고 있다. 보안감호대상자가 사회치료시설에 수용되기 위해서는 치료필요성에 대한 검사(성폭력위험(Sexual Violence Risk(SVR-20)), 재범위험, 정신병체크리스트(PCL: SV) 등)를 거쳐야 한다.

독일에서 가장 유명한 프로그램은 Baden-Württemberg주의 주요 교도소에서 정신치료를 위한 담당자를 고용하여 실시하고 있는 BPS(Behandlungs Program für Sexualstraftäter)프로그램이다(Rehder, Wischka, & Foppe, 2013). 이 프로그램은 크게 1부와 2부로 나누어져 있다. 1부는 33회기로 이루어져 있고, 주로 교육적인 요소로 구성되었다. 범죄와 관련되지 않은 일반적인 주제를 다룬다. 크게 세 가지 주제가 있는데, 첫째, 참여자가 집단치료에 편안하게 참여하고 집단의 규칙을 받아들일 수 있도록 하는 것이다. 둘째, 성범죄에 영향을 미쳤을 수 있는 결정적인 행동이나 신념에 대한 치료이다. 셋째, 성에 대해 받아들일 수 있도록 성적 지식에 대한 이야기와 성범죄가 피해자에게 미치는 영향에 대해 설명한다. 2부는 약 53회기로 이루어져 있고, 인지행동적 접근과 재발방지를 다룬다. 인지행동적 접근에서는 상황에 대한 오지각과 그로 인해 발생하는 인지적 판단 및 정서에 대해 다룬다. 일반적인 인지행동치료처럼 정서를 다루기보다는 상황에 대한 주관적인 평가를 인지행동적 틀에서 살펴보는 것을 더 중요하게 다룬다. 재발방지의 경우 중독모델에서 종종 사용되는 재발 방지 모델을 변형시켜서 의지적 측면, 인지적 측면, 행동적 측면에서의 자기통제(self-control)에 대해 다룬다(Rehder, Wischka, & Foppe, 2014).

BPS는 2012년에 개정되어 BPS-R이 되었다. 오랫동안 치료프로그램을 실시해 온 치료자들의 의견과 새롭게 발전된 이론들을 추가하였다. 또한 연구에 기반하여 성범죄 치료자가 알아야 할 중요한 주제에 대한 설명을 추가하였다. 주요 주제들로는 일탈적 성행동은 병인가, 죄인가, 아니면 폭력인가와 같은 주제를 비롯하여 성적 공상, 성범죄의 발생률과 재범률, 성범죄자의 분류, 성범죄가 피해자에게 미치는 영향, 성범죄자 치료의 일반적 조건, 치료결과에 대한 연구, BPS의 이론적 배경, BPS의 구조와 내용, 공감, 피해자의 가해자화, 성범죄자를 다루는 것에 대한 어려움과 두려움 등이 있다.

4) 영국

영국의 전통적인 교도소 기반 성범죄자 치료프로그램은 CSOTP(Core Sex Offender Treatment Program)와 ESOTP(extended SOTP)이다. 두 가지 SOTP는 인지행동적 개입을 기반으로 하여 재범을 방지하기 위해 만들었다. 1992년부터 시작하였고, 12개월 이상의 형을 받은 사람으로 18세 이상인 경우 이 프로그램을 받게 하였다. 인지행동적인 접근을 주된 치료방법으로 사용했다.

또 다른 접근인 Lucy Faithfull 재단의 성범죄자 거주프로그램은 아동 성학대에 대한 통합적인 접근의 일환으로서 남성 성범죄자를 위해 만들어졌다. 프로그램은 총 4단계로, 첫 번째 단계에서는 4주에 걸쳐 성격과 범죄 관련 정도의 종합테스트를 받는다. 두 번째는 중재 전 단계로 범죄 사이클에 대해 깊은 분석을 하고, 어린이와 그들의 피해자를 공감하도록 돕는 단계이다. 세 번째인 중재단계는 재발방지 프로그램으로 구조화된 역할프로그램, 개인화된 치료 등으로 구성되어 있다. 마지막으로 전반적인 평가단계에서는 비디오 테이프를 이용한 레코딩시스템과 사전 사후 평가를 사용한다. 세부내용으로는 각종 행동기법, 피해자 공감, 자기 주장, 분노관리, 범죄 사이클 해체하기 등이 있다.

그러나 영국의 프로그램은 자기조절 모델(SRM; Ward & Hudson, 1998), 좋은 삶 모델(GLM; (Ward, Mann & Gannon, 2007), RNR 모델(Bonta & Andrews, 2007) 등이 소개되면서 점차 변화에 대한 요구를 받았고, 점차 위험성 여부와 지적장애 여부에 따라 프로그램을 나누어 적용하기 시작하였다. 지적장애 여부와 상관없는 프로그램으로는 건강한 성 프로그램(Healthy Sex Program)이 있었고, 지적장애 성범죄자들에게는 변형된 SOTP를 통해 새로운 나(new me)로 살아가는 방법에 대한 프로그램을 실시하였다. 잉글랜드와 웨일즈의 경우, 2016년부터 중등도 성범죄자 대상으로는 **수평선**(horizon) 프로그램을, 고위험이면서 고도의 프로그램을 필요로 하는 성범죄자 대상으로는 **카이젠**(Kaizen)이라는 프로그램을 개발하여 적용하기 시작하였다. 수평선 프로그램은 범죄유발요인과 문제해결기술, 자기조절 및 관계의 문제들을 주로 다룬다. 카이젠 프로그램은 RNR 원칙을 따르고 있고, 전인적인 관점에서 다차원적인 시각으로 욕구를 파악하고 개입을 시도한다. 또한 생물심리사회학적인 관점과 강점 기반 접근, 단념(desistance), 학습에 관여하기 위한 적응적이고 적절하면서도 쉬운 방법들을 활용하고자 한다. 이 두 프로그램은 문제해결, 자기조절, 대인관계, 성에 대한 태도와 성행동 등을 다루되, 범죄 자체를 주된 주제로 다루지 않기 때문에 자신의 범죄를 부인하거나 축소하는 성범죄자에게도 적용할 수 있다는 장점이 있다.

카이젠 프로그램은 3부로 구성되어 있다. 1부는 출발에 대한 내용으로, 대개 7회기로 구성되고 소집단이나 일대일로 진행된다. 전체 프로그램에 익숙해지도록 정보를 공유하고 내용을 설명한다. 또한 프로그램을 통해 어떻게 참여자들이 도움을 받고 기존의 강점을 발전시켜 변화를 가져올지 이야기한다. 2부는 나의 여행이라는 주제로 두 시간 반의 회기를 약 68회기 진행한다. 또한 추가적으로 11시간의 소집단 또는 개인별 학습회기가 있다. 주요 주제는 과거의 나(old me)와 새로운 나(new me)에 대한 이해, 새로운 나를 강화하기, 미래의 새로운 나 등이다. 순환형 회기로 구성되어서 각자 자신의 페이스에 따라 세 가지 모듈을 소화시켜 나가게 된다. 대개 한 집단에 8명이 참여한다. 3부는 새로운 나를 발전시켜 나가기 위해 2부의 내용을 되짚어가면서 남은 수감기간 및 출소 후 지역사회에서 적응해 나가기 위한 방법을 나눈다.

또한 영국에서는 실제 접촉형 범죄는 저지르지 않았지만, 인터넷을 통해 음란물을 다운로드하거나 소지 및 배포를 한 죄로 처벌을 받는 인터넷 제한 범죄(internet-only offence)에 대하여서도 iHorizon 등의 프로그램을 개발, 운영하고 있다. 이들은 접촉형 성범죄를 저지를 가능성은 매우 낮은 반면(Babchishin, Mercdian, Bartels, & Perkins, 2018), 성적인 일탈성, 성적 몰입 및 친밀감 문제는 더 높은 경향이 있다(Seto, 2013). 이들을 대상으로 한 프로그램은 집단 회기 46시간, 개인 회기 6시간으로 구성되어 있으며, 긍정적인 대인관계를 위한 역량 강화, 건전한 성적 사고와 행동, 긍정적 자아정체감 갖기 및 적절한 인터넷 사용방법에 대한 내용을 다룬다. 이 프로그램은 지역사회 기반으로도 실시한다.

5) 뉴질랜드

뉴질랜드에서는 일반적으로 행동적 개입을 통해 성범죄자들이 적절한 성행동을 학습할 수 있도록 강화와 처벌을 사용하거나 새로운 사고와 기술을 익혀 해로운 행동을 하지 않도록 하는 인지행동치료, 자신의 행동에 대한 이해와 통찰을 통해 부적절한 성적 선호와 행위를 변화시키도록 하는 심리치료, 호르몬치료와 자발적인 생물학적 거세 등을 실시한다. 뉴질랜드의 프로그램에 대한 효과 연구는 비교적 좋은 결과를 보고하고 있다. 특히 치료받은 성범죄자의 재범률(5.47%)이 대조집단(21%)보다 훨씬 좋은 결과를 보고하고 있다(Nathan, Wilson, & Hillman, 2003). 보다 최근(Moore, 2012)에도 아동 성범죄자들의 재범률(7.24%)이 기대치(10%)보다 낮다는 연구들이 보고되고 있다.

뉴질랜드에서 유명한 성범죄자 치료프로그램은 아동 성범죄자들을 대상으로 한 Kia Marama 프로그램이다. 이 시설은 성범죄자들만을 위한 특수 교정시설이며 1989년에 설립되었다. 성범죄자들만을 위한 시설을 세운 이유는 일반 범죄자들에 의한 조롱과 희롱 등으로부터 벗어나, 좀 더 효과적인 치료 환경을 제공하기 위함이었다. 대상은 아동 성추행범죄를 저지른 남성 범죄자로, 인근 교도소에서 형량을 거의 마친 성범죄자들이다. 프로그램에 대한 정보를 제공함으로써 참여를 유도하고 자발적 참여를 원칙으로 한다. 프로그램 목표는 지역사회로 복귀한 후에 발생할 수 있는 성범죄자의 재범을 최대한 예방하는 것이다. 프로그램은 8명의 참가자와 한 명의 치료자로 구성되는 집단 프로그램을 활용하며, 대부분 인지이론 위주의 교육적 프로그램으로 진행된다(IQ 70 이하인 성범죄자의 경우 참여가 제한된다). 치료전문 인력으로 정신분석사 3명, 간호치료사 1명, 사회복지사 1명이 참여한다. 프로그램 과정은 총 31주 동안 운영되며, 2시간 30분이 소요되는 집단 프로그램을 주 3회 실시한다. 평가(assessment)는 2주에 걸쳐 임상적 면담과 심리 검사를 실시하며, 성범죄자의 사회 · 심리 · 정서적 특성을 파악한다. 다음으로 집단의 규범을 확립하고, 집단 구성원 간 정보를 공유할 수 있도록 하는 규범 확립(norm building) 기간 6회기, 범죄행위를 유발하는 요인을 이해하고, 왜곡된 인지를 발견하기 위한 범죄행위 이해(understanding offense) 기간 17회기, 일탈적인 성충동을 감소시키고, 적절한 성충동을 강화하기 위한 훈련을 실시하는 충동 재조정(arousal reconditioning) 6회기, 피해자 경험에 대한 비디오를 시청하고, 피해자의 자서전(autobiography)을 읽음으로써, 또한 피해자에 대한 역할 연기를 진행함으로써 피해자에 대한 이해를 도모하기 위한 피해자 공감(victim empathy) 12회기, 범죄행위와 관련된 감정을 파악하고 이를 이해하며, 감정을 조절하기 위한 인지행동적 기법을 학습하기 위한 감정 조절(mood management) 12회기, 사회적 관계를 시작하고, 유지하는 기술을 훈련하기 위한 사회기술 훈련 12회기가 이어진다. 후반부에는 범죄행위의 재발과 관련된 요인을 분석하고, 재범 가능성을 높이는 요인을 관리하는 기술을 학습하는 재범방지 12회기와 심리상태를 마지막으로 재평가하는 기간 2주가 있다. 이 프로그램의 특징은 성범죄의 유형을 단일화하였고, 프로그램에 참여한 성범죄자들의 재범률(1996년, 3.2%)이 일반적인 아동 성추행범죄자들의 재범률(15~20%)에 비해 상당히 낮다는 것, 이 치료프로그램에 대하여 정부 및 교정국의 충분한 지원이 이루어지고 있다는 것이다(Hudson, Wales, & Ward, 1998).

제3장

성범죄에 대한 심리학적 이론

성폭력의 원인을 설명하는 이론은 크게 다섯 가지로 나눌 수 있다. 첫째, 프로파일 모델로서 성범죄자들을 몇 가지 유형으로 나누고 그 특징을 살펴보는 것이다. 둘째, Wolf(1988)의 순환모델로서 성범죄자들이 반복적으로 범행을 저지르는 구조를 직관적으로 이해하기 쉽도록 잘 설명한 모델이다. 셋째, Finkelhor(1984)의 전제조건 이론으로서 범행의 과정을 통합적으로 설명한 모델이다. 넷째, Marshall과 Barbaree(1990)의 통합적 이론으로서 인지행동치료를 기반으로 애착과 대인관계 및 사춘기 발달심리학 등 다른 치료적 요소들을 첨가하여 통합적인 모델로 구성하였다. 다섯째, Ward와 Siegert(2002)의 경로이론으로서 성범죄자들이 각기 다른 경로를 통해 성범죄에 이르게 된다는 생각을 바탕으로 중요한 원인들을 경로로 제시하였다.

1. 프로파일 모델

프로파일이란 범죄를 저지르는 사람을 몇 가지의 유형으로 나누어 그 특징을 통해 범죄에 대해 예측하고 분석하는 기법을 말하며, 여기에서는 그러한 유형의 분류방법을 의미한다. 성범죄자에 대한 프로파일 모델의 선구자는 Nicholas Groth라 할 수 있다. Groth는 주립 교정시설에서의 경험을 토대로 성범죄자의 심리를 설명하는 모델을 발전시켰다. 이 모델은 이후 다른 연구자들에게 가장 많이 인용되었고 다른 모델의 구성에도 영향을 미쳤다. Groth는 성인 대상의 성범죄자와 아동 대상의 성범죄자로 우선 구분하였고, 성인 대상의 성범죄자는 그 주요한 욕구에 따라 권력형과 분노형으로 크게 구분하였다. 아동 대상의 성범죄자는 아동을 성적 대상으로 생각하게 되는 이유에 따라 고착형과 퇴행형으로 구분하였다.

1) Groth의 강간범 분류

구체적으로 살펴보면, 성인 대상의 성범죄자의 프로파일을 분석하기 위해 Groth와 Burgess(1977)는 133명의 성범죄자와 92명의 피해자 자료를 분석하고 그 유형을 구분하여 묘사하였다. 성범죄에는 권력(power)과 분노(anger), 성(sexuality)의 세 가지 요소가 영향을 미치는데, 성범죄가 발생하는 것은 권력이나 분노가 주된 원인이고 성은 이를 표출하는 도구의 역할을 하는 것이라고 보았다. 따라서 유형은 권력형과 분노형의 두 가지로 구분된다.

권력형은 범죄자가 피해자를 대상으로 권력과 통제를 행사하면서 무기나 신체적인 힘, 위해를 가하는 형태로 나타난다. 범죄를 저지르는 것은 자신이 가진 힘을 휘둘러 그 힘을 가지고 있다는 것을 증명해 내는 행위이다. 이들은 대인관계에서 협상을 하는 기술이 부족하고 성적인 상황이든 아니든 일상에서 부적절감을 많이 느낀다. 성범죄를 저지르는 과정에서 자신의 힘을 확인하면서 자신의 부적절감이나 성적인 불안감, 정체성의 혼란 등에 대해 안심하게 된다. 이들은 성범죄를 시작하면 피해자가 저항할 것이지만 이내 피해자가 굴복하거나 이들의 성적 능력에 감동하게 될 것이라는 잘못된 성적 공상을 가지고 있다. 하지만 실제로는 조루나 불감증 등의 문제가 있는 경우가 많아 범행의 결과는 불만족스럽게 되고, 이들은 다시 다른 범행을 꿈꾸는 공상을 하게 된다. 이들이 범행을 저지르는 피해자의 나이는 이들과 비슷하거나 약간 어린 경우가 많고, 이들은 피해자에게 사생활이나 성범죄에 대한 반응(성적으로 만족했는지 등)을 캐묻는 경향이 있다. 이들은 다시 **권력 주장형**(power assertive type)과 **권력 확인형**(power assurance type)으로 다시 나눌 수 있는데, 전자는 자신이 가진 힘을 마음대로 사용할 권리가 있다고 생각하고 여성들을 지배하는 행위를 통해 그 힘을 확인하는 유형이고, 후자는 자신의 성적인 부적절감이나 남성성에 대한 불안을 해소하기 위해 피해자가 이들을 거부하거나 저항할 수 없는 상황으로 만들어 간 후 무력해진 피해자들에게 성범죄를 저지르면서 자신의 존재를 확인하며 안심하는 유형이다.

분노형의 성범죄는 피해자에 대한 분노, 경멸, 미움이 있고, 이를 피해자를 때리거나 억지로 성행위를 하거나 기타 모욕적인 행동을 하도록 강요하는 것으로 표출하는 유형이다. 이들은 피해자를 굴복시키기 위해 필요한 것보다 더 많은 폭력을 사용하는 특징이 있어서 온몸에 폭행을 하거나 옷을 찢거나 모독하는 말, 욕설을 한다. 이런 성범죄의 목적은 과거 여성에게서 받았던 거절감이나 잘못된 대접을 피해자에게 대리로 표출하는 것이다. 예를 들면, 과거에 어머니나 부인, 파트너 등 여성인 중요한 타인과 심한 갈등, 짜증, 불합리한 질투 등을 경험했고, 성범죄를 통해 이런 감정을 엉뚱한 사람에게 표현하는 것이다. 성행위는 무기이고, 분노는 피해자를 해치기 위해 그 무기를 사용하는 방법이라 할 수 있다. 이들은 종종 성범죄의 이유를 잘 찾지 못하고, 단지 술이나 약에 취해서 잘 모르겠다고 표현하는 경향이 있다. 자신이 저지를 범죄의 세부적인 내용을 잘 기억하지 못하는 것은 분노로 인해 눈이 멀었기 때문이고, 성적인 탐닉보다 분노 표출이 더 중요했기 때문이다. 피해자의 나이는 다양하지만 그들보다 나이가 많거나 노인인 경우는 분노형인 경우가 많다. 이들은 다시 **분노 치환형**(anger-retaliation rapist)과 **분노 흥분형**

(anger-excitement rapist)으로 나눌 수 있다. 분노 치환형은 여성에게 모욕감과 굴욕감을 주기 위한 동기에서 여성에 대한 분노나 적대감을 표출하는 유형이다. 분노 흥분형은 피해자가 고통받는 것을 보면서 쾌감과 흥분, 절정감을 느끼기 때문에 가학적인 행위를 하거나 폭행, 고문 등도 저지르는 유형이다. Groth와 Burgess(1977)는 연구대상 225명 중 권력형이 146명(64.9%)으로 분노형 79명(35.1%)보다 많았다고 보고하였다.

2) Groth의 아동 성추행범 분류

아동 성추행범 프로파일 역시 크게 두 가지로 나눌 수 있다. Groth, Hobson과 Gary(1982)는 고착형(fixated)과 퇴행형(regressed)의 두 가지 유형을 소개했다. 이들이 성범죄자들을 구분한 기준은 그들이 희생자로부터 행동적이거나 암시적인 폭력, 속임수 그리고 미끼 등을 이용하는지와 같은 동의를 얻어내는 방법이다. 고착형은 아동들과 관계를 유지하기 위해 노력하는 반면, 퇴행형은 충동적인 모습을 보인다. 이름에서 알 수 있듯이 이 구분의 기본적인 논리는 Freud의 정신분석 이론에서 비롯되었다.

고착형인 사람들은 불안정하고 미숙한 성범죄자들로서 그들에게 감정적인 위협이 없는 희생자를 찾는다. 이들의 욕구는 청소년기에 주로 시작되고 스트레스와는 특별한 관계가 없다. 이들은 발달적으로 미숙하며, 같은 연령대의 사람들과는 성적인 관계를 맺지 않는 경향이 있다. 대부분 결혼을 하지 않았고 의미 있는 인간관계도 없다. 이들의 성폭력은 사실상 삶에 대한 부적응의 표현이다. '고착'이라는 이름의 의미는 성범죄자 자신이 그의 희생자와 비슷한 나이에 성적인 폭력을 당했기 때문에, 비슷한 나이의 소년들에게 애착을 가지고 있다는 것이다. 이들은 아동과 좋은 관계를 맺고 아동과 접할 기회를 제공하는 경력과 직업을 추구하는데, 이런 직업적 경력을 쌓는 동안 다수의 희생자가 생겼을 가능성이 높다.

한편, **퇴행형**인 사람들은 자신과 비슷한 연령의 여성에 대해 성적인 관심이 있지만 성폭력을 일으킬 당시에 그 행위가 퇴행의 기제로 발생한다. 즉, 성인 여성을 대신할 여자아이를 찾는 것으로서 이들은 성격상 충동적이고, 알코올에 취했을 경우 범죄를 저지르는 경향이 있다. 이들은 동료관계가 때로 미숙하기도 하지만 고착형보다는 정상적인 삶의 방식을 갖고 있다. 이들의 성적인 행동은 삶의 스트레스에 반응하여 나름대로는 적응하려는 시도일 수 있다. Groth의 모델은 선구적인 연구로서 많은 영향을 미쳤지만 수감된 사람들을 대상으로 했다는 것과 Freud의 이론에 기반을 두어 검증이 어렵다는 것, 지나치게 단순화되어 있다는 것이 그 한계점이다(Marshall, Anderson, and Fernadez, 1999).

3) 미연방수사국의 아동 성추행범 분류

Dietz(1983)가 Groth의 모델과 비슷한 모델을 발전시킨 것으로 향후 미연방수사국(FBI)에서 활용하게 된 모델이다. 이것은 특정 이론에 기반을 두지 않았으며 성범죄자를 크게 상황형(situational)과 선호형(preferential)으로 구분하였다.

상황형은 다시 퇴행형, 도덕적 무분별형, 성적 무분별형, 부적합형으로 나뉜다. 퇴행형(regressed)은 사회기술이 부족하고 피해자가 쉽게 접근 가능한 아동이며 성인과의 관계를 대체하기 위한 경우가 많다. 도덕적 무분별형(moral indiscriminate)은 성인 피해자에 비해 아동피해자에 대한 선호가 있는 것은 아니지만 접근가능성이나 자신들의 관심에 따라 아동도 피해자로 삼는 유형의 성범죄자들이다. 성적 무분별형(sexual indiscriminate)은 성적인 활동 범위가 제한되어 있고, 자신들의 지루함에서 벗어나고자 아동을 성적인 실험 대상으로 여기고 성범죄를 저지르는 유형이다. 부적합형(inadequate)은 지적 장애나 정신질환, 기질적 뇌손상 등의 문제가 있는 경우가 많다. 자신의 불안정감이나 낮은 자존감 등으로 사회적으로 부적절한 모습을 보이며 자신의 성적 욕구를 배출하기 위한 수단으로 아동에게 성범죄를 저지른다.

선호형은 다시 유혹형, 고착형, 가학형으로 나뉜다. 유혹형(seductive)인 사람들은 자신을 아동과 동일시하고 그들과 친해지기 위해 애정이나 관심, 선물, 권한 등을 부여하여 관계를 형성한다. 이들은 아동에 대한 성적인 선호가 있다. 아동과 관련된 직업이나 경력을 가질 수도 있다. 고착형(fixated)인 사람들은 심리성적 발달이 부족하고, 아동을 좋아할 뿐 아니라 아동에게서 애정을 받는 것을 원한다. 하지만 아동에게 접근하는 기술이 부족하다. 종종 자기 자녀와 같은 가까운 사람들을 대상으로 할 수 있다. 가학형(sadistic)인 사람들은 공격적이고, 폭력적이어서 아동을 유괴하고 고문하고 살해할 수도 있는 위험한 사람들이다. 종종 모르는 아동들을 피해자로 삼는다.

4) 청소년 대상 성범죄자 분류

이 분류는 주로 청소년을 대상으로 하는 성범죄자들을 두 개의 개념적 차원에 따라 구분한 것이다(Holmes & Holmes, 1996). 첫 번째 차원은 공격성 차원으로, 피해자에 대하여 가학적인 공격성을 보이는 성범죄자와 피해자에게 친절하고 우호적인 성범죄자를 구분한다. 두 번째 차원은 선호성 차원으로, 청소년 혹은 미성년자와 성접촉이 일시적, 상황적인가, 아니면 미성년자에 대하여 특별하고 지속적인 성적 선호를 가졌는가를 구분하는 차원으로 FBI의 모델과 유사한 구분이다. 이 두 가지 차원에 의하여 주로 청소년을 대상으로 한 성범죄자를 다음과 같이 네 개의 범주로 구분할 수 있다.

퇴행형(regressed) 성범죄자는 평소에는 정상적으로 다른 성인과 성적 교류를 하지만, 실직이나 이혼 등과 같이 자신의 자존감을 손상시키는 실패경험을 하는 경우에 어려움을 극복하는 기술(coping skill)이 부족하여 일시적으로 어린 미성년자를 대상으로 성적 상호작용을 시도하는 유형이다. 퇴행형 범

선호성 차원		우호적	공격적
	일시적	퇴행형 성범죄자	미숙형 성범죄자
	지속적	고착형 성범죄자	가학형 성범죄자

공격성 차원

[그림 3-1] Holmes & Holmes(1996)의 청소년 대상 성범죄자에 대한 차원적 분류

죄자는 주로 여자 미성년자를 범죄대상으로 선택한다. 이러한 성범죄자들은 흔히 정상적인 결혼생활을 하고 있고, 자녀도 있으며, 거주지가 일정하고 직장을 가지고 있는 것이 보통이다.

고착형(fixated) 성범죄자는 어린 미성년자에게 친절을 베풀고, 선물이나 금전 등을 이용하여 환심을 사기 위해 장기간에 걸쳐서 집요한 노력을 기울이는 유형이다. 이러한 유형의 성범죄자는 발달과정의 한 시점에서 정상적인 발달과업을 완수하지 못하고, 그 시점에 고착되었기 때문에 비교적 이른 시기(10대 후반)부터 어린 미성년자를 성적 대상으로 삼는 행동이 나타난다고 한다. 또한 이들은 자기 또래의 성인들과 대인관계를 형성하는 데 어려움을 경험하고, 생활과 행동에서 유아적인 요소를 보이는 경우가 많다. 이들이 미성년자를 성적 대상으로 삼는 이유는 미성년자들이 온순하고, 지배하기 쉬우며, 비판적이지 않기 때문이다.

미숙형(immature) 성범죄자는 피해자의 성별에 대한 선호를 보이지 않는다. 따라서 남자 미성년자와 여자 미성년자가 공히 미숙형 성범죄자로부터 피해를 당할 수 있다. 미숙형 성범죄자는 지적장애 혹은 치매 등의 정신적, 심리적 문제를 가진 경우가 많고, 일정한 지역을 배회하지만, 주위 사람들로부터 따돌림이나 외면을 받는 경우가 많아서 대부분 홀로 생활한다. 미숙형 성범죄자의 범행은 성폭행의 형태보다는 주로 성추행의 형태로 많이 나타나는데, 여러 가지 형태의 성추행을 실험해 보고자 하는 호기심을 가지고 있다.

가학형(sadistic) 성범죄자는 공격적이고 반사회적인 성격을 가진 성범죄자이다. 가학형 성범죄자는 전과를 가진 경우가 많고, 피해자를 해치는 경우가 많으며, 공격성을 통하여 성적 쾌감을 경험한다. 가학형 성범죄자는 흔히 어린 남자 청소년을 범죄대상으로 선택하는 경우가 많다.

전반적으로 볼 때, 프로파일 모델은 흥미 있고 예측에 대한 통제감을 제공해 주는 것은 사실이지만, 실제 이를 통해 유무죄 판결에 활용될 수는 없으므로 전반적인 이해의 틀로만 활용하는 것이 적절할 것이다.

2. Wolf의 순환모델

Wolf의 순환모델(1988)은 성범죄자의 행동이 악순환을 그리며 점차 반복적이고 부정적인 상태로 이어진다는 가설을 토대로 만들어진 것이다. 이 모델은 시간에 따른 성범죄자들의 심리상태 변화에 초점을 두고 있는데 그 순서는 다음과 같다.

① 부정적인 자아상: 성범죄자가 매우 부정적인 자아상을 갖는 것에서부터 시작된다.
② 거절에 대한 예상: 자신이 대처하기 어렵다고 생각되는 상황을 만나게 되면, 문제에 대한 왜곡된 생각(distorted thinking)에 기초한 부적절한 대처 전략을 사용하게 되고, 거절을 예상하게 된다.
③ 철회/고립: 거절을 예상한 성범죄자는 자신을 방어하기 위해 스스로 고립되거나 철회한다.
④ 비주장성: 자신의 의견이나 주장을 펼치지 못하고 순응적인 태도를 보

인다.

⑤ 보상적 환상: 철회와 고립을 경험한 성범죄자는 회피적인 성적 공상을 하게 되고, 이를 통해 스스로 통제감을 갖고 있다는 착각을 느낀다.

⑥ 성적 도피: 성적 환상들은 일탈된 성행위를 야기하는데, 이는 자위에 의해 더욱 강화되곤 한다.

⑦ 사고의 왜곡: 일탈된 환상에 몰입하면서 생기게 되는 죄책감을 없애기 위해 왜곡된 사고가 연합되기도 한다.

⑧ 왜곡된 사고가 순환되는 모든 부분에서 발생한다.

⑨ 준비작업: 가해에 대한 계획을 세우게 되고, 학대가 발생할 수 있는 상황을 조성한다.

⑩ 이행: 성범죄자들은 잠재적 피해자를 선택하고 준비하며 이를 들킬 가능성이 가장 낮은 상황을 찾아내거나 만들어 낸다(학대의 성격은 이들 자신의 욕구나 바람에 초점 맞추어져 있고, 일단 가해를 시작하면, 그 자체가 그 사건을 강화하게 된다).

⑪ 죄책감: 가해 직후 자신의 상황에 대한 현실을 깨닫게 될 때 순간적으로 생기는 죄책감에 의해 사정 후의 성적 흥분은 감소되게 된다.

⑫ 자신의 자아상을 재구성하기 위해, 성범죄자는 전형적으로 죄책감이나 불안감을 없애기 위해 훨씬 더 왜곡된 사고를 사용하게 되고, 학대를 정당화하거나 그 의미를 최소화시키는 한편, 다시는 같은 행동을 하지 않겠다고 스스로에게 다짐을 하기도 한다.

⑬ 그러나 자신이 성범죄를 저질렀다는 것에 대해 여전히 인식하고 있기 때문에, 이로 인해 자아상은 더욱 손상되게 되고, 이 순환에서 처음에 느꼈던 부정적인 자아상으로 돌아가게 된다.

이러한 순서를 통해 성범죄자들은 더욱 부정적인 자아상을 갖게 되고 이는 문제를 더욱 악화시키는 방향으로 발전하게 된다. 이 모델의 제한점은 발달력

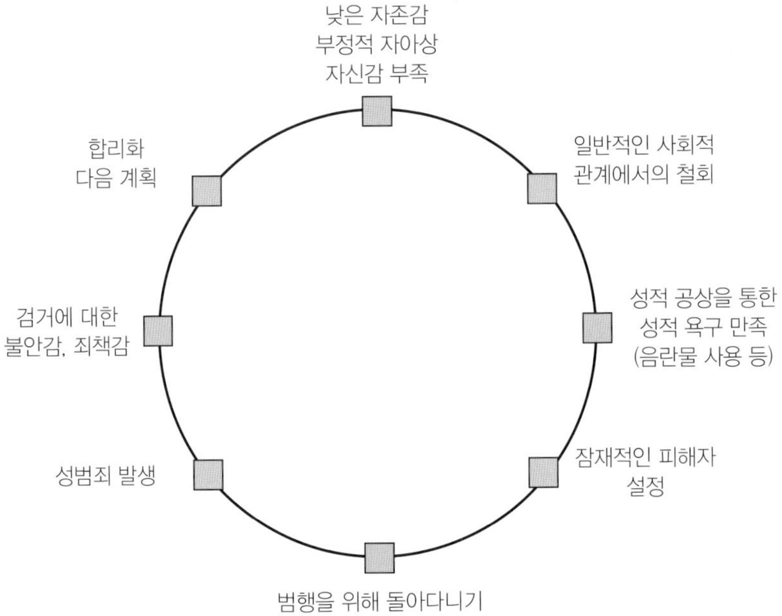

[그림 3-2] Wolf의 순환모델

이나 가해 행동이 이 모델에 잘 들어맞지 않는 성범죄자들이 다수 있고, 신체적 학대의 희생자들이 왜 단순한 폭력의 환상이 아닌 일탈적인 성에 대한 환상을 갖게 되는지를 설명하기에는 적합하지 않다는 것이다. 또한 성적 학대를 당한 남자들 중에도 성범죄자가 되는 사람과 그렇지 않은 사람의 차이에 대해 설명하지 못하고 있다. 그러나 이러한 제한점에도 불구하고 많은 임상가가 사용해 왔고, 성범죄자들을 이해하고 개입하는 좋은 틀을 제공해 왔다.

3. Finkelhor의 전제조건 이론

Finkelhor(1984)의 **전제조건 이론**(precondition model)은 성폭력 가해의 진행과정을 통합적으로 설명한 최초의 시도이다. 그는 과거의 성폭력 피해경험이 성폭력을 일으킨다는 식의 한두 가지 요인을 통한 설명으로는 부족하다는 것을 지적하고 보다 폭넓은 진행과정을 설명하였다. Finkelhor의 모델은 성인들이 왜 아동에게 성적인 관심을 느끼게 되는지, 그리고 어떤 과정에 의해 가해가 발생하는지를 이해하는 데 특히 유용하다.

아동 성범죄자들의 가해가 발생하는 4가지 요인

요인 1. 아동 학대자들은 아동에게 정서적 동질감을 느낀다.

요인 2. 성인이 아동에게서 성적 흥분을 느끼게 된다.

요인 3. 성인과의 관계에서 차단(blocking)을 경험한다.

요인 4. 아동을 대상으로 한 성적 접촉에 대한 욕구를 억제하거나 극복하지 못한다.

아동성폭력을 저지르는 사람들에게서 발견되는 요소는, 첫째, 이들이 아동에게 정서적 동질감을 느낀다는 것이다. 아동은 연약하고 비위협적인 대상이라는 점에서 성범죄자들은 아이들을 자신과 동일시한다. 다른 모델들에서 언급된 것과 비슷하게 성범죄자 자신의 아동기 외상을 극복하기 위해 외상을 입힌 성범죄자와 자신을 동일시하게 되는 것인데, 성범죄자가 아동기학대 경험을 갖고 있는 경우에 더욱 그럴 수 있다. 둘째, 성인이 아동에게서 성적 흥분을 느끼게 된다는 것이다. 근친이 아닌 아동들에 대해 성적 행동을 보이는 사람들의 경우, 정상 집단에 비해 성인보다 아동에게서 성적 흥분을 더 많이 느끼게 된다는 연구 결과가 있다. 성적 학대를 받은 성범죄자들의 경우, 다수가 아동기 성경험을 통해 조건화되거나 모델링되어 일탈적인 자극에 매력을 느끼게 된다는 증거가 종종 나타나고 있다. 셋째, 성인과의 관계 또는 보다 적절한 사회적인 관계에서 차단(blocking)을 경험한다는 것이다. 몇몇 성범죄자는 성인과의 관계에서 적절하게 자신의 성적, 정서적 욕구를 충족시키는 데 있어서 차단을 경험하게 된다. 이는 두 가지로 나뉠 수 있는데, 발달적 차단은 또래들과 적절한 관계를 형성하지 못하는 경우로서 또래 여성과 관계를 맺는 데 어려움이 있고, 특히 여성에 대한 성적인 불안을 갖고 있는 경우이며, 상황적 차단은 적절한 관계는 있으나 파트너와 어떠한 성행위도 할 수 없는 이유가 있는 경우이다. 넷째, 아동을 대상으로 한 성적 접촉에 대한 억제나 금기가 적용되지 않고 탈억제(disinhibition)를 경험하게 된다는 것이다. 이는 음주와 같은 순간적인 탈억제 요소와 친부가 아닌 가족구조와 같은 사회적 요소, 아동성학대 포르노에 대한 노출과 같은 인지적인 요소들로 인해 더욱 발생 가능성이 높아진다. 처음의 세 가지 요소(동일시, 성적 흥분, 관계의 차단)는 내적인 동기와 관련이 있고, 마지막의 요소(탈억제)는 행동의 발생과 관련이 있는 것으로 볼 수 있다.

실제 성범죄가 발생하기 위해서는 그에 선행하는 다음 네 단계의 전제조건이 있다.

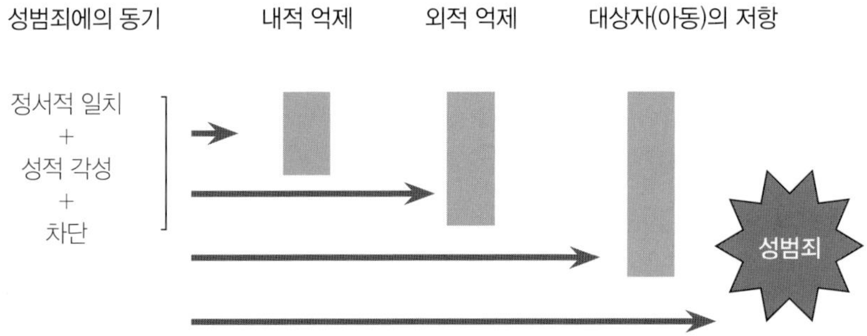

[그림 3-3] Finkelhor의 4단계 이론

① 성범죄에의 동기: 첫 번째 조건은 성폭력에 대한 동기가 있다는 것이다. 위에서 설명한 바와 같이 아동과의 정서적 동일성, 일탈적인 성적 각성, 다른 관계의 차단이 성폭력에 대한 동기를 일으키게 된다는 것이다. 이런 동기는 다양한 근원에서 발생하는데, 근본적으로는 개인의 경험과 상황에서 비롯되며 이 단계에서는 성범죄자의 일탈적인 성적 각

성을 수정하여 가해의 동기를 갖지 않도록 도와주는 것이 도움이 된다.

② 내적인 억제: 두 번째 조건은 내적인 억제요소들을 무시하는 것이다. 성범죄자 자신이 내적인 억제를 해제하는 것이다. 많은 사람이 들키지만 않으면 성범죄를 저지를 수 있을 것이라고 말하는 반면, 대부분의 성범죄자도 자신의 행동이 불법이라는 것을 알고 있다. 성폭력에 대한 동기가 있다 하더라도 성폭력으로 진행되지 않는 것은 자기 대화 및 양심의 소리, 도덕적 판단 등의 내적인 원칙과 억제에 의해 조절되기 때문이다. 이러한 내적인 억제를 무력화시키는 요인으로는 알코올의 사용, 충동조절 장애, 아동 포르노에의 노출 등이 있다.

③ 외적인 억제: 세 번째 조건은 외적인 억제요소에 대한 무시이다. 내적인 억제요소를 무시한 성범죄자들은 실제적인 범행을 계획하고 정교화시키게 되는데, 그 과정에서 범행에 성공하고 안전하게 빠져나오기 위한 방법을 마련하게 된다. 대개 사회에는 여러 가지 제도적 장치와 처벌, 감시체계 등의 외부적인 범죄 억제 체계가 존재한다. 성범죄에 대한 욕구가 있다 하더라도 외적인 억제에 대한 두려움이나 실제적 조치에 의해 포기하게 되는 경우가 발생하지만 이것을 무시하고 범행을 시도하게 되면 다음 단계로 진행된다. 성범죄자들은 아동을 자주 접할 수 있는 구조적 환경(직업 등)을 택하기도 하는데, 부모 또는 부모 중 하나가 부재하거나 관심에서 멀어져 있는 아동들이 피해 대상이 되기 쉽다. 인위적으로 베이비시터를 제안하거나 관계 형성을 위한 다른 작업들을 하기도 한다. 이 단계에서는 자신의 위험상황이 언제인지 알고 빠져나오도록 하는 재발방지 계획을 세우는 것, 외적인 억제인 사법체계를 강화하고, 그것을 알려주는 것이 도움이 된다.

④ 피해자의 저항: 내적 · 외적인 억제를 무시하고 범행을 시도하게 되면 피해자와 만나게 된다. 피해자는 어떠한 형태로든 저항을 할 수 있는데, 이러한 저항을 제압하게 되면 성범죄가 발생하게 되는 것이다. 그러

나 저항을 이기지 못하거나 그 과정에서 포기하게 되면 성범죄는 발생하지 않는다. 저항을 줄이기 위해 선물을 주거나 위협하는 행동을 하고, 부모의 양육이 적절치 않거나 좀 더 취약해 보이는 아동에게 접근하여 성공 가능성을 높인다. 이 단계에서의 치료 목표는 성범죄자가 어떤 식으로 저항을 넘어섰는지를 분석하는 것, 피해자의 고통에 대한 공감능력을 갖도록 하는 것이다.

4. 중독모델

성범죄에 대한 최근의 영향력 있는 모델 중 하나는 중독모델이다. 성 중독을 진단하고자 하는 기준 역시 연구자에 따라 제시되고 있으나 합의된 명확한 기준은 아직 존재하지 않는다. 굿맨(Goodman, 1998)은 내성, 금단, 사회적·직업적 기능의 손상 등을 근거로 7문항의 성 중독 진단기준을 제안하였다. Carnes(1983)는 1983년에 최초로 제안한 진단기준을 지속적으로 수정하여 2001년에는 성과 관련된 열 가지 행동 중 세 가지 이상의 문제 및 심각한 개인적, 사회적 문제의 발생을 그 기준으로 제시하였다. 가장 최근의 진단기준으로는 DSM-5의 개정 과정에서 Kafka(2010)가 제안한 과잉성욕장애의 진단기준이 있다. Goodman과 Carnes의 진단기준은 직접적으로 성 중독을 언급하였고 그에 따라 몰입, 내성, 금단, 조절실패 등의 중요 개념을 항목화였다. 반면, Kafka의 진단은 내성과 금단은 포함시키지 않고 과도한 성행동을 중심으로 진단기준을 구성하였다.

이 분야의 선구자는 Patrick Carnes로 중독적인 체계를 신념체계(belief system), 손상된 사고(impaired thinking), 중독 주기(addition cycle), 제어 불가능(unmanageability)의 네 체계로 구분하였다. 중독의 주기는 집착(preoccupation), 의식화(ritualization), 성적 강박행동(sexual compulsivity), 자

표 3-1 성 중독 진단기준(Carnes, 2001)

A. 최근 12개월 동안 다음 증상 중 3개 이상에 해당한다.
1) 특정 성 행동과 관련된 충동의 저항에 반복적으로 실패한다.
2) 처음에 의도한 것보다 더 심한 정도와 더 많은 시간을 성적 행동에 사용한다.
3) 성적 행동을 중지하거나 줄이거나 조절하려는 노력에 실패한다.
4) 성행위, 성경험으로부터 회복하기 위해 지나치게 많은 시간이 필요하다.
5) 성적 행동 또는 성적 행동을 준비하는 것에 몰두한다.
6) 직업, 학업, 가정 또는 사회적 책임을 다해야 하는 시간에도 종종 성적 행동에 관여한다.
7) 성적 행동으로 인해 지속적이거나 반복적인 사회적 · 경제적 · 심리적 · 신체적 문제가 있음을 알면서도 성적 행동을 지속한다.
8) 원하는 정도의 효과를 얻기 위해 성적 행동의 강도, 빈도, 횟수 또는 위험을 증가시켜야 하거나 같은 강도, 빈도, 횟수, 혹은 성적 행동의 효과가 감소한다.
9) 성적 행동으로 사회적, 직업적 혹은 여가 활동을 포기하거나 제한한다.
10) 성적 활동에 참여하지 못한다면 불쾌감, 불안, 안절부절못함, 짜증이 나타난다.

B. 심각한 개인적 · 사회적 결과를 초래한다(예: 배우자 또는 직업을 잃거나 법적인 문제 발생).

포자기(despair)이다.

성범죄와 성 중독은 엄격히 말하자면 각기 다른 개념이다. 성범죄를 저지르는 사람들이 모두 다 성 중독자인 것은 아니다. 성범죄자 중 성 중독자도 있고 성 중독자 중 성범죄자도 있는 것으로, 일부가 중복된다. 다만, 성 중독이 심해지면 타인에게 피해를 끼치지 않고서는 자신의 중독적이고 충동적인 행동을 통한 만족을 얻을 방법이 없기 때문에 점차 경계선을 넘어 타인에게 피해를 입히는 성범죄자가 되는 것이다. 또한 반복적인 성범죄자의 경우 강박적인 성적 행동이 중독의 형태로 나타나게 되기도 한다. 따라서 서로 영향을 미치며 상승작용을 일으키는 개념으로 보고, 성범죄자 중 성 중독의 특징을 강하게 보이는 사람들을 대상으로는 중독에 준하는 치료법을 활용하는 것이 필요하다.

5. Marshall의 통합적 모델

Marshall과 Barbaree(1990)의 **통합적 모델**은 성적인 각성, 애착, 친밀감, 외로움, 포르노그라피, 공감, 자존감, 인지, 수치와 부끄러움 같은 다양한 주제를 포괄하는 '취약성(vulnerability)'과 성폭력이 발생하는 상황(situation)에 대한 통합적 관점이다. 취약성은 '탄력성(resilience)'과 반대쪽 극단에 있는 개념으로 취약성이나 탄력성은 일생에 걸쳐 발달하게 된다(Anthony, 1987). 탄력성은 잠재적인 유혹이나 기회에 저항하는 것을 비롯하여 다양한 신념, 인지적·행동적 기술, 정서적 기질 등으로서, 탄력성을 습득하는 것에 실패하는 것은 곧 취약성을 형성하는 결과를 가져온다. 또한 반사회적인 문화에 접촉되거나 성적/신체적 학대를 경험하는 것 역시 취약성을 구성하는 요소로 작용한다. 취약성이 있는 사람들은 성폭력을 저지를 기회를 만들어 내고 확인하며 뛰어들게 된다.

Marshall(1993)은 탄력성(또는 취약성)이 어린 시절 부모와의 경험에서 얻어진다고 주장한다. 부모와 적절한 애착을 형성하지 못한 아동들은 자기 확신이 부족하고 적절한 친밀감을 형성하는 것에 어려움을 느끼게 되며, 결국 다른 사람과 가깝다는 느낌을 갖지 못한 채 외로움을 느끼게 된다. 불안정하게 애착이 형성된 아동들은 대개 불친절하고 의존적이며, 감정적이고 따뜻함이 결여되어 있고, 자존감이 낮으며 쉽게 상처받거나 무능력한 경향이 있다(Grossman & Grossman, 1991). 이런 특성들이 후에 성폭력을 가할 취약성을 갖게 하는데, 부모로부터 거부를 당한 아동들은 친밀감의 형성에 대한 모델링이 빈약하고, 이들은 폭력 모델을 형성하여 이를 보충하는 특성을 가지고 있다. 뿐만 아니라 부모의 관심이 부족한 아동들은 아동시기에 다른 성범죄자들의 주의를 더 끌게 되고, 그들의 유혹에 보다 쉽게 넘어가기 때문에 피해자가 될 가능성도 크다. 또 다른 연구에 의하면 어머니와의 불안정한 애착은 반사회적 경향을 형성하는 반면, 아버지와의 불안정한 애착은 성적인 문제를 일으키는 것과 관련되어 있다는 연구도 있다(Smallbone & Dadds, 2000).

이렇게 불안정한 유년기를 보낸 사람들은 청소년기에 접어들고 사춘기에 시작되는 신체적인 성장과 호르몬의 변화에 대응할 준비가 잘 되어 있지 못하다. 사춘기에 접어들면 2년 사이에 테스토스테론 수치는 4배로 증가하게 되고 취약성이 있는 아이들은 자신의 부족한 사회적 기술과 자신감을 극복하고자 통제감이나 힘을 상징하는 무엇인가를 찾게 된다.

취약성으로 인해 정서 및 자아조절에 어려움을 겪는 이들은 더욱 취약한 상태에 빠지게 되는데, 성적인 발달과 함께 초래되는 불안정한 상태와 욕구는 이들의 조절능력을 더욱 불안정하게 한다. 이들은 분노와 부정적인 자아상, 거부감 등을 발전시키게 되는데 이때 겪는 여성으로부터의 거부는 일탈적인 성적 환상과 함께 여성에 대한 부정적인 태도를 발전시키게 된다. 이때 아동이나 여성을 대상으로 한 강제적인 성행위를 주제로 하는 포르노그라피는 이들의 욕구와 잘 맞아떨어지는 대상이 된다. 성적인 욕구를 해소하는 자위가 일탈적 환상과 함께 반복되면서 이들은 성폭력에 대한 내적인 연습(mental rehearsal)을 실시하게 되며 향후 성폭력에 대한 계획이 조금씩 이루어진다. 이러한 취약성과 내적인 각본은 상황적 요소(situational factor)와 만나면서 실행으로 나타나게 된다. 주로 탈억제 효과를 나타내는 술, 약물남용, 정서적 스트레스 등이 상황적 요소로 작동하기 쉽다. Marshall과 Barbaree(1990)는 일탈적인 성적 환상과 자위가 취약성이 있는 사람의 정서적인 불안정감과 고통을 달래 주는 대처전략(coping strategy)으로서의 역할을 하기 때문에 이러한 행동이 더욱 지속된다고 설명하고 있다.

다양한 문화권에서, 자존감이 낮거나 심리적으로 취약한 남성들은 남성성이나 통제, 힘에 대한 욕구, 폭력에 대한 수용도, 여성에 대한 부정적인 관점, 남성 지배에 대한 기대가 높고, 강간과 아동 성추행에 대한 저항감은 낮은 경향을 보여 준다. 성범죄자 본인은 이러한 문화에 대한 합리화와 변명을 통해 자신의 행동에 대한 통찰을 갖지 못하고 문제행동이 지속되게 된다. 이 이론은 애착과 사회기술, 부정적인 생활경험, 정서조절의 실패, 자위, 일탈적 환상, 인지적 왜곡, 탈억제, 합리화 등 다양한 이론적 근거들을 통합하여 큰 틀을 제시해 주었다는 데 의의가 있다. 그러나 Ward와 Siegert(2002)가 지적하듯이 많은 이론이 합쳐져서 모두를 설명하려고 노력하는 데서 오는 일관성 부족과 성범죄자의 유형에 따른 여러 가지 경로를 설명하기 어렵다는 단점이 있다.

6. Ward의 경로모델

뉴질랜드의 연구자이자 임상가인 Ward는 성범죄가 한 가지 유형과 흐름으로만 발생하는 것이 아니라, 다양한 경로에 따라 여러 종류의 특징을 가진 성범죄자가 발생할 수 있다는 것을 요점으로 한 **경로모델**(Pathway model)을 제시하였다.

성범죄의 공통적인 요소로는 일탈적인 성적 각성, 친밀감의 결핍, 부적절한 정서, 인지적 왜곡이 있고, 이들은 가족적, 생물학적, 학습적, 문화적 요인과 맞물려 주로 청소년기에 취약성을 형성하게 된다. 이러한 요소를 가진 사람들이 성범죄를 저지르게 되는 경로는 크게 다음 다섯 가지 유형으로 나뉜다.

유형 1. 다양한 역기능적 기제로 인해 발생하는 유형
유형 2. 일탈적인 성적 각본과 관계 도식이 나타나는 유형
유형 3. 친밀감 결핍이 주된 문제인 유형
유형 4. 정서조절의 실패가 주로 나타나는 유형
유형 5. 반사회적 인지구조를 가진 유형

경로모델은 원인론적 관점 및 개입에 대한 연구에 기반하여 성범죄의 발생을 잘 정리한 모델이라는 점에서 유용하다.

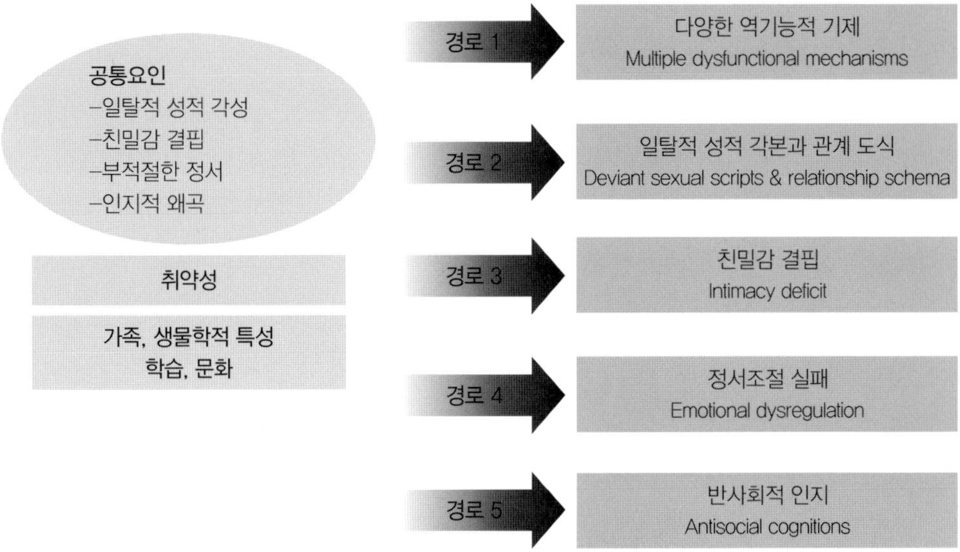

[그림 3-4] Ward의 경로모델 이론

제4장

성범죄자에 대한 평가

1. 위험성 평가

평가에는 목적이 따른다. 다시 말하면 목적에 따라서 평가를 하게 된다. 평가를 통해 알고 싶은 것이 분명할 때 정확한 평가가 이루어진다. 따라서 평가를 잘 하기 위해서는 문제영역의 정의가 보다 중요하다. 성범죄자의 경우 평가의 목적은 크게 세 가지로 나눌 수 있다. 첫째, 폭력성이나 재범 가능성 등을 알기 위한 위험성 평가이고, 둘째, 지능이나 정신병리, 성적 일탈성 등에 대한 진단적 평가이며, 셋째, 치료와 관련된 자료를 얻기 위한 평가, 또는 프로그램의 효과를 알기 위한 평가이다.

위험성 평가의 경우 그 발전과정을 4세대로 나누어서 설명하고 있다(Andrews & Bonta, 2010). 1세대는 비구조화된 임상적 예측 또는 전문가의 예측의 시기이다. 2세대는 경험적으로 개발된 정적인 위험성 평가로 대개 정해진 과거의 행동이나 인구통계학적인 자료를 활용하는 시기이다. 3세대는 정적인 방법에 범죄유발요인과 같은 동적인 요인을 포함한 것이다. 4세대는 보다 체계적인 통합을 통해 3세대의 방법에 더하여, 구조화된 임상적 평정이나 개입 및 관찰에 필요한 자료까지 포함하여 평가 결과를 사례관리에 적극 활용할 수 있도록 하는 것이다(Proulx, Cortoni, Craig, & Letourneau, 2020).

1) 비구조화된 임상적 예측과 통계적 예측

범죄 위험성의 평가는 본래 예방단계, 수사단계, 재판단계, 교정단계 등 대부분의 사법 단계에서 유용한 정보를 제공한다. 이 책은 성범죄자 심리치료가 주요 주제이므로, 주로 교정단계에서 필요한 재범위험성과 관련한 부분을 우선적으로 살펴보겠다. 범죄의 위험성을 평가하거나 예측하는 초기의 방법은 **비구조화된 임상적 예측**(Unstructured Clinical Judgement: UCJ)이다. 이 방법의 가장 큰 특징은 그 판단의 과정이 상당히 직관적이라는 것이다. 정신의학적 위험성 예측의 가장 대표적인 사례는 1983년 미국 대법원의 Barefoot에 관한 판례이다[Barefoot v. Estelle. 77 L. Ed 1090(1983)]. 경관을 계획적으로 살해했던 그는 마약과 불법적인 총기 소지로 구속되었던 경력이 있었고 어린 아이에 대한 강간미수로 복역했다가 탈옥한 경력도 있는 위험수였다(박광배, 2001에서 재인용). 결국 하급심에서 내려진 사형선고를 확정하기 위해 재판부는 정신과 의사였던 James Grigson에게 Barefoot의 잠재적 위험성에 대한 평가를 의뢰하였다. Dr. Grigson은 Barefoot의 재범가능성을 100%라고 판정하고 Barefoot은 대법원에서 사형이 확정되었다.

정신의학적 위험성 예측은 Barefoot의 사례에서처럼 대상자의 현재 인격상태와 환경조건 또는 과거의 성장환경 등을 전반적으로 분석·검토하여 최종적으로 당사자의 재범가능성을 전문가들이 판단하는 형식으로 이루어진다. 그래서 이 방법을 흔히 전체적 평가법이라고도 부르는데, 이러한 정신의학적·직관적 예측법은 전통적으로, 소위 말하는 직업적 전문성에만 주로 의존한다. 즉, 정신의학적 예측은 그 어떤 통계적·경험적 사실에도 근거하지 않았던 것이 사실이다. 따라서 판단 근거의 타당성 및 신뢰성에 대해 다양한 의문점(예: Dawes, Faust, & Meehl, 1989, 1993; Grove, Zald, Lebow, Snitz, & Nelson, 2000; Grove & Meehl, 1996)이 제기되어 왔는데, 이중 가장 심각한 문제는 정신건강 전문가들에 의해 이루어지는 위험성 판단은 지나치게 보수적인, 높은 수준의 가긍정률을 지니기에 인권침해의 소지가 많다는 것이다.

반면, **통계적 예측법**은 대개 범죄자와 비범죄자 집단을 대상으로 재범과 관련이 되는 요인들을 조사하고 이를 통계적으로 체계화한 기준에 근거하여 이루어진다. 소위 범죄예측표라고 불리는 일정한 범인성 인자를 기준으로 하여 각 개인의 위험요소를 계량적인 방법으로 측정해 낸다. 이렇게 범죄통계표에 의한 예측은 과거의 많은 사례에 대한 실제적 경험에 의존하기 때문에 객관성과 타당성을 확보할 수 있다는 커다란 이점이 있다. 정신건강전문가들의 직관적인 전문성 대신에 경험적인 자료에 대한 사전분석을 근거로 위험요인을 산출하기 때문에 일정한 훈련기간을 거치면 쉽게 적용이 가능하다. 재범예측에 있어 범죄통계학적인 변수들의 예언타당도는 여러 연구들에서 확인된 바 있다(Hoffman, 1994; Grann, Belfrage, & Tengström, 2000). 그러나 치료를 목적으로 수형자들의 특성을 평가하려는 경우 주로 정적 위험요인(static risk factor)만으로 구성된 통계학적인 위험요인들은 별반 도움이 되지 않는다. 이보다는 동적인 위험성 인자(dynamic risk factor)에 대한 보다 체계적인 진단이 처우의 적용적 측면에서는 더 도움이 된다고 알려져 있다(Andrews & Bonta, 1988; Gendreau & Ross, 1987). 동적인 위험요인은 전과나 최근 범죄 내용 등 범죄경력 이외의 사실들, 예컨대 약물의 사용 여부와 약물 종류, 고용상황, 반사회적 경향을 포함한 범죄에 대한 인지 및 태도 등을 포함한다. 최근에는 동적 위험요인을 표준화된 심리검사를 토대로 판단하기도 한다.

2) 정적인 평가

정적인 평가의 가장 대표적인 도구는 STATIC-99(Hanson & Thornton, 2000)이다. 개발 초기에 저자들은 캐나다와 영국의 성범죄자 1,301명을 대상으로 한 자료에서 AUC=.71의 높은 예측력을 보였다고 보고하였고, 이후 다양한 연구에서 유사한 수준의 예측력을 검증받아 그 효용성을 입증하였다. STATIC-99은 이후 개정판(STATIC-99-R)과 2002년판 및 개정판(STATIC-2002, STATIC-2002-R)으로 개정되었으나 이후 연구에서는 예측력에 큰 차이가 없는 것으로 보고되고 있다(Gonçalves, Gerth, Rossegger, Noll, & Endrass, 2020; Leguízamo, Lee, Jeglic, & Calkins, 2017; Reeves, Ogloff, & Simmons, 2018; Smallbone & Rallings, 2013). 이 책에서는 처음 개발된 STATIC-99과 RRASOR가 함께 제시된 요약표를 〈표 4-1〉로 수록하였다.

영국에서는 RM2000(Risk Matrix 2000)이라는 도구를 만들어서 지속적으로 사용하였다(Thornton et al., 2003). 이 도구는 성범죄에 대한 위험성을 평가하는 RM2000/S 부분과 성범죄가 아닌 폭력범죄를 평가하는 RM2000/V 부분으로 나뉜다. 개발과정에서 저자들은 치료받은 성범죄자 647명과 치료받지 않은 성범죄자 429명을 대상으로 각각 AUC가 .77, .75의 높은 예측력을 보임을 입증하였다.

SORAG(Sex offender risk Appraisal guide)는 캐나다의 Quinsey 등(Quinsey, Harris, Rice, & Cormier, 2006)이 개발하였다. 이는 폭력에 대한 재범위험성 도구인 VRAG(Violent Risk Appraisal Guide)를 변형시켜서 만들어졌고 두 개의 도구는 각각 캐나다 등지에서 가장 많이 사용되는 위험성 평가 도구이다.

이외에도 RRASOR(Rapid Risk Assessment for Sexual Offense Recidivism), SVR-20(Sexual Violence Risk-20), SONAR(Sex Offender Needs Assessment Rating) 등이 많이 활용되는 정적 평가도구로 알려져 있다.

한국에서는 K-SORAS가 개발되었고(이수정 외, 2008), 저자들은 개발 연구에서 AUC가 .813으로 STATIC-99이나 PCL-R보다 높은 예측력을 보임을 보고하였다. 이 도구는 교정 장면에서 널리 활용되고 있으며 2020년에 개정판 연구에 착수하였다.

표 4-1 STATIC-99와 RRASOR의 문항 예시

■ STATIC-99와 RRASOR 항목들과 기록지

				STATIC-99	RRASOR
1	이전의 성폭행 횟수	없음 1번의 유죄 또는 2~3번의 기소 2~3번의 유죄 또는 3~5번의 기소 4번 이상 유죄 또는 6번 이상 기소	0 1 2 3		
2	이전의 선고 횟수	3번 이하 4번 이상	0 1		
3	대면하지 않은 성폭력 판결	아니요 예	0 1		
4	사건 당시 성폭력 이외의 폭력	아니요 예	0 1		
5	사건 이전 성폭력 이외의 폭력	아니요 예	0 1		
6	관련 없는 피해자	아니요 예	0 1		
7	낯선이 피해자	아니요 예	0 1		
8	남성 피해자	아니요 예	0 1		
9	나이(젊은)	25세 이상 18세~24.99세	0 1		
10	미혼	2년 이상 애인과 같이 거주 예 아니요	 0 1		
		합 계			

표 4-2 STATIC-99의 위험성에 따른 재범률 통계

■ 재범률 (Phenix, Hanson, & Thornston (2000). Coding rules for the Static-99)							
위험도 (10년)	RRASOR			STATIC-99			
	점수	5년	10년	점수	5년	10년	15년
하 10% 이하	0	4.4%	6.5%	0	5%	11%	13%
				1	6%	7%	7%
중하 11~20%	1	7.6%	11.2%	2	9%	13%	16%
				3	12%	14%	19%
중 21~30%	2	14.2%	21.1%				
중상 31~40%	3	24.8%	36.9%	4	26%	31%	36%
				5	33%	38%	40%
상 41% 이상	4	32.7%	48.6%				
	5	49.8%	73.1%	6+	39%	45%	52%

표 4-3 한국판 정적 위험성 평가 척도(K-SORAS)의 문항 예

번호	위험요인	코드	점수
1	범죄자의 연령(만)	18~25세 미만	3
		25~40세 미만	2
		40~50세 미만	1
		50세 이상	0
2	혼인관계	결혼한 적이 없는	1
		결혼한 적이 있는	0
3	최초 경찰 입건 연령(만)	13세 미만	3
		13~19세 미만	2
		19~25세 미만	1
		25세 이상	0
4	본 범죄의 유형	직접적 성범죄	3
		비직접적 성범죄	1

5	이전 성범죄 횟수	5회 이상	5
		4회	4
		3회	3
		2회	2
		1회	1
		0회	0
6	다른 폭력범죄 횟수	3회 이상	3
		1~2회	2
		폭력전과는 아님	1
		해당사항 없음	0
7	총 시설 수용기간	5년 이상	2
		2년 이상~5년 미만	1
		2년 미만	0
8	피해자의 나이	13세 미만	2
		13~16세 미만	1
		16세 이상	0
9	피해자와의 관계	낯선 사람	1
		친족	1
		친족은 아니나 알던 사람	0
10	피해자의 성별	남성	1
		여성	0
11	피해자의 수	2인 이상	1
		2인 미만	0
12	범죄자와 피해자와의 나이 차	5세 이상 차이	1
		5세 미만 차이	0
13	현저한 폭력 사용	해당사항 있음	1
		해당사항 없음	0
14	수용기간 동안의 문제행동 여부	해당사항 있음	1
		해당사항 없음	0
15	범행에 대한 책임 수용	책임 회피	1
		책임 수용	0
총점			

3) 동적인 평가

경험적인 연구들은 개인의 범죄적 특성에 대한 보다 동적인 측면의 평가가 범죄통계에 기초한 정적 위험요인 이외에도 재범의 부가적인 변량을 유의미하게 설명하여 준다는 사실을 확인하였다(Hoge, 1999; Loza, Dahliwal, Kroner, & Loza-fanous, 2000). 동적 위험요인은 나아가 적절한 처우방안의 선택과 죄질 개선의 진전도(dynamic risk factor) 파악에 간략하면서도 매우 유용한 정보를 제공하여 준다. **동적 위험요인**은 주로 해당 범죄자의 사회 환경적 특성이나 약물 혹은 정신병력 등과 같이 노력 여하에 따라 개선이 가능한 자료들을 지칭하는데, 최근에는 범죄와 관련된 태도나 인지구조, 충동성 등의 감정적인 특성들까지를 광범위한 동적 위험요인에 포함시키는 추세이다. 또한 대다수의 도구들이 일단은 범죄 통계적인 조사 자료를 근거로 하고 있더라도 동적 위험요인에 대한 추가 면담 후 임상적인 판단을 내려 최종적인 평가에 포함시키는 형태를 취한다.

이러한 동적 위험요인에 의한 평가는 세 가지 특징을 갖는다. 첫째, 범죄에 대한 사건 보고서나 전과 보고서를 판단의 근거로 사용한다는 것이고, 둘째, 자기보고식 검사가 아니라 전문가들에 의한 세밀한 관찰을 근거로 한다는 것이며, 셋째, 정신 건강을 모두 평가하는 것이 아니라 범죄와 관련된 위험요인에만 초점을 두고 있다는 것이다. 이러한 동적 위험요인의 평가는 예측력이 매우 높아서 평균 예측력(AUC)이 .7~.8 수준으로 보고되고 있다. 성폭력 분야에서는 STABLE-2007(STABLE-2000의 개정판)이 대표적이다. STABLE-2007은 5가지 영역에서 13개의 문항을 확인한다. 구성요소로는 의미 있는 사회적 영향력, 안정적인 관계 능력, 아동과의 정서적 동일시, 여성에 대한 적대감, 일반적인 사회적 거부감, 타인에 대한 관심 결여, 충동성, 문제해결기술 부족, 부정적 정서, 성충동에의 몰입, 대처방식으로서의 성, 일탈적 성 취향, 보호관찰 순응도 등이 있다.

2. 진단적 평가

1) 지능 및 정신병리에 대한 평가

지적 능력에 대한 평가는 성범죄자의 전반적인 기능수준을 알아보기 위해 필수적이다. 국내에서는 웩슬러 방식의 지능검사를 주로 사용한다. 16세 이상의 성인용은 K-WAIS-IV, 16세 이하의 아동·청소년은 K-WISC-5 검사를 사용한다. 웩슬러 방식의 지능검사는 크게 언어성 검사와 동작성 검사로 나뉘며, 10~15개의 소척도를 통해 세부적인 인지능력을 파악할 수 있게 된다.

정신병리에 대한 평가는 임상심리학적 평가를 사용하거나 구조화된 면담 도구를 사용하는 것이 정확하다. 이것은 모든 성범죄자에게 실시할 필요가 없고, 의심스러운 사람이나 스크리닝 도구에서 선별된 사람만 검사하는 것이 시간과 비용에서 효과적이다.

정신병리의 진단을 위해서는 임상가가 반구조화된 진단적 면담을 하는 것이 가장 정확하다고 인정된다. 성인의 경우 SCID, SADS와 같은 도구들이 사용되고, 아동의 경우 Kiddie-SADS, DICA와 같은 도구들이 주로 사용된다.

심리학적 평가는 진단뿐 아니라 내적인 역동이나 심리 구조를 파악하는 데에도 널리 쓰이고 있다. 고전적인 배터리로는 지능검사, BGT, HTP, Rorschach, TAT, SCT, MMPI-2와 같은 검사들이 있고, 이 외에도 성격의 측정이나 스트레스 대처, 공격성 등 많은 주제에 따라 다양한 검사들이 개발되어 있다. MMPI-2의 경우 정신병리의 측정뿐 아니라 범죄 프로파일이나 재범 예측에도 광범위하게 사용되는 도구이다.

2) 이상 성행동에 대한 측정

(1) Abel 테스트

Abel 테스트(The Abel Assessment for Sexual Interest: AASI)는 성에 대한 선호도를 측정하기 위해 개발된 검사로, 자기보고식 검사와 임상가 평정으로 구성되어 있다(Abel, Jordan, Hand, Holland, & Phipps, 2001). 이 중 22개의 범주에 따라 160장의 사진을 제시하고 매력도를 평정하게 하는 **시각 반응 과제**(Visual Reaction Task: VRT)가 특징적이다. 이 과제에서 실제 측정하는 것은 아동, 성인, 남자, 여자에 따라 성범죄자가 사진을 응시하는 시간이다. 자신에게 매력이 있다고 느껴지는 대상을 더 오래 바라본다는 것이 이 검사에서의 기본적인 논리이자 측정변수이다. 응시 시간은 음경혈류측정(PPG)과도 정적인 상관이 있는 것으로 보고된다(Letourneau, 2002). 우리나라에는 한국판 성적 기호 평가도구(KASI; 이수정, 고려진, 2012)가 개발되어 있다. 이 도구는 인물 사진(성인 여자 사진 20개, 성인 남자 사진 20개, 아동 여자 사진 20개, 아동 남자 사진 20개)과 중성 사진(풍경 사진 16개)을 합하여 총 96개의 사진으로 구성되어 있다. 이 도구를 통한 연구 결과, 13세 미만의 성범죄자들은 성인 대상 성범죄자에 비해 여아에 대한 응시 시간이 길었다(이수정, 이선영, 2013).

(2) 지적장애 성범죄자들의 인지기능에 대한 평가(QACSO)

Lindsay, Whitefield, Carson, Broxholme와 Steptoe(2004)가 개발한 QACSO(Questionnaire of Attitudes Consistent with Sexual Offending)를 장은영, 이수정, 이장규(2014)가 한국판으로 수정, 타당화하였다. Lindsay 등(2004)의 본래 척도는 107문항으로 구성되어 있고, 자기보고식 검사이지만 이해를 잘 하지 못하는 경우에는 질문을 통해 답을 얻을 수 있다. 그렇다(2점), 잘 모르겠다(1점), 아니다(0점)로 채점된다. 소척도로는 강간 및 여성에 대한 태도, 관음증, 노출증, 스토킹, 데이트 성폭력, 동성 성폭력, 아동 성폭력이 있다.

한국판은 58문항으로(임상척도 53문항, 사회적 바람직성 척도 5문항) 정리되었고, 잘 모르겠다를 삭제하여 그렇다와 아니다로만 대답하도록 수정되었다.

3. 치료용 평가

1) 자기보고식 검사

범죄자를 다루는 현장에서 자기보고식 검사의 활용은 많은 논의와 함께 여러 가지 장단점이 거론된다. 자신의 증상을 호소하는 내현화 장애와 달리 범죄자들은 자신의 문제를 감추려 하거나 오히려 좋게 보이고자 하는 사회적 바람직성의 영향을 받기 때문이다. 치료 장면에서 성범죄자들이 사전검사에서는 방어적인 응답을 하여 처음에는 긍정적인 점수가 산출되었다가 치료가 진행되는 동안 라포가 형성되고 방어를 풀게 되자 사후검사에서는 솔직히 반응하여 오히려 사후검사의 점수가 더 부정적으로 나타나는 일들이 종종 있다. 그럼에도 연구에서는 자기보고식 검사가 많이 사용되는데, 때로는 사회적 바람직성을 공변량으로 통제하기도 하고, 때로는 한계가 있지만 시간-비용적으로 효율적인 다른 대안이 없어서 어쩔 수 없이 사용하기도 한다. 치료 도중에 사용하는 경우는 실제 해당 항목에서의 상태를 파악하기 위하여 치료자가 잘 설명하고 활용하기도 한다. 여기에는 동적 평가에서 소개한 성 관련 평가 척도도 있고, 일반적인 정서상태나 자존감 등의 평가도 포함된다. 여기에는 치료와 관련된 주요 개념을 측정하는 평가들이 포함된다. 예를 들면, 인지적 왜곡을 다루기 위해서는 인지적 왜곡 평가 질문지(Abel's cognition scale, 1989), 강간통념을 측정하기 위해서는 강간통념 설문지(rape myth questionnaire), 공감을 측정하기 위해서는 대인관계 설문지(IRI, Davis)를 사용하는 것 등이다. 설문지 자료를 얻을 때 주의해야 할 것은 대답의 신빙성 여부이다. 흔히 성범죄자들과 같이 법적인 문제에 연루되어 있는 사람들은 자신에 대해 좋게 보이기를 원하기 때문에 솔직한 대답을 하지 않는 경우가 많다. 따라서 이를 교정해 줄 수 있는 척도가 필요하기도 하다.

국내에서 성범죄자 치료에 많이 쓰이는 자기보고식 평가 도구를 소개하면 다음과 같다. 이를 위해 아래와 같이 한국교육학술정보원(KERIS)과 학술정보통합서비스(DBpia)를 활용하여 '성범죄자' '수형자' '성가해' '성범죄자 프로그램'의 4가지 주요어로 2000년도부터 2019년까지의 학술논문을 검색하였다. 조사 결과 학술논문 44개, 연구보고서 6개, 단행본 6개로 총 56개가 검색되었고, 그중 자기보고식 척도가 활용된 자료는 학술논문 22개, 연구보고서 2개, 단행본 2개로 총 26개였다. 총 26개의 자료에서 사용된 척도는 39가지였는데, 가장 많이 사용된 자기보고식 검사의 목록을 순서에 따라 일부 정리하였다.

표 4-4 한국의 성범죄자 치료 관련 연구에서 많이 사용된 자기보고식 척도

척도명	원저자	주요 내용	국내 참고문헌(연구자)
강간통념척도 (RMAS, Rape Myth Acceptance Scale)	Burt (1980)	성 관련 태도	공은경, 이수정(2004) 구현아, 이수정(2005) 법무부(2006) 고정애, 박경(2009) 윤정숙, 이수정(2012) 표갑수, 엄정옥(2012) 고정애, 박경(2013) 박진혁, 이재우, 유미경, 장소영, 김종균(2013) 윤정숙, Knight(2014) 이자리(2014) 정미영, 박지순, 최은영, 공마리아, 이장규(2015) 최신현, 김갑숙(2016) 김수지, 정윤경(2018)

Rosenberg 자아존중감척도 (RSE/SES)	Rosenberg (1965)	자아 존중감	구현아, 이수정(2005) 법무부(2006) 이철호, 이민규, 하미옥, 표현정, 지은진, 장혜련, 김혜민, 이미령(2006) 송원영, 오경자, 신의진(2008) 고정애, 박경(2009) 윤정숙, 박진혁, 이재우, 유미경, 장소영, 김종균(2013) Knight(2014) 이자리(2014) 김근국, 유철민(2016), 양혜경(2017) 김수지, 정윤경(2018)
대인관계반응지수 (IRI, Interpersonal Reactivity Index)	Davis (1980, 1983)	대인 관계/ 공감	공은경, 이수정(2004) 구현아, 이수정(2005) 고정애, 박경(2009) 고정애, 박경(2013) 박진혁, 이재우, 유미경, 장소영, 김종균(2013) 윤정숙, Knight(2014) 김수지, 정윤경(2018)
상태-특성 분노표현 척도 (STAXI-K, State-Trait Anger Expression Inventory-Korean Version)	Spielberger (1988)	분노	송원영, 오경자, 신의진(2008) 고정애, 박경(2009), 김근국, 유철민(2016) 양혜경(2017) 김수지, 정윤경(2018)
K-UCLA 외로움/고독감 척도 (Korean Version of the Revised UCLA Loneliness Scale)	Russel, Peplau, & Cuttona (1980)	외로움	법무부(2006) 송원영, 오경자, 신의진(2008) 박진혁, 이재우, 유미경, 장소영, 김종균(2013) 윤정숙, Knight(2014) 김근국, 유철민(2016) 김수지, 정윤경(2018)

Beck 우울증 척도 I, II (BDI 한국판, Beck Depression Inventory)	Beck, Steer, & Brown (1996)	우울	법무부(2006) 이철호, 이민규, 하미옥, 표현정, 지은진, 장혜련, 김혜민, 이미령(2006) 송원영, 오경자, 신의진(2008) 고정애, 박경(2009) 표갑수, 엄정옥(2012) 양혜경(2017)
성을 이용한 대응척도 (CUSI, Cooping Using Sex Inventory)	Cortoni & Marshall (2001)	대처 방식	법무부(2006) 박진혁, 이재우, 유미경, 장소영, 김종균(2013) 윤정숙, Knight(2014) 김근국, 유철민(2016) 김수지, 정윤경(2018)
상태-특질 불안 척도 (STAI, State Trait Anxiety Inventory)	Spielberger, Gorsuch, & Lushene (1970)	불안	법무부(2006) 송원영, 오경자, 신의진(2008) 고정애, 박경(2009) 양혜경(2017)
충동성 척도 (BIS, Barratt Impulsivevess Scale)	Barratt (1983)	충동성	법무부(2006) 윤정숙, Knight(2014) 김근국, 유철민(2016) 김수지, 정윤경(2018)
대인관계 지지평가 척도 (ISEL, Interpersonal Support Evaluation List)	Cohen & Hoberman (1971)	사회적 지지	법무부(2006) 송원영, 오경자, 신의진(2008) 이자리(2014)
성격평가 질문지 (PAI, Personality Assessment Inventory)	Morey (1991)	성격 검사	공은경, 이수정(2004) 이철호, 이민규, 하미옥, 표현정, 지은진, 장혜련, 김혜민, 이미령(2006) 장은영, 이수정(2017)
아동 성추행범 공감척도 (CMEM, Child Molester Empathy Measure)	Fernandez, Lightbody, O'sullivan, & Marshall (1999)	피해자 공감	송원영, 오경자, 신의진(2008) 이자리(2014) 고정애, 박경(2013)

2) 치료자 평가

(1) 치료자 평정 척도

대부분의 프로그램은 내담자의 변화 수준을 측정하기 위해 많은 자기보고식 검사를 실시한다. 자기보고식 검사는 실시가 상대적으로 용이하고, 측정이 어렵거나 불가능한, 매우 힘든 현상에 접근할 수 있다는 장점이 있다(Heppner, Wampold, Owen, Thompson, & Wang, 2015). 그러나 그것이 의도적이든 그렇지 않든 참여자에 의해 왜곡이 발생할 수 있고(Heppner et al., 2015), 프로그램이나 치료를 통해 이해한 것을 삶에 통합시키고 있는가에 대한 정보를 제공하는 데 한계가 있다(Marshall, Marshall, Serran, & Fernandez, 2013).

치료자 평정 척도(Therapist Rating Scale: TRS, Marchall)는 자기보고식 검사의 단점들을 보완해 주며, 현재의 기능단계를 측정하기 위해 만들어졌다(Marshall et al., 2004). 내담자의 현재 기능 정도를 평가하는 TRS의 초판은 책임감의 수용, 공감능력, 사회 기술, 자존감 등 17가지 주제로 구성되었다. 각 주제는 두 가지 범주, 즉 지적인 이해와 정서적 수용/표현으로 나누어 평가된다. 정서적 수용/표현은 알고 있는 것의 내재화 정도를 평가하는 것으로, 정서적 반응과 행동을 통해 유추될 수 있다. 그러므로 평가는 치료와 기관(교도소 등) 내에서의 행동 모두를 고려해야 한다. TRS는 치료단계의 중간 즈음과 마지막 단계에서 실시한다. 채점은 4단계로 이루어진다(Marshall et al., 2004). 1단계는 '매우 부족한 수준'으로 해당 주제를 전혀 이해하지 못하는 것이다. 이는 지적인 등급과 관계없이 재범하지 않을 정도의 수준에 도달하지 못한 것으로, 다시 치료해야 할 필요가 있다. 2단계는 '그저 그런' '보통 정도로 향상하는 중'으로 주제와 범주의 가치를 이해하고, 약간 받아들이고 있음을 의미한다. 1단계보다는 덜하지만 만족할 수 없는 수준으로, 추가적인 치료가 필요하다. 치료 후에는 3단계까지 변화해야 된다. 3단계는 '보통' '표준'에 도달한 것으로 치료의 목표를 어느 정도 이루어 냈음을 의미한다. 치료할 부분이 남아 있지만 일반인보다 더 나쁘지는 않다. 마지막으로 4단계는 '이상적인(Ideal)' 수준으로 평균보다 높은 상태이다. 대부분의 범죄자는 어떤 주제나 문항에서도 4단계까지 가기는 어렵다(Marshall et al., 2004). 모든 주제에서 동일한 단계를 받을 수도 있지만, 그렇지 않을 수도 있다. 그러므로 하나의 점수로만 평가하는 것이 아니라 모든 것을 종합하여 평가해야 한다. 또한 후광효과(halo effects)를 받지 않도록 주의해야 한다(Marshall et al., 2004). Marshall, Webster, Serran, Marshall과 Fernandez(2004)는 척도에 대한 평가자간(inter-rater) 신뢰도를 확인할 수 있는 자료를 만들었고, 이를 사용한 연구들을 종합해 보면, 치료자 평가 척도는 보다 광범위하게 사용될 수 있는 잠재력이 있다.

Marshall 등(2013)은 초기 TRS에 성범죄자의 동적 위험요소를 추가하여 개정한 TRS-2를 발표하였다. 주제의 개수가 17가지에서 10가지로 줄어들어 이전 버전보다 사용하기가 쉽다. 하지만 이전 버전과 마찬가지로 후광효과와 역효과를 주의해야 한다. 평가자가 반드시 심리학, 정신의학 등 특정 분야의 특정 교육 수준을 갖추고 있을 필요는 없으나, 범죄자의 동적 위험요인에 대한 지식이 있어야 한다(Marshall et al., 2013) TRS-2의 내적 합치도는 지적인 이해 .96, 수용/표현 .95, 총점 .97로 높게 나타났다(Marshall, Marshall, Humphries, Serran, & O'Brien, 2010). 평정자간 신뢰도는 지적인 이해 .90, 수용/표현 .96, 총점 .95로 높게 나타났다(Marshall, Marshall, Gates, Alguire, & Humphries, 2010). 예언타당도 역시 AUC가 지적인 이해 .75, 수용/표현 .78, 총점 .77로 통계적으로 유의미하였다(Marshall, Marshall, & Humphries, 2012).

표 4-5 TRS-2의 구조

문항	지적인 이해	수용/표현
1. 인생에 대한 주도성과 책임감 • 자신의 삶을 통제할 수 있다고 믿고 실현해 나간다. • 삶을 변화시키는 것에 대한 책임감을 가지고 있다. • 목표를 이루어 나가기 위한 단계를 확인하고 이를 밟아 나간다.	1–2–3–4	1–2–3–4
2. 일반적인 공감능력 • 다른 사람의 감정을 지각할 수 있다. • 다른 사람의 입장을 이해할 수 있다. • 다른 사람의 감정에 적절한 감정으로 응할 수 있다. • 다른 사람에게 기능하면 적절한 위로를 시도한다.	1–2–3–4	1–2–3–4
3. 친사회적 태도 • 친사회적인 태도를 갖고 행동한다. • 집단 내의 다른 사람이 표현하는 반사회적 태도에 도전한다. • 관리감독자 또는 사례관리자에게 협력한다.	1–2–3–4	1–2–3–4
4. 대처능력 • 스트레스에 적절한 정서를 갖고 반응한다. • 정서가 대처능력에 어떤 영향을 미치는지를 이해하고 있다. • 문제가 되는 이슈들을 직면한다. • 문제를 해결해 나갈 수 있다.	1–2–3–4	1–2–3–4
5. 친밀감 형성 기술 • 다른 사람을 가치 있게 생각한다. • 적절하게 자기 노출을 한다. • 친구를 사귀고 유지할 수 있다. • 관계에서 현실적인 믿음을 가지고 있다.	1–2–3–4	1–2–3–4
6. 긍정적인 자존감 • 자신의 능력에 대한 현실적인 믿음이 있다. • 가치 있는 것들을 바라보고 긍정적인 혼잣말을 한다. • 자신을 깎아내리거나 남을 비하하는 유머를 사용하지 않는다.	1–2–3–4	1–2–3–4

7. 일반적인 자기조절능력 • 변화하는 환경에 적응할 수 있다. • 충동적이거나 지나치게 부정적이지 않다. • 과도하게 감정적이거나 감정을 억압하지 않는다. • 삶의 안정성을 어느 정도 가지고 있고, 그것을 중요하게 생각한다.	1-2-3-4	1-2-3-4
8. 성적 자기조절능력 • 성을 대처 방식으로 사용하지 않는다. • 성에 몰입해 있지 않다. • 정상적인 성적 관심을 가지고 있다. • 성에 대해 건강하게 접근한다.	1-2-3-4	1-2-3-4
9. 자신의 위험요인에 대한 이해 • 실제적 또는 잠재적 위험요인 및 상황에 대해 알고 있다. • 다른 사람으로부터의 피드백을 받아들일 수 있다.	1-2-3-4	1-2-3-4
10. 양질의 미래생활 계획 • 미래에 대한 현실적인 목표와 계획이 있다. • 지역사회의 적절한 지지를 받고 있다.	1-2-3-4	1-2-3-4

(2) 성범죄자 치료 개입과 경과 척도(SOTIPS)

SOTIPS(Sex Offender Treatment intervention and Progress Scale)는 SOTNPS(Sex Offender Treatment Needs and Progress Scale)의 개정판이다. 이전판인 SOTNPS는 18세 이상 성인 남성 성범죄자의 치료와 감독의 필요성 및 진행 상황을 확인하고 감시하기 위해 만들어졌다. 문헌 검토 및 합의를 기반으로 선정한 22개의 동적 위험요소를 임상전문가, 보호관찰 및 가석방 담당자들이 6개월 간격으로 평가한다(McGrath & Cumming, 2001, 2003, 2008; McGrath, Lasher, & Cumming, 2008). 이를 개정한 SOTIPS(McGrath, Cumming, & Lasher, 2013)에서 수정한 내용은, 첫째, 예측정확도 향상과 사용의 용이성을 위해 척도를 구성하는 항목 수를 22개에서 16개로 줄였다. 둘째, 항목의 정의가 바뀌지는 않았지만, 의미를 명확하게 하기 위해 항목의 설명이 수정

됐다. 셋째, 평가자를 위해 각 항목에 대한 질문 예시가 제공되었다. 평가 항목은 크게 성적 이탈, 범죄 관련성, 사회 안정 및 지지로 나눌 수 있다. 각 항목은 개인의 기능 수준을 반영하여 6개월 간격으로 평가한다. SOTIPS의 경우, 점수를 매기는 것은 어렵지 않으나 평가자는 성범죄 재범과 관련된 위험요소와 심리적 평가의 원칙을 기본적으로 이해해야 한다. 또한 채점 훈련과 사례 연습을 충분히 해야 한다(McGrath, Cumming, & Lasher, 2013; Lasher, McGrath, & Cumming, 2015). 점수는 4점 척도(0=최소 또는 개선의 필요가 없음, 1=일부 개선이 필요함, 2=상당한 개선이 필요함, 3=매우 상당한 개선이 필요함)로 이루어져 있다. SOTIPS의 신뢰도나 타당도 등의 적절성은 여러 연구를 통해 보고되었다(예: McGrath, Lasher, & Cumming, 2011; McGrath, Lasher, & Cumming, 2012; Lasher, McGrath, Wilson, & Cumming, 2015; Miner, Robinson, Newstrom, & Strobel-Ayres, 2018).

(3) 치료 목표에 따른 평가

치료의 단계나 모듈에 따라 성취해야 할 역량에 대한 목표를 세우고, 그에 대한 성취도를 평가하는 방식의 척도가 있다. 송원영 등(2011)은 성충동약물 치료자를 위한 핵심 프로그램을 개발하면서, 10단계의 치료 모듈에 대하여 단계별 평가를 실시하였다. 단계별 평가 기준 항목은 프로그램 진행의 참여도와 각 단계별 목표 성취 정도에 따라 평가한다. 각각의 항목은 해당 단계를 '성취하였는가(pass)'와 '성취하지 못하였는가(fail)' 둘로 나누어 판단한다. 그리고 나서 성취한 경우에는 다시 '우수하게 성취하였음(3점)'과 '미흡하나마 성취한 것으로 볼 수 있음(2점)'으로 나눈다. 비슷하게 성취하지 못한 경우에는 '어느 정도 진전이 있으나 아직 부족함(1점)'과 '전혀 진전이 없음(0점)'으로 재분류한다. 평가항목은 치료의 목표와 동일한 10단계로 이루어져 있으며 다음과 같다. 수료 기준은 5~9단계의 범죄유발요인의 다섯 항목이 모두 2점 이상을 기록해야 하며, 전체 항목의 합이 20점 이상이어야 한다. 이 평가 방법은 국내의 유일한 타인보고식 치료 목표에 따른 평가 척도지만, 통계적 검증이 이루어지지 않았다는 한계가 있다. 향후 이러한 부분에 대한 연구가 필요하다.

표 4-6 핵심 프로그램에서의 치료 목표에 따른 평가 항목

단계별 평가 기준 항목	
1단계 평가	사회적 상호작용
2단계 평가	자기 개방성
3단계 평가	긍정적 요인, 행복한 삶에 대한 목표
4단계 평가	범행에 대한 개방과 책임 수용
5단계 평가	치료에 대한 동기수준
6단계 평가	성에 대한 신념과 태도의 적절성
7단계 평가	성의 일탈성에 대한 인식과 교정의 적절성
8단계 평가	대인관계에서 친밀감과 공감의 수준 평가
9단계 평가	분노, 충동성, 스트레스 등 정서적 조절 능력 평가
10단계 평가	재범방지를 위한 노력과 계획의 수준 평가

(4) 치료의 실행 충실도(Treatment Fidelity)

실행충실도(fidelity)는 일반적으로 프로그램에서 성취할 목표 및 그 목표가 달성되는 방법, 목표의 실제 달성 여부를 확인하는 과정이다. 이는 서비스의 필요와 사용 여부를 결정하고, 확인된 요구를 해당 서비스가 충분히 충족시킬 수 있는지 점검한다. 이어서 그 서비스가 적절한 비용과 방법으로 필요한 사람에게, 계획대로 도움이 되었는지를 확인하는 방법을 정리한 것이다(Posavac & Carey, 1997). 실행충실도는 행동 개입의 타당성을 높일 수 있으며, 새로운 기술에 대한 임상적 훈련을 표준화하여 비슷한 수준의 역량에서 참여자들이 능력을 발휘할 수 있도록 돕는 역할을 한다(Borelli et al., 2005; Lichstein, Riedel, & Grieve, 1994). 프로그램 평가 과정은 복잡한 과정이지만,

기본적으로는 단순한 3단계의 연속, 즉 목표(objectives)−수단(means)−척도(measures)의 연속이라고 할 수 있다(Isaac & Michael, 1995). 먼저, 목표 진술 단계에서는 각 목표를 측정과 관찰이 가능한 용어로 명확하고 구체적으로 진술해야 한다. 두 번째, 수단 계획 단계에서는 목표 달성을 위해 실행될 전략과 활동을 계획한다. 마지막으로, 척도 개발 단계에서는 각 목표의 달성을 확인할 수 있는 척도를 선택하거나 개발해야 한다.

Andrews와 Dowden(2005)이 메타분석을 통해 높은 충실도가 재범 감소와 유의미한 상관이 있음을 밝혔음에도 불구하고, 성범죄자 치료프로그램에 대한 충실성 평가는 많이 수행되지 않았다. Moon과 Shivy(2008)는 미국 남동부의 보호관찰관들을 대상으로 인터뷰와 집단 관찰, 자료 조사 및 설문지를 사용한 조사 등을 통해 다음과 같은 주제들을 기준으로 삼아 충실도 연구를 진행하였다. 첫째, 인지행동기법의 사용으로, 근거기반 치료로서의 연구증거가 가장 많을 뿐 아니라 동적 위험요인을 감소시키는 것에 큰 영향을 미치기 때문이다(Perkins, Hammond, Coles, & Bishopp, 1998). 둘째, 치료자의 질적 수준으로, 따뜻함과 공감, 지도력이 있을 뿐 아니라 융통성을 가지고 참여자의 요구나 대인관계 패턴, 감정에 맞추어 가는 능력이 있는 것을 말한다(Marshall, 2005). 치료자는 내담자와 협력적인 작업을 해 나갈 뿐 아니라 치료자가 적절한 모델링을 해 줘야 하기 때문이다(Serran, Fernandez, Marshall, & Mann, 2003). 셋째, 집단치료의 활용으로, 성범죄자 치료에서는 집단치료가 가장 효과적인 것으로 나타난다(Marshall & Barbaree, 1990). 집단치료는 다른 사람의 눈으로 자신의 문제를 볼 수 있게 해 주므로 새로운 시각으로 자신을 파악하는 데 큰 도움이 될 뿐 아니라 새로운 기술을 익히는 데에도 도움이 되기 때문이다. 넷째, 지역사회에서 성범죄자들을 잘 포용하는 접근법(community containment approach; English, 1998)을 쓰고 있는지이다. 출소한 성범죄자들 보호관찰관 등을 통해 관리감독을 잘 하며 적절한 치료자와 협력적인 관계를 통해 문제를 해결해 나가도록 지원하고 있는지, 개별적인 필요성에 따라 적절하게 개입하는지에 대한 문제이다.

치료의 효과에 대한 측정이 표준화된 치료와 그 과정 변인에 있음이 논의되면서 충실도에 대한 관심은 높아지고 있지만 성범죄자 심리치료 분야에서의 충실도 연구는 아직 미미한 수준이다. 이 분야에 대해서는 보다 많은 연구와 발전이 필요하다.

제2부

성범죄자 심리치료의 이론

제5장

성범죄자 심리치료의 원칙과 주요 내용

1. 성범죄자 치료프로그램의 원칙

1) 성범죄자 치료프로그램과 일반 심리치료의 차이

범죄를 저지른 사람에 대해 우리에게는 '뉴스적 접근'과 '다큐멘터리적 접근'의 두 가지 접근이 필요하다. 뉴스는 대개 범죄에 대해 육하원칙에 따라 객관적인 설명을 한다. '뉴스적 접근'이란 뉴스와 같이 성범죄에 대하여 공공의 질서와 관련하여 범죄 사실을 간략하게 보고하고 어떤 피해가 있었으며, 어떤 조치가 취해지는가에 대한 관심으로 살펴보는 것이다. 뉴스적 접근은 다수의 행복이 소수의 범죄에 의해 침해받았음을 지적하게 되고, 이를 보는 사람의 마음에 공정한 평가와 처벌의 마음을 불러일으킨다. 그러나 이러한 사건들 중 하나를 '다큐멘터리'로 다루었을 때는 관점이 달라진다. 대개 불우했던 어린 시절과 트라우마, 이를 극복해 보려는 처절한 노력, 반복되는 실패와 좌절, 점차 증가하는 불신 등이 이야기되고, 성장 과정이나 범죄 이전에 그 범죄자가 경험했던 많은 어려움이 다루어진다. 때로 뉴스를 보며 욕을 하던 사람들이 다큐멘터리를 보면서는 안타까워하기도 한다. 물론 다큐멘터리를 본다고 범죄를 용서해야 하는 것은 아니다. 범죄는 적절한 과정에 따라 책임을 지고 나아가 회복을 하도록 노력해야 하지만, 같은 잘못을 반복하지 않기 위해서는 그 사람의 역사를 살펴보고 변화를 격려해야 할 것이다. 성숙한 관점이란 뉴스와 다큐멘터리가 공존하는 방식이다. 둘 중 어느 하나만 존재하는 사회는 과도한 율법적 사회이거나 아노미적인 이기적 사회가 될 것이다. 성범죄자 치료 역시 뉴스적 접근을 통해 위험성이나 병리 등에 대한 명확한 평가와 판단을 가져야 할 것이고, 다큐멘터리적인 접근을 통해 치료의 재료들을 확보하고 변화를 추구하는 균형 잡힌 시각을 가져야 할 것이다.

(1) 두 종류의 내담자

성범죄자 치료프로그램의 내담자는 둘이다. 하나는 치료자가 직접 만나는 성범죄자 본인이지만 또 하나의 중요한 내담자가 있는데, 바로 지역사회 또는 국민이다. 성범죄자 치료프로그램을 진행하는 사람의 치료목표는 내담자인 성범죄자가 변화하고 건전한 행동을 하게 되는 것이기도 하지만, 더 나아가 잠재적인 성범죄 피해자를 보호하는 것이고 성폭력으로부터 지역사회를 안전하게 만드는 것이기도 하다. 치료의 비용을 본인이 부담하는 경우도 있지만 대부분 국가에서 지급하는 것도 이와 같은 이유일 것이다. 따라서 치료자는 이 두 가지 목표를 항상 기억해야 한다. 사실상 이 두 가지 목표는 전혀 동떨어진 것은 아니어서 성범죄자가 변화하기 시작하고 성범죄가 아닌 다른 방법으로 자신이 원하는 욕구(성적이든 정서적이든 간에)를 합법적으로 충족시킬 수 있는 다른 방법을 습득하여 행복하게 지낼 수 있다면 지역사회 역시 안전해질 수 있다.

(2) 비밀보장의 한계

성범죄자에 대한 심리치료는 다른 종류의 심리치료에 비해 비밀보장에서 한계를 지니고 있다. 추가적인 성폭력을 계획하고 있는 것이 명백하거나 과거의 추가적인 범행을 알게 되었을 경우 치료자는 그것을 모른 체 할 수 없다. 성범죄자 프로그램을 진행하는 사람은 고해성사를 듣는 성직자와는 다르다. 물론 일반적인 상담윤리에서도 자해나 타해의 위험이 있는 경우 비밀보장을 하지 않지만 성범죄자 프로그램 진행자는 법적, 행정적 체계상 그보다 더 많은 비밀노출을 요구받는 경우가 많다. 따라서 적절한 상담윤리를 준수하는 동시에 관련규칙을 따르기 위해서는 보다 섬세한 노력이 필요하며, 비밀보장에 한계가 있음을 미리 숙지하고 내담자에게도 고지할 필요가 있다.

(3) 비자발적인 내담자

성범죄자를 위한 프로그램에 참여하는 사람은 청소년이든 성인이든 간에 자발적이지 않은 경우가 대부분이다. 자발적이기보다는 규정에 의해 참여하기 시작하고, 처음에는 한시라도 빨리 그만두고 싶어 하는 사람이 더 많다. 이에 치료의 목표를 세우거나 진행을 할 때 충분한 동기의 진작이 필요하고, 관련된 행정조치 및 치료자의 권한을 충분히 알고 있을 필요가 있다. 대부분 치료명령을 통해 시작하는 것은 라포가 형성되기 전 조기탈락이 발생하는 것을 막아 준다. 또한 치료자에게 부여된 적절한 권한은 이들이 내적인 동기가 생길 때까지 협조할 수 있도록 하는 힘이 되어 준다. 비자발적인 내담자에게 아무런 권한이 없이 다가가는 것은 심리치료의 가치를 깨닫기 전에 거부하거나 치료에서 제시되는 것에 대해 저항하느라 시간을 비효율적으로 낭비해 버리게 될 가능성이 높기 때문이다.

(4) 사전정보 수집 및 구조화의 중요성

성범죄자 프로그램을 진행하기 위해서는 관련기관과의 긴밀한 협조가 필요하다. 특히 프로그램의 효율적인 진행을 위해 내담자의 과거 범죄경력이나 가장 최근의 사건에 대해 정확하게 알 필요가 있다. 판결문이나 범죄경력 조회, 판결전조사 등의 문건을 미리 확보하여 충분한 정보를 알고 있어야 이들의 이야기 중에 얼마만큼이 사실이고 어느 부분을 부인, 왜곡, 최소화하는지 알 수 있다. 또한 시간과 장소의 독립성이 확보되어야 한다. 본인들이 성범죄를 저질렀었다는 것을 동료나 주변 사람들에게 비밀로 하기를 원하기 때문에 그러한 비밀이 잘 지켜질 수 있는 조건이 갖추어져야 한다. 마지막으로, 진행자의 평가가 내담자의 처우에 중요하게 반영될 수 있는 구조가 바람직하다. 위에 언급한 바와 같이 비자발적인 내담자에게 동기를 부여하기 위해서는 그들의 이익과 직결되어 있는(예: 가석방이나 전자감시 해제 등) 문제에 치료자의 보고서나 평가서가 반영되는 구조를 통해 프로그램에 대한 간접적 동기 진작을 꾀해야 하기 때문이다.

2) 효과적인 프로그램의 원리: 위험성–욕구–반응성 원칙

위험성–욕구–반응성 원칙(Risk-Need-Responsivity Principle, 이후 RNR 원칙)은 성범죄자 치료의 효과를 높여주는 세 가지 원칙으로 구성되어 있으며, 전반적으로 치료의 효과 및 비용효율성을 높이는 중요한 요소로 소개되고 있다(Andrews & Bonta, 1988; Andrews & Bonta, 2010; Hanson, Bourgon, Helmus, & Hodgson, 2009). 특히 RNR 원칙에 대한 메타분석에서는 이 세 가지 원칙을 모두 적용하는 프로그램이 한두 가지만 적용하는 경우보다 효과가 높은 것으로 나타났다(Hanson et al., 2009). 이를 하나씩 설명하면 다음과 같다.

(1) 위험성 원칙

위험성 원칙(Risk principle)은 치료의 강도가 각 대상자의 위험성 수준에 따라 조절되어야 한다는 것을 의미한다. 위험성이 높은 대상자의 경우 많은 시간을 들여 집중적으로 개입하여야 하고, 위험성이 낮은 경우 적게 개입하거나 개입을 하지 않을 수도 있다. 위험성은 범죄의 특성과 과거력, 대상자의 심리사회적 요인에 따라 평가하게 된다. 정적인 평가와 동적인 평가를 모두 활용하여 위험성을 평가하는 것이 더 효율적이다.

(2) 욕구 원칙

욕구 원칙(need principle)은 대상자의 내적인 재범위험요인과 관련이 있는 개념이다. 여기에서 욕구라 함은 내담자가 의식적으로 원하는 것들을 의미하는 것이 아니라 대상자들이 범죄를 일으키게 되는 의도적, 비의도적인 욕구 및 범죄유발요인들을 말한다. 치료자들은 일반적으로 심리치료에 활용되는 개념이나 원리를 적용하기보다 성범죄자들의 재범에 영향을 미치는 요인들을 주요 목표로 삼아야 한다. Dowden(1998)에 의하면 다음 표와 같이 재범이 감소하는 치료 목표와 그렇지 않은 치료 목표가 있다. 얼핏 보면 치료적인 것처럼 보이는 목표지만 재범이 감소하지 않거나 오히려 재범이 증가하게 되는 목표도 있으므로, 재범유발요인에 초점을 맞추어 치료를 진행하는 것이 바로 욕구에 맞춰 치료를 진행하는 것이다.

재범이 감소하는 치료 목표	재범이 감소하지 않는 치료 목표
• 반사회적 태도의 변화 • 반사회적 감정의 변화 • 반사회적인 동료와의 어울림 감소 • 범죄를 저지르지 않는 사람과의 동일시, 어울림, 자기조절, 자기관리, 문제해결 기술 증가 • 물질의존 감소 • 범죄행동과 연합된 다른 요소들의 변화	• 반사회적 사고나 생각, 동료와의 어울림이 감소하지 않는 상태에서 자존감의 증가 • 범죄 행위와 관련없는 모호한 정서적 불편감에 초점 맞추기 • 반사회적 동료들과의 응집력 증가 • 각자의 문화는 존중받아야 한다는 가치에 근거해서 반사회적인 사고를 존중해 주는 것 • 좋은 사람의 정의가 재범과 연결되지 않은 상태에서 내담자를 좋은 사람으로 변화시키려는 시도

(3) 반응성 원칙

반응성 원칙(responsivity principle)은 치료를 실제 진행함에 있어서 각 대상자의 능력, 특징, 반응에 따라 유연하게 치료가 적용되어야 한다는 것이다. 이는 치료자와 대상자들 간의 상호작용 상황에서 중요한 역할을 한다. 치료자가 기존에 구성되어 있는 프로그램을 기계적으로 적용하면 아무리 정교하게 만들어진 프로그램이라 할지라도 그 효과가 매우 감소하게 된다. 지속적으로 범죄를 부인하는 사람에게는 필수적인 구성요소들을 조금 늦게 적용하고, 동기강화 및 관계형성에 더 주력한다든가, 지적 능력이 부족한 사람에게 추가적인 활동지 또는 보다 구조화된 지시를 통해 참여 가능성을 높이는 등 치료자가 융통성 있게 매 회기를 이끌어 가는 것이 중요하다.

2. 프로그램의 주된 주제

앞서 소개한 여러 프로그램들을 살펴보면 대부분 인지행동적인 접근을 취하고 있으나 일부는 추가적인 주제들이 포함되어 있다. 성범죄자에 대한 치료이지만, 일탈된 성행동 등의 성과 관련된 주제들만 포함된 것이 아니라 관련된 주요 주제들이 존재하는 것을 알 수 있다. 이를 요약하면 다음의 몇 가지로 압축될 수 있다.

1) 희망의 고취(동기 향상)

성범죄자의 치료에서 초반에 중요한 요소가 희망의 고취 또는 동기의 향상이다. 희망의 고취는 크게 두 가지로 나뉠 수 있는데, 하나는 프로그램에 대해 긍정적인 태도를 갖게 하여 자신을 개방하고 집단 내에서 방어적인 모습을 버리고 변화를 수용하는 것이고, 다른 하나는 자신의 삶을 범죄적인 생활

양식에서 건전한 생활양식으로 바꿀 수 있다는 가능성을 지각하는 것이다. 프로그램에 대한 긍정적인 태도는 특히 캐나다의 L. Marshall(2009)이 개발한 예비 프로그램에서 자세하게 다루어지는데, 이들은 짧은 시간에 프로그램을 효과적으로 진행하기 위해서 동기 진작이 주된 내용인 예비 프로그램을 실시하곤 한다. 동기를 강화하기 위해 과거의 행동이나 현재의 상황이 이상적인 미래와 얼마나 불일치하는지를 지각하도록 하고 그것을 일치시킬 수 있는 방법에 대한 새로운 관점과 효능감을 형성하는 방법을 사용한다. Ward와 Gannon(2006)은 건전한 삶의 양식에 대한 자신감이 부족하여 이를 포기하고 범죄적인 삶의 양식을 선택한 사람들에게 다시 건전한 삶의 양식으로 생활할 수 있도록 희망과 기술을 습득하도록 도와야 한다고 주장하고 이에 기초한 프로그램을 개발하였다. 영국 역시 공식적인 치료프로그램에 긍정심리학적인 내용을 주된 치료 모듈로 포함하였다.

2) 인지적 왜곡 및 일탈된 성 취향의 수정

인지적 왜곡 및 일탈된 성 취향의 수정은 대부분의 프로그램에서 핵심적으로 다루는 내용이다. 성범죄자들은 대개 범행 전부터 강간통념을 비롯한 잘못된 성 학습사를 가지고 있으며, 이에 따라 성에 관한 지식체계가 왜곡되어 있는 경우가 많다. 폭력에 대한 높은 수용성이나 남성우월적인 사고방식은 이를 더욱 강화시키는 경향이 있고, 성과 폭력이 연합된 자극에 반복적으로 노출되는 경우 왜곡에 대한 준비성이 더욱 높아진다. 일반적으로 여자나 아이에 대한 성범죄자들의 신념은 비교적 보수적이고 전통적이다. 남성의 성적인 특권에 관심이 많고, 자신들의 성적인 충동은 채워져야만 한다는 신념을 가지고 있다는 것이다. 이들의 사고에서는 인지적 왜곡(cognitive distortion)이 발견되는데, 특히 적어도 소아 대상 성범죄자들에게서는 자신의 행동과 신념 간의 차이인 인지적 부조화를 줄이기 위한 시도로서 성범죄를 지지하는 신념을 갖게 되는 경우가 많다. 인지 왜곡은 아동과의 성행동을 합리화하고 정당화하는 기능과 이런 행동을 유지시키는 기능을 한다. 행동이 반복될수록 이런 신념은 계속되며 더욱 강해진다. 왜곡의 예로는 자신의 범행에 대한 변명이 있는데, 이는 자신의 자존감을 유지하고 자신의 부정적인 행동으로부터 비롯된 결과를 외적이거나 자신과 관련이 적은 것으로 미루어 책임을 전가함으로써 부정적인 영향을 감소시키는 기능을 한다. 부인(denial)은 가장 흔하게 나타나는 인지적 왜곡으로서 Maletzky(1991)의 조사에 따르면 성범죄자의 87%가 어떠한 형태로든 자신의 행위를 부인하거나 축소한다. 성범죄자들은 다양한 수준으로 자신의 행동을 부인한다. 성범죄자는 대부분 성적 공상이 있을 뿐 아니라 범행 직전까지 전혀 계획이 없는 경우는 매우 드물기 때문에 치료 시 범행이나 성적 공상에 대한 부인에는 주의를 기울여 판단해야 한다. 축소(minimizing) 역시 대표적인 인지적 왜곡 중 하나인데, 이들은 아동에게 가해지는 해(harm)를 축소하고, 성학대의 영향을 축소한다. 부인과 축소는 자신의 행동을 합리화하고 죄책감을 줄이는 역할을 한다. 성범죄 자체에 대한 부인 역시 인지적 왜곡의 예인데 부인을 강하게 하는 경우 이들을 대상으로 별도의 집단을 운영하기도 한다. 행동적인 방법으로는 일탈된 성 취향을 수정하기 위해 혐오치료적 방법이나 내현적 민감화/둔감화와 같은 방법을 사용하기도 한다.

인지적 왜곡을 변화시키기 위해서 Murphy(1990)는 **인지 재구성 접근**(cognitive restructuring approach)을 사용해야 한다고 주장하였다. 인지 재구성 접근에서는 참여자에게 우선 인지적 구성요소들이 그들의 일탈적 행동에 어떻게 관여하는지에 대한 논리를 설명해 주고, 둘째로는 교정적인 정보와 교육을 제공하며, 셋째로는 특정한 왜곡을 알아내도록 하고, 마지막으로는 그 왜곡된 것들에 도전을 하게 한다.

3) 조망수용능력 및 공감능력 증진

조망수용능력(perspective taking)은 다른 사람의 입장에서 상황을 인식하고 이해하고 감정을 느끼는 것을 이야기한다. 공감(empathy)이란 '감정 경험을 공유하는 것' '다른 사람의 정서를 이해하는 것' '다른 사람의 정서나 환경에 반응하는 것'으로 정의된다. 구체적인 정의는 조금씩 다르지만 정서의 대리적인 경험은 공통된 요소이다. Davis(1983)에 의하면 공감에는 인지적 요소로 조망수용능력과 상상이 있고, 정서적 요소로 공감적 관심과 개인적 고통이 있다고 설명한다. Marshall 등(1995)도 공감에는 단계가 있는데, 그것은 정서적 인식, 조망수용, 동정적인 감정적 반응의 경험, 위로나 고통을 줄이려는 행동의 시도로 이루어져 있다고 한다.

공감(empathy)은 친사회적이고 이타적인 행동의 기초가 된다. 반대로 공격적인 사람에게서는 공감능력이 저하된 것으로 밝혀지고 있다. 성범죄자에게서도 이것은 자주 언급되고 있다. 아동 성추행자들의 경우 공감능력이 결핍되어 있다는 연구결과가 많고, 대부분 인정하고 있다. 그러나 좀 더 자세히 살펴보면 이들의 전반적인 공감능력과 자신의 피해자에 대한 공감능력은 차이가 있다. 그래서 최근에는 **피해자-특정적인 공감**(victim-specific empathy)이라는 개념이 더 중요한 위치를 차지하고 있다.

4) 재범방지적 접근

본래의 **재발 방지 모델**은 치료 후의 유지프로그램으로 고안되었다(Marlatt & Gordon, 1985). 그러나 성범죄자 프로그램에서는 치료프로그램이자 유지프로그램으로 사용되는 경향이 있다. 절제 상태는 알코올이나 약물중독의 경우 약물을 사용하지 않는 상태이고, 성폭력에서는 성적으로 학대적이지 않은 상태를 유지하는 것을 말한다. 재범의 위험에 빠지는 것은 이 절제 상태 중에 나타나는 중요하지 않아 보이는, 그러나 범죄와 관련이 있는 사소한 결정을 범죄와 관련되는 방향으로 내리게 되면 이것이 점차 문제 상황으로 다가가게 된다는 것이다. 사소한 결정을 잘못하게 되면 고위험요인에 부딪히게 되고 고위험요인에서 적응적인 대처를 보이면 절제 상태가 유지되지만 부적응적인 대처(성적 대처)를 하게 되면 실수(lapse)에 해당하는 약간의 행동을 하게 된다. 약물의 경우 한 모금을 마시거나 잠깐 그 자리에 있는 등의 행동이다. 한 번 실수를 하게 되면 이는 절제를 침해한 것에 대한 많은 효과를 수반하게 되는데, 그에 대한 적응적 대처를 하지 않게 된다면 재발로 이어지게 되는 것이다.

성범죄의 경우 성범죄가 일어날 만한 장소에 가거나 이전의 일탈적인 습관의 일부를 다시 시작하는 것, 만취상태에 빠지게 되는 것이 사소한 결정 및 고위험 상황이고, 이는 점차 실수와 재범을 유발하게 된다. 따라서 이들의 환경이나 고위험 상황들을 점검하고 이것을 통제할 수 있는 개인화된 계획을 세우는 것들이 필요하다. 한편, Ward와 Gannon(2006)은 기존의 재범방지 모델이 재범을 하지 않으려고 노력하는 사람들에게만 적당하고 재범이 자신의 목적과 맞는 사람(재범을 하고자 하는 사람)에게는 맞지 않는다고 주장하였고, 그와 관련된 분화된 계획을 세우는 것을 요구하였다.

5) 대인관계능력 증진

성인과 적절한 관계를 맺지 못하는 성범죄자들은 성적인 만족이나 친밀감을 얻기 위해서 성폭력을 저지른다는 언급이 있었다. Finkelhor의 전제조건 이론에 따르면 아동 대상 성범죄자의 경우 성인과의 관계에서 차단을 경험한다고 설명하였고, Wolf의 순환이론도 자존감이 낮아 대인관계에서 위축된 모습을 보이는 사람이 그에 대한 반동으로 성적인 판타지를 증대시킨다고 이야기한다. 프로파일이론으로 유명한 Groth의 고착형이나 퇴행형의 경우에도 성인과의 대인관계가 부적절하다는 것이 설명되고 있으며, Marshall은 1970년대부터 대인관계능력의 증진을 프로그램에 포함시켰다.

대인관계의 부족을 설명하는 모델은 애착이론을 활용한다. 불안정하게 애착된 사람들은 부모와의 관계에서 경험한 거절이나 무시로 인해 다른 사람들과의 관계에서 부적절감을 쉽게 느끼거나 친밀감에 대한 두려움을 느낀다. 그 결과, 외롭고 고립된 상태에서 친밀감을 성행위와 동일시하고, 성행위가 자신의 풀리지 않는 욕구를 해결해 줄 것이라고 생각하게 된다. 반면, 행동주의나 학습이론적인 입장에서는 대인관계 기술의 결핍으로 설명한다. 이에 따르면 적절한 기술에 대한 교육과 훈련을 통해 대인관계능력을 학습하는 것이 필요하다 하겠다.

3. 성범죄자 치료의 주요 내용

1) 인지적 왜곡

성범죄자들의 특징 중 가장 많이 언급되는 것이 이들의 인지적인 왜곡에 관한 부분이다. 강간통념(Malamuth, 1981)을 비롯하여 부인(denial)과 축소(minimization), 합리화(rationalization) 등이 대표적으로 언급되는 인지적 왜곡의 예이다. Marshall(1999)의 경우 인지적 왜곡은 이전에 학습한 사고의 내용에서 주로 비롯되며, 성범죄자일지라도 사고의 과정은 일반적일 수 있다는 발견을 했다. 기본 가정에서의 차이가 왜곡된 결론을 내리게 되는 요인이라는 것으로서, 잘못된 지식에 근거하여 행동을 한 후 인지부조화를 해결하기 위해 다시 왜곡된 결론을 내리게 된다는 내용이다. 한편, Rich(2003)의 경우에는 [그림 5-1]과 같이 성폭력 이전, 도중, 이후에 작동하는 인지적 오류가 다르다는 틀을 제공하였다. Rich의 틀에 따라 기존의 연구들을 정리해 보면

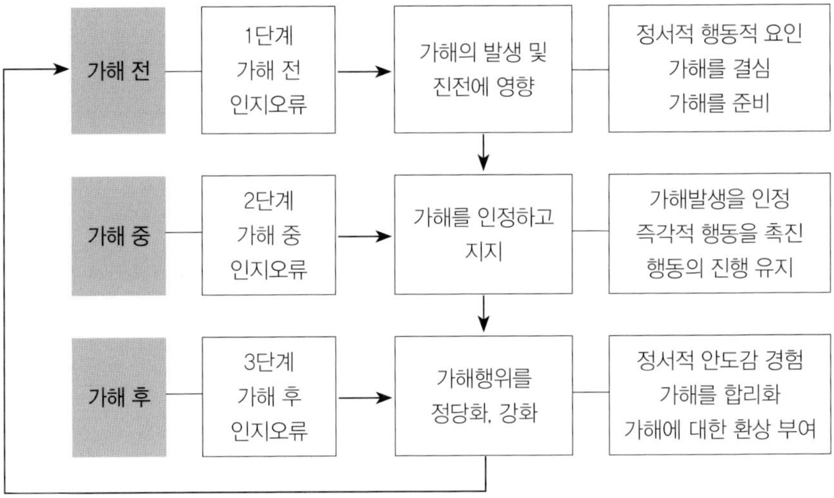

[그림 5-1] 성폭력 순환 고리에서의 인지 왜곡 단계(Rich, 2003)

다음과 같다.

인지적 왜곡을 변화시키기 위한 기본적인 방법으로 Murphy(1990)의 **인지 재구성 접근**(cognitive restructuring approach)이 있다. 인지 재구성 접근에서는, 첫째, 참여자에게 우선 인지적 구성요소들이 그들의 일탈적 행동에 어떻게 관여하는지에 대한 논리를 설명해 주고, 둘째, 교정적인 정보와 교육을 제공하며, 셋째, 특정한 왜곡을 알아내도록 하고, 마지막으로는 그 왜곡된 것들에 도전을 하게 한다.

구체적으로 단계를 살펴보면 다음과 같은 과정을 밟는다. 우선 치료자가 전체 프로그램의 개요와 논리에 대해 설명한 후 참여자들이 각자의 범행에 대해 구체적인 설명을 한다. 구체적인 설명은 각 범죄 행위에 독특한 범죄의 연결고리들을 발견할 때까지 진행되고 이 자료는 재발 방지의 자료로 사용된다. 성범죄자가 자신의 행동에 대한 구체적인 설명을 하는 도중 전반적인 오지각이나 왜곡된 태도와 신념들이 드러나게 된다. 치료자는 이러한 인지적 왜곡에 대해서 다른 구성원들에게 질문하고 모두가 능동적으로 토론에 참여하게 한다. 토론 참여는 다른 구성원들도 자신의 범행에 대해 알게 할 뿐 아니라 각자의 신념이나 태도, 지각에 대해 비판적인 시각을 갖게 해 주는 대리학습의 효과도 있다. 치료자는 엄격하나 지지적인 태도를 유지하며 도전해 나가야 한다. 한 사람에 대한 구체적인 설명이 끝나면 다른 사람이 설명하고 토론하며 회기가 지속된다.

2) 공감능력의 부족

(1) 공감의 정의와 피해자 공감

공감(empathy)이란 '감정 경험을 공유하는 것' '다른 사람의 정서를 이해하는 것' '다른 사람의 정서나 환경에 반응하는 것'으로 정의된다. 성범죄자와 폭력 가해자들은 감정 인식 기술이 부족하고 특히 놀람, 공포, 분노, 혐오의 감정을 알아채는 것에 둔하다(Hudson et al., 1993). Scully(1988)는 47명의 강간범에게 공격 당시 피해자의 반응을 물었는데, 58%가 피해자의 감정을 머리로는 알았고, 대부분 약간은 감정을 이해했지만 공감적으로 행동하지는 못했다. Fernandez 등(1999)은 세 가지 조건에서의 공감을 비교해 보았다. 첫째 상황은 아이가 사고를 당한 장면이고, 둘째 상황은 아이가 누군가에게 성폭력을 당하는 것이며, 셋째 상황은 성범죄자 자신의 피해자에 대한 상황이었다. 그 결과 아동 성추행자들은 성인 대상 강간범이나 일반인에 비해 공감 정도에서 낮은 점수를 얻었고 특히 자신의 피해자에 대한 공감이 매우 낮게 나타났다. 이 조사는 한국에서도 반복되었는데, 성폭력으로 보호관찰을 받는 청소년들은 대조집단에 비해 자신의 피해자에 대한 공감을 유의하게 낮게 보고하였다(송원영, 신의진, 오경자, 2008).

한편, 윤정숙(2012)은 성범죄자가 비성범죄자에 비해 공감능력이 낮았으며 학대 경험을 통제하였을 때에도 성범죄를 예측하는 주요 변인이 되었음을 보고하였고, 성범죄자들을 대상으로 한 프로그램에 공감능력의 증진이 반드시 포함되어야 함을 역설하였다.

2) 공감능력의 증진

공감능력의 증진은 대부분의 성범죄자 치료프로그램에서 적용하고 있다. 공감능력이 부족한 원인 중, 성범죄자들은 피해자가 경험한 피해나 어려움에 대한 지식이 부족하다는 사실에 근거하여 피해자에 대한 정보를 제공하는 프로그램을 구성하는 경우가 있다. 예를 들면, 역할극(role-play)이 있다. 역할극을 통해 성범죄자가 피해자 역할을 맡아봄으로써 피해자가 경험한 상황을 체험해 보도록 한다. 다른 방법으로는 피해자의 입장에서 글을 쓰고 그것을 치료집단에서 읽는 것이다. 어떤 프로그램에서는 과거에 피해를 당한 성범죄자의 경험에 대해 이야기하는 것을 시도하기도 한다. Hildebran은 좀 더 세련된 형태의 역할극으로서 한번은 성범죄자가 자신의 공격행동을 구체적으로 시연하고, 다음번에 피해자 역할을 맡아 연기를 하며 지속적으로 감정과 바람을 말하도록 하는 형식을 시도하였다(Marshall, 1999에서 재인용). 편지를 쓰는 방법도 사용되는데, 이것 역시 두 단계로 진행한다. 첫 번째는 피해자가 성범죄자에게 보내는 편지를 쓰도록 하고, 편지 안에 피해자의 분노와 혼란, 신뢰의 상실, 죄책감 등을 이야기하도록 한다. 대개 이런 내용은 한 번에 만족스러운 수준으로 표현되지는 않지만 부족한 점은 다른 구성원들에게 도전받게 되며 다시 글을 쓰게 된다. 그리고 두 번째로는 그 편지에 대한 답장을 보내는 것이다. 여기에는 사건에 대한 완전한 책임과 피해자의 고통을 유발한 책임을 받아들이는 것, 자신과는 달리 다른 사람들은 믿을 만하다는 것, 자신은 그 행위를 후회하고 있다는 것, 그리고 용서를 구하는 내용이 포함되어야 한다.

공감과 관련하여 주목할 만한 사실은 실증적인 연구에서 공감의 효과가 명확하게 입증되지 않는 경향이 있다는 것이다. 사이코패스와 같은 심한 문제가 있는 경우 공감능력의 저하가 보고되고 있으나 일반적인 성범죄자의 경우 공감능력 자체에는 결함이 없는 경우도 많다. 다만, 이들의 피해자에 대한 공감이 특정적으로 저하되어 있다는 보고가 있다. 그런데, 피해자에 대한 공감능력의 저하는 이들의 공감능력 자체의 문제가 아니라, 피해자의 고통에 주목할수록 자신의 행위가 얼마나 나쁜 것인지가 드러나기 때문에 자신에 대한 부정적인 평가로부터 자신을 보호하려는 일반적인 인지과정의 영향 때문이라는 분석이 가능하다(Marshall, Marshall, Serran, & O'Brien, 2009). 따라서 공감능력과 인지과정에 문제가 없다면 이들의 인지과정이 지나치게 방어적이어서 사실을 있는 그대로 파악하지 못하게 하는 현상이 문제인 것으로 재개념화할 수 있다. 이에, 최근에는 공감능력 자체를 향상시키는 훈련보다 공감을 방해하는 요소들에 대한 접근을 더 중요하게 포함시키곤 한다. 공감을 방해하는 요소의 예로는 불만이나 적대감, 잔인함, 범행에 지지적인 태도, 낮은 스트레스 대처능력, 자기조절 실패, 성적 몰입, 부적절감, 수치심과 같은 정서적 반응 등이 있다(Barnett & Mann, 2013). 이 요소들은 대체로 재범유발요인이기도 하며, 이에 대한 향상은 공감능력도 향상시키는 결과를 가져오게 된다.

3) 대인관계 부족 및 친밀감의 결핍

(1) 대인관계와 애착

대인관계 및 사회적 기술이 프로그램에 포함되기 시작한 것은 약 30년 전이다(Marshall, 1971). 초기에는 성인과 적절한 관계를 맺지 못하는 성범죄자들은 성적인 만족이나 친밀감을 얻기 위해서 성폭력을 저지른다는 언급이 있었다. 이는 애착이론과 밀접한 관련이 있는데, 불안정하게 애착된 사람들은 부모와의 관계에서 경험한 거절이나 무시로 인해 다른 사람들과의 관계에서 부적절감을 쉽게 느끼고 친밀감에 대한 두려움을 느끼곤 한다. 이는 성범죄자들이 친밀감을 성행위와 동일시하고, 그들은 성행위가 자신의 풀리지 않는 욕구를 해결해 줄 것이라 생각한다는 Marshall(1989)의 생각과 일치한다. 그러나 성폭력은 일시적인 만족만을 가져올 뿐이어서 행동은 반복되고 이들은 만성적인 외로움을 계속 느끼는 것이다. 여기에는 성범죄자들이 친밀감과 성을 동일시한다는 가설과 성범죄자들의 애착이 불안정하다는 가설이 포함되어 있다. 성범죄자들의 1/3이 부모를 거부적이라고 표현했고, 1/3이 학대적이라고 보고했으며, 아버지 중 반은 정서적으로 거리감이 있었다는 Awad, Saunders, & Levene(1984)의 보고는 위의 내용을 부분적으로 지지해 준다. Bowlby(1969)는 애착이란 인간이 다른 특정한 사람과 강한 정서적인 유대를 형성하는 것으로서 분리나 이별이 나타날 때에는 강한 정서적 고통을 경험하는 현상이라고 설명하고 있다. 애착이 형성되면 근접성(proximity seeking)을 찾고, 안전한 천국(safe heaven)과 안전한 기지(secure base)를 형성하며 분리에 저항하는데(separation protest), 이는 영아의 보호받고 양육받을 가능성을 극대화시켜 주는 행위이다. 이런 애착 시스템은 부모와 자식의 관계 자체에서 형성되기도 하지만 종종 부모가 가르쳐 주는 수용받을 만한 행동에 대한 생각에서 비롯되기도 한다. 즉, 부모가 비현실적이거나 왜곡되거나 분명치 않은 모델을 가지고 있을 때, 아동의 애착형성은 쉽게 왜곡되고 만다. Bartholomew와 Horowitz(1991)는 애착을 다음과 같이 네 가지로 분류하였다. 안정된 애착을 형성한 사람은 친밀한 관계의 질이 높고, 관계에서 행복과 신뢰, 우정, 친밀감의 만끽, 적은 질투, 낮은 극단적인 감정 빈도수 등을 보인다. 안정 애착된 사람은 애인을 지지하고 결점까지도 수용하며 관계가 오래 지속되는 경향이 있고, 헌신과 상호의존이 유지되며, 관계의 만족도가 높다. 그러나 불안정한 애착을 형성한 사람들은 불행하고 신뢰감이 낮으며 헌신적이지 못하고 불만족스럽고 상호의존을 하지 못한다. 불안-회피 애착이 형성된 사람들은 상대의 결점을 수용하지 못하고 쉽게 질투를 느끼며 극단적인 감정들을 경험한다. 불안-양가적 애착이 형성된 사람은 강박적이고 질

표 5-1 애착 형태의 분류 및 특성(Batholomew & Horowitz, 1991)

애착 유형	자신에 대한 관점	타인에 대한 관점	관계 행동	친밀감의 수준
안정 (secure)	긍정적	긍정적	근접성을 추구 상호적 참을성 있는	높은
몰입된 (preoccupied)	부정적	긍정적	정서적 불안정 지배적인 강렬한	일관성 없는 제한된
공포 (fearful)	부정적	부정적	노출에의 공포 신뢰감 결여 정서적인 표현이 없는 수동적인	피상적인
혼란 (dismissive)	긍정적	부정적	양육적이지 못한 감정을 불편하게 여기는 친밀함을 회피 노출하지 않는	거의 없는

투가 많은 사랑을 한다. 성폭력과 관련하여서 몰입된(preoccupied) 유형의 사람들은 피해자와 위협적이지 않고 친밀한 관계를 형성하려고 노력하며 자신과 관계를 지속할 미성숙한 피해자를 찾아 유사-로맨틱한 관계를 유지하려는 경향이 있다. 공포형으로 애착된 사람들은 비인간적이고 피해자와도 단 한 번의 만남을 갖곤 한다. 그들은 대인관계에서 아이나 여자에게 짧게 접근하여 목적을 달성하고 사라진다. 혼란형으로 애착된 사람들은 폭력적인 관계를 맺으며 다른 사람들에 대해 부정적인 관점을 형성하고 여자와 아이에게 공격적인 행동을 한다.

(2) 친밀감 향상을 위한 개입

친밀감 또는 대인관계의 형성을 위한 노력으로, 우선은 친밀감의 근원을 찾는다. 집단에서는 대개 사회적 기능을 다루는 회기는 뒷부분이고 이미 어느 정도 범행이나 기타 자신에 대한 정보를 노출한 상태이므로, 부모나 이전의 애정관계에 대한 이야기를 추가로 나눈다. 그리고는 관계 맺기의 역기능적인 스타일, 특히 상대가 떠나가게 된 이유들에 대해 이야기하는데, 치료회기에서 보다 많이 털어놓을수록 보다 관계 형성에 도움이 될 것이라는 것을 강조한다. 분명히 지적할 것은 성적으로 학대적인 관계에서는 결코 원하는 목표를 얻을 수 없다는 것이다. 상호작용을 하고 함께 즐기는 상황에서 질적으로 높은 수준의 친밀감이 발생하기 때문임을 이야기하고 그에 대한 교육을 한다. 그리고는 〈표 5-1〉에 소개된 Bartholomew와 Horowitz의 애착 유형에 대한 소개와 함께 자신은 어느 곳에 속하는지를 이야기하도록 격려한다.

성에 대한 불안이나 성에 관한 의사소통 방식에 대해서도 토론을 하는데, 많은 경우 성에 관한 역기능적인 신념들이 있어서(예를 들면, 남성 상위의 성기 삽입만이 적절한 성행위이다) 그에 대한 수정이 필요하다. '질투' 역시 주된 문제가 되는데, 질투는 대개 자신감이 부족할 때 나타나므로 자존감을 높여 주기 위한 접근을 한다. 또한 의심 어린 질투는 자기 자신이 파트너에게 충실하지 못할 때 나타나는 경향이 높으므로 이에 대한 점검도 한다(Marshall, 1999).

치료자들이 사회기술이나 공감능력에 대한 교육과 치료를 적용할 때 간과하지 말아야 할 것은, 이들이 치료 후에 돌아가는 환경(milieu)은 치료자의 환경과는 다르다는 것이다. 이들의 사회적 상황에 대한 적절성의 판단 역시 보통 사람들과 다른데, Marshall 등(1995)이 연구한 바는 다음과 같다. 사회적으로 부적절하고 과도한 요구를 하는 내용을 담은 비디오테이프를 활용하여 부적절한 몇몇 반응을 보여 준 결과, 아동 성폭력자들은 복종적인 반응이 가장 적절하다고 대답한 반면, 강간범들은 공격적인 반응이 가장 적절하다고 대답하였다. 단지 남자 대학생들만이 단호하고 주장적인 행동을 적절한 반응이라고 지적하였다. 이것은 우리가 치료자의 환경이나 기준만을 가르칠 것이 아니라 그들의 환경에서 그들이 가장 효과적으로 적응할 수 있는 기술을 개발하도록 도와주어야 함을 시사한다. 그렇지 않으면 우리는 그들을 오히려 그들의 환경에 부적응하게 교육하는 것이 될 수도 있다.

4) 자존감

(1) 자존감과 성범죄

자존감(self-esteem)이란 사람들이 자신에 대해 어떻게 생각하느냐를 말하는 것으로 적응적인 삶의 기본 축에 해당하는 것이다. Campbell과 Lavallee(1993)는 자아 개념(self-concept)이 자신에 대한 지식이나 신념이라면 자존감은 자신에 대한 '평가'의 요소가 포함된 것이라 설명했다. 반대로 자신에 대한 평가는 자신에 대한 개념의 가장 핵심이 되는 것이라고 할 수 있다.

어떤 사람들은 자존감을 자신에 대한 안정적이고 전체적이고 전반적인 평가여서 잘 변화하지 않는다(Rosenberg, 1965)고 생각한 반면, 또 다른 사람들은 자존감은 다차원적이고 위계적이라고 이야기한다(Fleming & Courtney, 1984). 후자의 경우 인생의 영역에 따라 자존감이 오르락내리락할 수 있다고 설명한다. 그러나 Vallerand, Pelletier와 Gagne(1991)은 한 영역에서 느껴진 자신감이 다른 영역으로 일반화되지 않고, 또한 각 영역에서 느껴진 자신감이 전반적인 평가에 반영되는 것은 아니라는 결과를 발표하였다. Wells와 Marwell(1976)은 자존감의 주 요소로 '평가'와 '정서'를 꼽았는데, 평가가 자신의 다양한 속성에 대한 인지적인 측정치라면 정서는 평가된 속성에 대해 느끼는 감정을 말하는 것이다. 이는 자신의 능력에 대해 어떤 영역에 대해서는 낮게 평가할 수 있지만 그 평가가 반드시 그와 관련된 감정까지 부정적으로 만드는 것은 아니라는 것이다. 즉, 유명한 피아니스트는 다른 피아니스트가 자신보다 피아노를 잘 치는 것을 보면 자신의 능력에 대한 부정적인 평가가 생겨남과 더불어 불편한 감정이 생기겠지만, 자신이 축구를 못하는 것을 앎에도 불구하고 축구를 잘하는 다른 사람을 보면서는 자신의 능력에 대해 부정적인 평가를 함에도 감정이 불편해지지는 않는다는 것이다. 이는 Higgins(1987)가 '정서의 자기 불일치(self-discrepancy to affect)'라 부른 현상과 같은 것으로, 개인의 자존감 수준은 자기 개념이 긍정적이냐 부정적이냐에 따라 달라진다는 것이다. 다시 말하면 자존감과 정서의 관계는 이상적인 자아 또는 자신이 기준으로 삼고 있는 상태와 현재의 자아 사이의 격차와 관련 있다는 것이다.

그렇다면 자존감은 무엇으로부터 비롯되는 것일까? Cooley(1902)는 '**거울을 통해 보는 자신**(looking glass self)' 즉, 자기 자신을 다른 사람들의 사회적 피드백(social feedback)을 통해 평가한다는 개념을 설명하였다. 사람들은 다른 사람의 자신에 대한 평가를 듣고 그 정확성 여부와 관계없이 점차 이를 내면화하여 자기 자신을 평가하게 된다. 대표적으로 중요한 사람으로는 부모가 있다. 부모의 평가가 아이들의 자신에 대한 평가에 중요한 역할을 한다. 피드백은 다양한 곳에서 다양한 차원으로 제공되기도 한다. 예를 들면, 외모에 대해서는 대중매체에서, 학업에 대해서는 선생님이나 교수들로부터 피드백이 나온다. 자아개념의 특정한 양상은 환경적인 맥락이나 그 평가가 나오게 된 사람들의 배경과 관련이 있다는 것이 보다 자세한 설명이 되겠다. 그와는 다르게 James(1890)는 사람들이 자신을 자기가 스스로 세운 기준(standard)에 따라 평가하게 된다는 이론을 이야기하였다. 자신의 기준에 미치지 못하면 자신에 대한 평가가 낮아지는 반면, 기준 이상이 되면 자존감이 높아진다는 것이다. 즉, 자존감은 '성공/열망'의 공식에 의해 결정된다는 것이다. James의 생각은 자존감의 결정이 자율적이고 독립적인 것이라는 면에서 Cooley의 생각과는 사뭇 다르다. Harter(1993)는 이 두 가지 관점을 통합하여 영역에 따라 이 두 가지 관점이 공존할 수 있음을 주장하였다. 대인관계에서의 피드백이 중요한 영역이 있고(예: 외모), 자신의 기준이 더 중요한 영역이 있다는 것이다(예: 성취).

한편, 자존감이 낮은 사람들은 자신의 낮은 자존감이 드러나거나 실패를 통해 자존감이 더 낮아지는 상황을 피하고자 노력한다. 따라서 이들은 자신의 상대를 선택할 때에 상대 역시 낮은 자존감을 가진 사람을 선택한다. 자신에 대한 거부를 미리 예방하는 차원인 것이다. 그러나 이렇게 형성된 관계는 불행히도 깊은 친밀감의 형성이나 외로움의 감소를 가져오지 못한다. 이는 보다 깊은 차원에서는 애착이론으로 설명될 수 있는데, 성범죄자들은 부모와의 관계에서 불안정하게 애착되어서 다른 사람에게 의존적이고 거절에 민감한 특성을 가지고 있을 수 있다. 앞에도 언급되었듯이 Smallbone과 Dadds(1998)는 어머니와의 애착은 보다 전반적인 반사회적 행동과 연관된 반면, 아버지와의 불안정한 애착은 성 문제와 연관되어 있다는 연구를 하였는데, 그에 이어 최근 연구에서는 성범죄자들의 경우 부모와의 관계가 나쁠수록 자존감이 낮다는 결과도 보고되고 있다.

연구자들은 많은 경우 낮은 자존감이 공격적인 행동을 불러일으킨다는 것에 동의한다. 공격적인 행동은 자신보다 약하고 무력한 존재에게 향하게 되

표 5-2 자존감이 낮은 사람의 특징(Baumeister et al.,1993; Marshall, 1996)

- 자기 자신을 매력적이지 않다고 본다.
- 다른 사람들이 자신을 좋아하지 않을 것이라 생각한다.
- 낮은 수준의 파트너를 찾는다.
- 대인관계가 좋지 않다.
- 공감능력이 결여되어 있다.
- 인지적 왜곡을 갖는다.
- 다른 사람들을 쉽게 비난한다.
- 정서적인 고통이나 부정적인 정서를 자주 경험한다.
- 자신의 능력을 과소평가한다.
- 자신이 잘 못하거나 실패할 것이라 예상한다.
- 성취의 목표를 낮게 잡는다.
- 계획표에 따라 행동하지 못하는 경향이 있다.
- 예방적 프로그램에서 쉽게 탈락한다. (성폭력 치료프로그램 순응도 결과)

고, 여자나 아이들은 쉽게 그 대상이 된다. 자존감이 낮은 사람들의 특성을 Baumeister, Heatherton과 Tice(1993), Marshall(1996) 등은 〈표 5-2〉와 같이 설명한다.

성범죄자들에 있어서도 낮은 자존감은 매우 공통적인 현상이다. 대부분의 연구에서 이들은 다른 사람에 비해 자존감이 낮았고, 특히 아동 성추행범에게서 더 낮은 점수가 나타났다. 낮은 자존감과 다른 요소와의 관련성을 살펴본 연구들에 의하면 낮은 자존감은 공감능력의 결여와 높은 상관이 있으며 자존감이 낮은 이들은 사회적 관계를 맺는 것에 어려움이 많은 것으로 나타난다. 따라서 이들은 다른 사람에 비해 외로움을 더 많이 느끼거나 친밀감을 경험할 기회가 적다. Marshall(1989)은 이렇게 외로움을 느끼는 성범죄자들이 성(sex)을 통해 친밀감을 형성하고 싶어 하며, 심지어 강제로 하는 성관계일지라도 그것을 통해 외로움을 벗어나길 원한다는 것이다. Cortoni 등(1995)은 성범죄자들의 행동은 친밀감의 부재와 외로움을 극복하기 위한 그들 나름의 대처행동(coping strategy)의 하나라고 이야기하였다. 그러나 이런 노력은 매우 짧은 단기간의 위안을 줄 뿐, 곧 본래의 상태로 되돌아가게 되고, 이들은 재범을 계획하게 된다. 성범죄자들은 자신의 호감을 나타내는 방법이나, 적절한 자기노출, 갈등해결능력과 같은 다양한 친밀감 형성 기술이 결여되어 있고(Ward, McCormack, & Hudson 1997), 이는 그들이 로맨틱한 관계를 형성하는 것에 장애로 작용한다.

(2) 치료의 과정과 자존감

자존감은 성범죄자들이 흔히 보이는 인지적 왜곡과 관계가 있다. 성범죄자들이 흔히 사용하는 인지적 왜곡은 아전인수격인 편향(self-serving bias)으로서 그 자체는 모든 사람에게서 발견되는 형태이다. 이런 인지 왜곡은 사건에 대한 자신의 해석, 자신의 행동에 대한 자신의 해석, 자신의 행동에 대한 다른 사람의 반응에 대한 해석 등에서 일어나며, 자기중심적인 해석은 자신의 행동에 대한 평가로 인해 자신의 자존감이 더욱 낮아지는 것으로부터 자신을 보호하려는 의미를 가진다.

이런 낮은 자존감은 이들을 치료할 때 특별히 주의해야 할 부분이다. 집단치료에 참여하는 성범죄자들은 거절에 대한 두려움이 자극되고, 이에 자신이 한 일이 가장 나쁘고 심각하여 가장 부정적인 피드백을 듣게 될 것이라고 예상한다. 서로의 범행이나 동기에 대해서는 모르기 때문에, 다른 사람들이 진정한 자신의 모습을 알게 되면 자기를 '환자'라든가 '악마'라고 이야기할 것으로 예상한다. 따라서 이런 두려움은 치료 상황에서 자신의 행동을 솔직하게 드러내지 못하게 하고, 자신이 한 일에 대한 전적인 책임을 회피하는 태도를 만들어 낸다. 사실 성범죄자의 치료 장면에서 높은 자존감을 가진 사람을 만나는 것은 매우 드문 일로서, 사건 이전에 가졌던 자존감뿐 아니라 사건의 진행과 함께 이들은 자존감의 저하를 더욱 경험한다. 혼자만 알고 있던 자신의 행동이 사람들에게 알려지고, 많은 사람이 자신을 비난하며, 사랑하던 사람이 등을 돌리고, 때로 직업을 잃거나 집에서 쫓겨나는 사람도 있다. 이는 본래 범행을 할 만큼 자존감이 낮은 사람이 아니더라도 견디기 힘든 자기평가의 절하를 초래하는 사건들이다.

자존감이 낮은 사람들이 자신의 자아상에 주어지는 위협을 피하고 자신의 통합을 유지하려고 노력하는 방법으로 사용하는 전략은 다음과 같은 것들이 있다(Spencer, Josephs, & Steel, 1993). 첫째, 집단 토의에 전혀 참여하지 않는 것이다. 이들은 치료에서 도움을 얻을 수 없게 되고 행동 변화도 가져오기 어렵다. 둘째, 피해자를 부정적으로 언급하는 것이다. 예를 들면, 아동 성추행자의 경우 피해자의 나쁜 습관, 거짓말, 도둑질, 학교생활 부적응과 같은 아동의 결점에 초점을 맞추는 것이다. 이들은 피해자를 부정적으로 언급함으로써 자신의 범죄나 성적 판타지 등의 정보를 무시하고 자신을 보다 긍정적으로 보이려고 한다. 셋째, 정형화된 태도로 다른 사람에게 비판적인 태도를 갖는 것이다. 낮은 자존감을 가진 이들에게 다른 사람의 긍정적인 모습은 자신의 부정적인 모습과 비교되는 위협적인 것이므로, 이들은 다른 사람의 장점보다 단점을 노출시키게 함으로 자신을 유지한다. 여자들이나 경찰들에 대해 부정적인 언급을 하는 것도 이와 비슷한 맥락이라 하겠다.

성범죄자가 자신의 책임을 받아들이지 않는 또 다른 이유는 자신의 행동이 기존에 가지고 있던 자신의 자아개념과 일치해야 하기 때문이다. Festinger(1957)의 **인지부조화 이론**(cognitive dissonance)에 의하면, 자신에 관한 두 개의 대립되는 생각을 가진 사람은 그 모순으로 인해 긴장을 갖게 되고 그 차이를 해소함으로써 긴장감을 해결하려는 경향이 있다. 성범죄자의 경우 자신의 자존감이 더 낮아지고 싶지 않다는 생각과 성범죄를 저질렀으니 자신은 나쁜 사람이라는 생각이 부조화를 일으킨다. 따라서 이들은 그 차이를 해소하기 위해 자신의 행동을 왜곡하여 부인(denial)하거나 최소화(minimization)하게 된다. 자신의 자존감을 지키는 대신 주변 상황을 왜곡하여 받아들이고 기억하는 것이다. 이러한 방식은 이들의 생각이나 행동을 변화시키지는 못한다. 이들은 자신의 변화보다 정보의 변화를 선택했기 때문이다. 보다 바람직한 변화는 벌어진 사실을 인정하고 자신이 나쁜 '행동'을 저질렀다는 것을 아는 것이다. 그런 면에서 치료자는 '나쁜 행동'과 '나쁜 사람'을 구분할 필요가 있다. 더 나아가 한때의 나쁜 행동을 인정하고 사실에 비추어 살펴본 후 그 행동을 수정하는 사람이 보다 자존감이 높은 사람이라는 논리를 수용하도록 도와주어야 한다. 이들은 비판에 매우 민감하기 때문에 치료자는 '엄격하면서도 지지적인(firm but supportive)' 태도를 유지해야 한다. 특히 피드백의 경우 자존감을 높여 주는 피드백을 사용하는 것이 이를 깎아내리는 피드백보다 훨씬 필요하고 중요하다. 자존감이 낮은 사람들은 칭찬보다 비판을 더 신뢰하는 경향이 있기 때문에, 약간의 비판도 이들은 자신이 실패했다거나 모자라다는 이야기로 받아들이게 된다.

자존감의 고양이나 동기수준의 상승은 자기효능감(self efficacy)과도 연관을 맺고 있다. **자기효능감이란**(Bandura, 1977) 어떤 행동에 의해 바람직한 결과가 기대될 때(기대효능감), 그리고 그 행동을 자기가 할 수 있을 때(수행효능감) 그 행동을 하게 된다는 사회학습 이론의 중심적인 개념이다. 기대효능감은 치료자와 구성원들을 신뢰할 때, 수행효능감은 구체적인 지시에 따라 행동하거나 모델을 관찰하거나 언어적으로 설득되거나 낙관적인 생각을 가지게 될 때 증진될 수 있다. 따라서 치료자는 자신이 좋은 관계를 형성해야 함은 물론 구성원들 간의 응집력(cohesion)이 높아지는 것에 신경을 써야 한다. 또한 자신이 실패할 것이라고 기대하는 참가자들에게 각기 수준에 맞는 적절한 과제를 부여하여 성공경험을 갖도록 해 주어야 한다. 치료자의 설명이나 행동은 참가자들을 설득하고 모델링하도록 준비되어야 한다.

성범죄자들의 자존감을 높여주기 위해 사용해야 할 구체적인 전략으로 Marshall(1999)은 다음과 같은 방법들을 제시한다. 첫째, 성범죄자들을 존중하고 공감하며 칭찬하는 태도를 보여야 한다. 그들을 그들의 행동과 분명하게 분리해서 대할 뿐 아니라 집단의 다른 사람들에게도 동일한 태도를 취하게 해야 한다. 나아가 치료시간 이외에도 다른 행정이나 법무팀의 요원들도 성범죄자들에게 그러한 태도를 보이도록 가르쳐 줘야 한다. 외국에서는 교도소의 경우에도 재활기반의 교도소와 수감기반의 교도소가 분리되어 있으며, 재활기반의 교도소나 보호관찰의 임무를 맡은 곳에서는 최대한 이들을 존중하고 공감하는 태도(엄격하면서도 지지적인)를 갖도록 하는 직원교육이 이루어지고 있다. 둘째, 성범죄자들이 학력을 높이거나 직업기술을 갖게 하는 것도 중요한 자존감 상승의 방법 중 하나이다. 지적 능력을 개발하고 사회활동을 늘려주며, 즐거운 경험을 가능하면 자주 가질 수 있도록 도와주는 것은 이들의 자존감 향상에 큰 도움이 된다. 셋째, 자신의 긍정적이고 매력적인 점을 명함 크기만한 종이에 적어서 항상 가지고 다니면서 자주 꺼내어 읽도록 하는 것이다. 이는 매우 기계적이고 형식적이어서 참여자들이나 다른 관계자들로부터 저항을 얻을 수도 있는 방법이다. 그러나 자신의 장점을 내세우지 않는 것이 미덕인 사회에서는 스스로를 칭찬하는 것이 억압되기 쉬우므로 이러한 방법을 통해 장점을 떠올리고 실제적인 예를 추가시키는 것이 도움이 된다. 집단에서는 이 방법을 사용하는 것 자체를 놓고 토론하는 것이 순응도를 높이는 데 도움이 된다. 넷째, 외모를 가꾸고, 자기 제시(self presentation)를 효율적으로 할 수 있도록 도와주는 방법이 있다. 외모는 자존감의 큰 부분을 차지한다. 그와 더불어 자신을 매력적으로 보이게 하는 것 역시 긍정적인 사회적 피드백을 얻게 하고 자존감의 향상에 도움이 된다.

제6장

인지행동적 접근

1. 인지행동적 접근의 기초

1) 지식과 행동

인지적 왜곡에 대한 연구는 지난 20여 년 동안 크게 발전되어 왔다. 개별적인 연구들에 의하면 성범죄자들의 인지 구조(쉐마), 조작(정보처리), 그 산물들(자기 진술, 귀인)과 같은 다양한 인지적 변인들은 다른 종류의 폭행범들과 다르게 나타났다. 여기에서는 이러한 내용들을 사회인지적인 측면에서 통합적으로 살펴보겠다.

(1) 지식의 구조와 습득

새로운 지식은 기존의 지식을 연장하는 방식으로 추가되고 그 통합 방법은 기존의 지식이 어떤 구조를 가지고 있었는가에 따라 크게 달라진다. 지식에는 전반적인 상황에 대한 지식과 특정 사례에 대한 지식들이 있고, 각 개념들은 서로 가깝게 연결되어 있을수록 서로 점화(priming)하거나 활성화시키기 쉽다. 지식의 활성화란 한 개념이 머릿속에 떠오르면 그와 연관된 생각이나 감정이 떠오르게 되는 것을 말하는데, 정보처리적 관점에서 바라보면, 기존의 신념이 한 번 활성화되는 것은 다른 모든 사회적 정보처리 요소에 영향을 미친다. 따라서 주의를 기울이고 정보를 해석하고 추론하거나 판단을 내리는 것들은 모두 당시에 활성화된 개념에 따라 영향을 받게 된다.

각각의 지식이나 신념은 **접근성**(accessibility)이 다르다. 이는 크게, 항상 쉽게 활성화되는 '만성적 접근 신념(chronically accessible belief)'과 특정 상황이나 맥락에서 활성화되는 '일시적 접근 신념(temporarily accessible belief)'으로 나뉜다. 만성적 접근 신념은 그 사람의 자아개념에 가장 중요하거나 중심적인 것으로서, 예를 들면 폭식증환자의 음식과 관련된 사고나 성범죄자의 성과 관련된 사고를 말한다. 반면, 일시적 접근 신념은 특정 상황이나 맥락에서 활성화되는 것으로서 결혼식장에서 로맨틱했던 경험이 떠오르는 것이 그 예라 할 수 있다. 따라서 한 생각이 떠올랐을 때 그 생각이나 신념이 어떤 유형에 따라 활성화되었는지를 아는 것은 정보처리의 결과를 예상하는 것에 도움을 준다.

한편, 위의 어떤 경로로든 한 번 활성화된 신념은 기존 지식과 일관된 방식의 기대를 형성하게 된다. 이를 **기대일치적 해석**(expectancy-consistent interpretation)이라 하는데, 하나의 강한 신념이 활성화되면 그는 주변의 정보들 중에 기대에 일치하는 정보에 주의를 기울이게 되어 선택적으로 정보를 처리하게 된다. 이는 관련된 정보를 편향되게 해석하게 하며, 그 해석은 자신의 기대와 일치하는 판단을 하게 한다. 판단이 이루어지면 이는 기존에 가지고 있던 신념을 다시 유지시키고 더 강하게 영속시키는 작용을 하게 된다. 정보의 왜곡과 선택이 일어나는 것은 많은 정보를 처리하는 과정에서 모든 사람에게서 나타나는 일반적인 현상이다. 이는 정보를 처리할 만한 수준으로 감소시키는 데 유용하다. 또한 장기기억과 일치하는 정보의 통합은 상대적으로 노력을 덜 들이고 가능하지만, 장기기억과 불일치하는 정보의 통합에는 노력과 자원의 소비가 보다 더 필요하다. 사람들 중에는 자신의 특별한 동기에 따라 이런 편향이 더욱 치우친 경우가 있는데, 이들을 '동기적 편법자(motivated tactician)'라 부른다. 이들은 주로 심리적 자원이 부족한 사람으로 자신의 목표나 욕구에 비해 부족한 용량의 자원을 활용하기 위해, 주로 발견적 단서(heuristic cue)나 스테레오타입, 잘 학습된 행동각본(behavioral script)에 의해 행동한다. 이들은 특히 인지적 부담이 크거나 정서적으로 각성된 상태에서 이런 단서나 각본에 의존하여 판단하고 행동하게 된다.

그렇다면 이러한 신념이 바뀐다는 것은 어떻게 가능한가? 다시 말하면, 기존의 지식에 근거하여 정보처리를 하는 것을 어떻게 바꿀 수 있을까? 가장 대표적인 방법은 결과에 대해 그 사람이 기존의 지식에 근거하여 판단한 기대와 맞지 않는 정보를 제공하여 주는 것이다. 그러나 너무 강렬한 정보는 그것과 관련된 하위유형을 형성하거나 독특한 사례로 규정하기 때문에 적절한 수준의 양립 불가능한 결과가 필요하다. 또한 자신이 직접 이야기를 하거나 설명하는 것이 스스로의 생각을 바꾸는 것에 더욱 유용하다. 외부에서 제시된 것을 통해 생각이나 결과를 억압하려 하면 일시적으로는 효과가 있지만 후에는 기존의 생각이 강하게 나타나는 반동효과(rebound effect)가 나타날 수 있기 때문이다.

(2) 성범죄자들의 인지 내용

성범죄자들의 인지적 왜곡에서는 내용과 과정을 구분하는 것이 필요하다. 인지 내용이란 이미 축적된 지식과도 같은 말로써, 인지의 내용에서 야기되는 태도가 성폭력 행동을 지속시키는 요인이 되고 치료의 주된 목표가 된다는 가정하에 많은 연구가 역기능적인 태도나 신념을 연구해 왔다. 인지 과정이란 정보를 처리하는 방식에 관한 것으로 성범죄자들의 경우에도 정보처리 과정은 자신에게 적응적인 방식으로 활용되고 있다는 보고들이 있다.

우선, 성범죄자들의 일반적인 사고 내용을 살펴본 후 그들의 행동과 관련된 왜곡을 살펴보자. 전반적으로 볼 때, 성범죄자들 중 아동 성범죄자들이 다른 종류의 성범죄자보다 더 부정적인 요소들을 많이 가지고 있는 것으로 보고되고 있다.

아동 성범죄자의 경우, Abel 등(1989)은 아동 성학대자가 대조집단보다 성폭력 왜곡 정도가 심하다고 보고하였고, Howells(1979)는 입원된 아동 성범죄자가 수감된 통제집단에 비해 남녀관계를 지배와 복종의 관계로 파악하고 있으며, 여자를 외모의 관점에서 평가하고, 아동을 덜 위협적이고 성인보다 관계 맺기 쉬운 대상으로 파악하고 있다고 하였다. 그러나 Horley(1988)의 경우는 아동 성범죄자와 성적이지 않은 폭력범 사이의 차이를 발견하지 못하였으며, 두 집단 모두 여성을 외모와 성적인 관점으로 파악하고 있다고 보고하였다. 후에 Horley와 Quinsey(1995)는 위 연구를 반복한 결과, 아동 성범죄자들이 자신과 여성에 대해 더 부정적인 관점을 가지고 있으며, 대상에 따라 어의 미분 과제(단어의 뜻을 선택함으로써 태도를 측정하는 과제)에서의 결과도 차이가 있음을 발견했다. 즉, 여아를 범한 사람은 외모를 중요하게 여긴 반면, 남아나 양성 아동을 모두 범한 사람은 자신의 욕구 충족이나 정서적 표현을 더 중요하게 여겼다는 것이다.

강간범의 경우도 연구에서는 다소 혼재된 결과를 보이고 있는데, Malamuth (1981)는 '보통 남자도 강간의 잠재성이 있다'는 여성주의 이론을 검증한 결과, 강간범과 나머지를 구분하는 요인으로 강간통념을 더 많이 수용하고 있다는 것과 강간에 대한 묘사에 성적인 흥분을 보인다는 것을 들었다. 한편으로는 보통 사람의 35%에서 강간의 경향성이 나타나서 여성주의 이론이 일부 지지되기도 하였다. Burt(1983)는 미국 문화가 여성에 대한 폭력을 지지하는지를 알아보기 위해 일반인(60%는 여성)과 강간범들에게 다양한 성적인 폭력 장면을 보여 주고 성범죄자의 폭력 정도를 평가하도록 하였다. 그 결과, 성역할에 대한 더 강한 고정관점이 있거나 폭력 자체에 대한 수용 정도가 높은 사람일수록 성범죄자에게 덜 비판적인 모습을 보였다. 강간범의 경우는 심지어 그 사람의 공격을 정당화하거나 긍정적으로 설명하려 노력하였고, 폭력에 대해 나쁘다는 표현을 사용하지 않았다. 그러나 일반 남자와 강간범 사이의 차이는 그리 크지 않아, 비록 강간범이 더 극단적이기는 하지만 문화적으로는 비슷하다는 결과를 보였다. Feild(1978)는 심지어 경찰도 강간에 대해 전통적이고 지지적인 태도를 보였다는 결과를 보고하였다. 강간범과 성적이지 않은 폭력범 사이를 구분하는 것은 더욱 어려워서 Howells(1978)는 이 둘 사이에 MMPI 점수에서의 차이를 발견하지 못하였고, 단지 강간범이 성에 대해 보다 전통적인 관념을 가지고 있으며 성과 관련된 어려움을 많이 겪고 있음을 보고하였다. Marolla와 Scully(1986)의 경우도 강간범과 다른 수감자들에게 강간에 대한 영상을 보여 주고 책임을 평정하도록 하였으나 예상대로 아무런 차이가 나타나지 않았다. 정리하면, 아동 성범죄자의 경우 여성에 대한 태도나 관점에서 다른 남성들과 차이가 있지만, 성인 대상의 강간범들의 경우는 그 차이가 뚜렷하지 않다고 할 수 있겠다.

성폭력과 관련된 다른 요인 중에는 대인관계에서의 폭력(Interpersonal Violence: IPV)이 있다. Burt(1980)에 의하면 폭력의 수용은 강간통념을 수용하는 것에 가장 큰 예측변인이다. 또한 성역할에 대한 경직된 관점 역시 중요한 요소였다. Check와 Malamuth(1983)는 남녀 대학생을 대상으로 낯선이 강간, 아는 사람 강간, 상호 동의된 성행위 장면을 보여 주고 반응을 연구하였다. 그 결과, 대개는 상호 동의된 성교장면을 볼 때는 성적인 각성이 일어나지만 강간장면에서는 그렇지 않았다. 하지만 성역할에 대해 보다 경직된 관점을 가진 사람은 강간장면에서도 성적인 각성이 나타났다. 또한 아는 사람에 대한 강간장면은 동의와 강간의 중간 정도에 해당하는 성적 각성이 나타났는데, 성별에 따라 분석한 결과 남학생이 여학생보다 더 각성된 것으로 보고되었다. 강간의 결과에 대한 지식이 많을수록 강간을 지지하는 태도가 적다(Hamilton & Yee, 1990). 남자 대학생이 여학생에 비해 강간에 대한 지식이 부족하였고, 여학생들은 대부분 강간에 대해 혐오적인 반응을 보였다. 다른 종류의 남녀 대학생 연구(Check & Malamuth, 1983)에서는 성행위 장면에 대한 영상에서 여성들은 즐거움(pleasure)을 느낄 때만 각성을 느끼는 반면, 남성들은 즐거움과 고통(distress)을 둘 다 느낄 때 더욱 각성을 느끼는 경향이 발견되어 성과 폭력 사이에 높은 상관이 있음이 나타났다.

2) 인지적 왜곡과 수정

일반적으로 성범죄자들의 여자나 아이에 대한 신념은 비교적 보수적이고 전통적이다. 남성의 성적인 특권에 관심이 많고, 자신들의 성적인 충동은 채워져야만 한다는 신념을 가지고 있다는 것이다. 이들의 사고에서는 **인지적 왜곡**(cognitive distortion)이 발견되는데, 특히 적어도 아동대상 성범죄자에게서는 인지적 부조화를 줄이기 위한 시도가 많다. 이런 인지 왜곡은 아동과의 성행동을 합리화하고 정당화하는 기능과 이런 행동을 유지시키는 기능을 한다. 행동이 반복될수록 이런 신념은 계속되며 더욱 강해진다. 왜곡의 예로는 변명(excuses)을 하는 것이 있는데, 이는 자신의 자존감을 유지하고 자신의 부정적인 행동으로부터 비롯된 결과를 외적이거나 자신과 덜 관련된 것으로 미루어 책임을 전가함으로써 부정적인 영향을 감소시키는 기능을 한다.

부인(denial)은 가장 흔하게 나타나는 인지적 왜곡으로서 Maletzky(1991)의 조사에 따르면 성범죄자의 87%가 어떠한 형태로든 자신의 행위를 부인하거나 축소한다. 성범죄자들은 다양한 수준으로 자신의 행동을 부인하고 있으며, 그 예는 〈표 6-1〉에 제시된 바와 같다. 표에서 마지막 두 범주인 계획과 환상에 대해서는 실제로 없을 수도 있다는 연구도 발견된다. 그러나 대부분에서는 환상이 발견될 뿐 아니라 자신의 행동에 대해 직전까지 전혀 계획이 없는 경우는 매우 드물기 때문에 치료를 위해서는 일단 이러한 언급에 대해 주의를 기울여서 받아들여야 한다. **축소**(minimizing) 역시 대표적인 인지적 왜곡 중 하나인데, 이들은 아동에게 가해지는 해(harm)를 축소하고, 성학대의 영향을 축소한다. 또한 아동이 섹스를 원했다고 지각한다. 아동 성추행을 저지르는 사람들의 대표적인 왜곡의 범주는 다음과 같다.

표 6-1 성범죄자들의 부인과 축소(Marshall, 1999)

완전한 부인

잘못된 고소이다.

- 경찰이 나를 잡으려고 덮어씌웠다.
- 피해자가 나를 미워한다.
- 피해자의 어머니는 내가 그녀를 못 만나게 하려고 또는 복수하려고 이용하고 있다.

다른 사람이다.

- 다른 사람이 한 짓이다.

기억이 나지 않는다.

- 나는 그런 사람이 아니다. 그런 일이 벌어졌다니 이상하다.
- 그런 일이 있었을수도 있으나 난 아무런 기억이 나지 않는다.

부분적 부인

그건 성학대가 아니다.

- 피해자가 동의했다.
- 피해자도 즐겼다.
- 그녀는 창녀였다.
- 그가/그녀가 자신은 나이가 더 많다고 그랬다.
- 나는 그냥 문지르기만 했다.
- 성기에 약을 발라 주고 있었을 따름이다.
- 단지 놀이일 뿐이다.
- 사랑이다.
- 교육적인 것이었다.

문제의 부정

- 그렇게 하기는 했지만 난 성범죄자는 아니다.
- 다시는 그렇게 하지 않을 것이다.
- 나는 아이들이나 억지로 하는 성행위에 전혀 관심이 없다.
- 나는 일탈적인 환상 따위는 없다.

공격행위의 축소	
	• 피해자의 증언보다 횟수가 적다. • 폭력이나 위협은 없었다. • 피해자가 말하는 만큼 침입적인 것은 아니었다. • 다른 피해자가 없다.
책임의 축소	
	• 피해자가 유혹적이었고 성폭력을 유발했다. • 피해자의 부모가 무시한다. • 나는 취했었다. • 나는 스트레스가 많았다. 정서적으로 혼란되어 있었다. • 내 파트너는 성적으로 만족스럽지 못하다. • 나는 성충동이 높은 사람이다. • 피해자는 No라고 말했지만 실제로는 Yes를 의미하고 있었다.
위해의 부인과 축소	
	• 친구나 가족들이 피해자는 아무런 해를 입지 않았다고 이야기해 줬다. • 피해자의 현재 문제는 내가 유발한 것이 아니다. • 나는 사랑과 애정이 있었기 때문에 해를 유발할 수 없다. • 억지로 한 것이 아니기 때문에 해가 있을 수 없다.
계획의 부인과 축소	
	• 나는 순간적으로 일을 저지른 것 같다. • 갑자기 일이 펼쳐졌다. • 피해자가 시작했다.
환상(fantasy)의 부인과 축소	
	• 나는 일탈적인 환상을 갖고 있지 않다. • 나는 실제 범행을 저지르기 전에는 피해자를 범하려는 생각을 전혀 하지 않았었다.

표 6-2 아동 성학대자들의 대표적 신념체계 8가지(Neidigh & Krop, 1992)

1) She enjoyed it. (걔도 좋아했어.)
2) This won't hurt her or affect her in any way. (아프지도 않고 아무런 영향도 없어.)
3) This is not so bad, it's not really wrong. (그렇게 나쁜 거 아냐, 잘못된 것도 아니고.)
4) I was high on drugs or alcohol at the time. (내가 약기운에 뿅 가서…… 취했었거든.)

5) I wasn't thinking at all or I wouldn't have done it. (아무 생각 없었어. 아니면 안 그랬을 거야.)
6) No one will ever find out so I won't get caught. (아무도 몰랐을 것 같아서…… 난 안 잡힐 줄 알았지.)
7) She is flirting and teasing me, so she wants me to do it. (걔가 날 꼬셨어. 조르더라고. 먼저 하자고 했다니까.)
8) We love each other so this is OK. (우린 사랑해, 그러니까 괜찮은 거야.)

인지적 왜곡이나 부인에는 사실 두 가지 의미가 포함되어 있다. 실제로는 사실을 알고 있으나 의식적으로 부인하는 경우도 있지만 이들이 사실 자체를 잘못 지각하여 상황을 잘못 파악하고 있는 경우도 있다. 지각 오류의 대표적인 예는 강간을 범한 사람들은 여성들이 이에 동의했거나 처음에는 싫다고 하였으나 마음을 바꾸었다고 이야기하는 것이다. 피해자들은 대개 처음에는 반항을 하지만 성범죄자들의 행동에 두려움을 느끼고, 자신이 성범죄자의 분노를 더욱 촉발시키거나 반항을 하게 되면 더 큰 해를 입을 것에 대한 공포가 생긴다. 또한 체력적으로도 소진하게 된다. 강간범들은 대개 이런 상황을 반항에서 동의로 마음을 바꾼 것으로 받아들인다. 이러한 착각은 이들이 다른 사람의 감정을 읽어 내는 데 매우 서투르다는 사실과 일맥상통한다. Hudson 등(1993)은 실제 강간범과 아동 성폭력자들이 분노, 혐오, 공포를 종종 긍정적인 감정으로 인식한다는 사실을 발견했다. 성범죄자들이 가지고 있는 판타지 역시 잘못된 지각을 유발한다. 자신의 강압적인 행동에 대해 피해자가 고분고분하게 복종하고 자신만큼 열정적으로 반응한다는 환상을 가지고 있는 사람들은 실제 장면에서도 그들이 즐기고 있다고 믿고 그런 정보를 선택적으로 찾아 처리하는 것이다. 아동 성폭력을 가하는 사람의 경우, 자신이 미치는 위해에 대해서 잘못된 지각을 가지고 있으며 오히려 잘 지내고 있다고 믿는 경우가 많다. 그들은 자신들의 행위가 성행위가 아니라고 믿고 있으므로 해가 되지 않는다고 생각하며, 아버지로서 그렇게 할 권리가 있다고 생각하고, 아동 역시 그것을 즐긴다는 생각을 하고 있다(근친의 경우 아동에게 교육을 시켜 아동 역시 그렇게 믿곤 한다).

Heatherton과 Baumeister(1991)는 '자신으로부터의 도피' 이론에서 **인지적 와해**(cognitive deconstruction)라는 용어를 통해 사람은 어떤 금지된 행동에 관여함으로써 극심한 혐오적 상태로부터의 벗어나기를 시도한다고 설명하였다. 평상시에는 어떤 일을 수행할 때 추상적인 단계에서 그 일의 의미와 자신에 대한 의미를 생각하게 된다. 하지만 자신이나 다른 사람에게 받아들여지지 못할 일을 할 때에는 그것을 훨씬 구체적인 수준에서 다루어 즉각적인 만족에 집착함으로써 장기적인 결과나 다른 사람에 미치는 영향을 무시하려 노력하게 된다. 성범죄자 역시 이러한 인지적 과정을 겪는 것으로 보이는데, 이때 자신이 저지르는 성범죄에 대한 추상적인 수준에서의 의미나 도덕적 판단들이 작동하지 않는 것이 인지적 와해의 증상이다(Ward, McCormack, & Hudson, 1997).

2. 인지행동적 개입 기법

1) 인지치료적 기법

(1) 인지모델의 소개

인지치료적 기법에서 공통적으로 다루는 것은 사건-사고-정서-행동으로 이어지는 인지모델의 소개이다. 우리의 정서나 행동 등의 반응은 사건에 의해 당연히 발생하는 것으로 여겨지지만 사건과 반응 사이에 사고가 이를 중재한다는 것이 인지치료의 핵심이다. 따라서 대상자들에게 자신의 '생각'이 중요한 역할을 한다는 것을 알려주고, 그 생각을 어떻게 수정하는지에 대해 논의하는 것이 인지치료의 시작이다. 생각에 관심을 기울이도록 하기 위해서는 자신의 생각을 관찰하며 떠오르는 대로 말하도록 하는 시간을 가질 수 있다. 또한 Judith Beck의 사례(Beck, 1995)인 '밤에 거실에서 갑자기 쿵 하는 소리 들렸다면 어떤 감정이 생기는가?'를 질문하고, 그 감정(두려움, 귀여움, 짜증스러움 등)에 대한 이유(도둑, 애완동물, 가전제품 고장 등)를 물어서 그 당시 떠오른 생각이 감정과 이후의 행동에 영향을 미친다는 것을 알려주는 등의 익숙해지기 작업(socialization)을 진행한다. 치료자가 회기의 중간중간 '지금 어떤 생각이 떠올랐나요?'라고 질문하거나 회기 내에서 발생한 감정에 대해 직접적으로 생각을 물음으로써 실제 진행 중인 따끈따끈한 생각(hot cognition)을 말하도록 하는 것도 인지치료를 익숙하게 하는 것에 도움이 된다. 또한 성범죄자들이 관심을 가질 만한 예시를 들어 생각에 따라 감정과 행동이 달라질 수 있음을 보여 줄 수 있다.

표 6-3 hot cognition의 유발과 개입

〈개입 예시〉

ㅇ치료자가 이야기를 하다가 갑자기 말을 멈추고 한 곳을 응시한다(참가자들이 어색하거나 이상하게 느낄 정도의 시간: 약 5~10초).
 -잠시 말을 멈춘 사이에 무슨 생각을 했는지 물어본다.
  • 가능한 답변들: 할 말을 잊었나?, 어디가 아픈가?, 갑자기 무슨 생각이 났나?, 내가 잘못한 것이 있나? 등
 -그 생각에 따라 어떤 감정을 느꼈고, 시간이 좀 더 지났다면 어떤 행동을 했을지 물어본다.
 -이렇게 잠깐 사이에 번뜩 지나가는 생각들에 따라 감정이나 행동이 변할 수 있음을 설명한다.
 -결국 같은 자극이나 상황에서도 개인에 따라 다른 행동으로 표출될 수 있다는 것을 인식한다.

출처: 위치추적 전자장치 부착자를 위한 상담치료 프로그램(송원영, 오경자, 2009).

(2) 강간통념에 대한 토론

앞에서 살펴본 것처럼 성범죄자들은 강간통념이 일반인에 비해 높게 나타난다. 강간통념은 대상자들에게 쉽게 접근할 수 있는 지식이자 참조틀이 되어서 이들이 만나는 상황에서 자동적 사고로 나타나기 쉽다. 따라서 이에 대한 수정이 필요하다. 그런데 지식의 내용은 기존 체계에 맞는 내용이 동화되기가 더 쉽고, 기존의 지식을 수정하는 조절 과정을 유발하려면 자신이 이미 알고 있는 사실이 틀릴 수도 있다는 스스로의 판단이 있어야 한다. 다른 사람이 자신의 생각을 틀렸다고 지적하는 경우에는 그 대상이 특별히 믿을 만하거나, 자신의 지식에 확신이 없는 경우, 관계가 매우 친밀한 사람인 경우에야 자신의 생각을 바꿀 생각을 갖게 된다. 그런데 성범죄자들은 대개 강간통념을 오랜 시간 가져왔을 뿐 아니라, 치료자가 세상을 잘 모른다는(교과서적으로 살아온 사람) 등의 생각이 있고, 치료자가 자신을 지적하는 것으로 보이는 경우는 경계와 방어를 하게 되어 수정 내용을 받아들이지 않는다. 따라서 강간통념에 대한 개입은 교육보다 토론이 더 효과적이고, 치료자가 강하게 제시하기보다 다시 한 번 생각해 볼 수 있는 여지를 제공하거나 스스로 모순이 되는 상황을 만들어 대상자들이 스스로의 믿음을 의심하도록 해야 한다.

표 6-4 강간통념의 예

1. 강간을 당하는 여성은 대개 이전에 학대받은 경험이 있다.
2. 성욕이 왕성한 여자들이 대개 강간을 당한다.
3. 강간을 보고하는 대부분의 여자는 그 사건 이전에 이미 많은 성관계를 가졌다.
4. 대부분의 강간 피해자는 평소 성관계가 난잡하거나 평판도 좋지 않다.
5. 여자가 친근감이 있게 남자를 대하는 것은 성적 접촉을 허용한다는 의사표시이다.

전형적인 인지치료적 방법으로는 성 관련 생각이 그 이후의 정서와 행동에 대한 판단에 영향을 미친다는 것으로 가르치는 것이다. 예를 들어, '여자가

처음 만난 남자의 집에 따라가는 것은 성관계를 허락한다는 뜻이다.'라는 문항에 대하여 얼마나 동의하는지를 물어본 후, 남자가 최근에 도둑을 맞은 사람이라면 무슨 생각을 할까, 남자가 최근에 인테리어를 깨끗하게 한 사람이거나 집이 매우 지저분한 사람이라면 각각 무슨 생각을 할까 등을 질문하여 남자가 중요하게 생각하는 것에 따라 여자에 대해 떠오르는 생각이 다르고, 성관계가 아닌 귀중품을 치운다거나 집안 청소를 하는 행동으로 이어질 수 있음을 설명하는 것이다.

아래에는 또 다른 방법으로 기존의 믿음을 흔들어 놓을 수 있는 개입 예시가 있다.

표 6-5 강간통념에 대한 개입 예시

〈개입 예시〉

ㅇ 인생에서 소중했던 인물을 소개하는 시간을 갖는다.
  -남자 2명(예: 아버지, 선생님), 여자 2명(예: 엄마, 누나)
ㅇ 강간통념 문항 중 일부를 골라 문항에 있는 '여자'를 직전에 언급했던 실제 여자로 바꾸어 읽어 보도록 한다.
  -여자가 친근감이 있게 남자를 대하는 것은 성적 접촉을 허용한다는 의사표시이다.
    → 엄마가 친근감이 있게 남자를 대하는 것은 성적 접촉을 허용한다는 의사표시이다.
  -이렇게 바꾸었을 때에도 의미가 잘 통하는지 이야기해 본다.
  -불특정한 대상으로서의 '여자'와 인격체로서 내가 알고 있는 소중한 여자는 어떻게 다른지 이야기한다.

(3) 성 관련 학습사 알아보기 / 건강한 성 논의하기

어떤 현상에 대한 개념을 보유하는 것에 큰 영향을 미치는 것은 그것을 '처음에' 어떻게 학습했는가이다. 성범죄자들은 대체로 성과 관련된 지식이나 도덕을 건전하지 않은 하위문화에서 배웠을 가능성이 높으나 자신들이 어떻게 배웠는지에 대한 생각을 해 본 적 없이 그대로 믿고 있는 상태이다. 따라서 처음에 어떻게 성행위라는 것이 존재하는지를 알았고, 어떻게 학습해 왔는지를 이야기하는 것은 각기 다른 과정을 거쳐 각기 다른 생각을 가지게 되었을 것이라는 것을 알 수 있게 해 준다.

또한 행복한 성생활이나 건강한 성생활이 어떤 것인지, 어떤 사람과 어떤 상황에서 성관계를 갖는 것이 타인뿐 아니라 자신에게 가장 좋은 것인지에 대한 이야기를 나누는 것은 자신의 인지체계를 탐색할 뿐 아니라 다른 사람들의 지식을 참조하여 자신의 생각을 바꾸어갈 수 있는 기회를 제공한다.

표 6-6 성 관련 학습사 등을 통한 개입 예시

〈개입 예시〉

ㅇ 나는 지금까지 공식적인 성교육을 몇 시간이나 받아 보았는가? 그 내용은 무엇인가?

ㅇ 나는 성관계(삽입)가 존재한다는 것을 몇 살 때 알게 되었는가?

- 어떻게 알게 되었는가?
- 그때의 느낌은 어떠했는가?
- 내가 성에 대해 배운 것 중 맞는 내용과 틀린 내용이 있을까? 틀린 내용이 있다면 무엇일까?
- 나는 맞게 알고 있지만 대부분의 사람들이 틀리게 알고 있는 내용이 있을까? 무엇일까?

ㅇ 이 시간 이후로 내가 건강하고 행복한 성생활을 한다는 것은 어떻게 하는 것일까?

- 어떤 성관계가 가장 좋은가?
- 건강하고 행복한 성생활을 하기 위한 원칙을 마련해 본다면 어떤 것이 있을까?

(4) 뜨거운 의자

뜨거운 의자(Hot Seat)는 한 사람씩 돌아가면서 자신의 범행과 관련된 이야기를 하는 것이다. 대개는 범행 전의 상황을 이야기하면서 자신의 생각과 감정을 솔직하게 말한다. 범행 자체를 이야기하는 것보다 그 이전에 있었던 다

양한 의사결정 과정들을 이야기하는 것이 더 중요하다. 한 명씩 돌아가면서 이야기를 하고, 다른 사람들은 그 사람의 이야기에서 방어를 하고 있거나 솔직하지 못하다고 생각되는 부분들을 지적한다. 자신이 밝히고 싶지 않았던 의도나 방어적으로 이야기하는 것들이 다른 사람에 의해 드러나기 때문에 가운데에 앉는 사람에게는 다소 당황스러울 수 있어서 '뜨거운 의자'라는 이름이 붙었다. 이 기법은 두 가지 효과가 있다. 첫째, 뜨거운 의자에 앉아서 이야기를 하는 사람에 대한 효과이다. 자신의 행동을 돌아보고, 다른 사람들의 도움을 통해 미처 의식하지 못했던 자신의 숨은 의도나 계획을 알 수 있으며, 향후 비슷한 일이 발생할 때 미리 대처할 수 있는 계획을 세울 수 있다. 둘째, 오히려 더욱 중요하고도 효과적인 것으로서 그날의 주인공에게 지적을 하는 사람들에게 발생하는 것이다. 자신의 상황을 대입해서 상상해 보고 지적하는 것이기 때문에, 본인의 생각과 의도를 점검하는 효과가 있다. 나아가 그것을 누군가에게 이야기하고 그렇게 하지 말라고 알려주는 것은 자신에게도 적용할 수 있는 좋은 기회이자 스스로에 대한 조언이 된다. 따라서 이 프로그램은 잘 진행되면 모두에게 유익이 될 수 있다. 다만, 그 전에 선결조건으로 집단 안에 응집성(coherence)이 형성되어야 한다. 서로가 진심으로 다른 사람이 재범에서 벗어나 자신의 삶을 잘 살아갈 수 있도록 돕고자 하는 마음이 있어야 한다. 만약, 서로의 지적에 대해 불쾌감을 갖게 된다거나, 분위기가 장난으로 흘러가면(특히 청소년 집단), 오히려 역효과가 나타날 수 있다. 집단의 분위기 형성과 서로 간의 관계를 살펴보면서 실시하는 것이 필요하다.

(5) 포르노, 음란물 비판하기

강간통념을 비롯한 인지적 오류가 학습되고 유지되는 중요한 통로 중의 하나가 포르노그라피, 음란물이다. 음란물의 경우 성범죄와의 직접적 관련성이 드러나지는 않았지만, 아동 대상 성범죄자의 경우 아동 대상의 음란물 시청 경험이 일반인에 비해 훨씬 높게 나타났다. 또한 청소년 또는 지적장애가 있는 경우 음란물의 줄거리나 메시지를 잘못 이해하고 받아들이는 경우가 많다. 성범죄자들의 경우 음란물을 비롯한 다양한 자극에서 성적 공상을 발전시키는데, 사실 음란물의 사용량보다 부적절한 성적 공상의 존재와 발전이 성범죄에는 더 영향을 미치는 것으로 보인다. 따라서 인지행동적 접근에서는 음란물의 사용량을 조절하는 것보다, 이를 보더라도 비판적으로 볼 수 있는 눈을 기르고 부적절하거나 현실이 아닌 것을 구분할 수 있도록 교정적 정보를 제공하는 것을 목표로 한다.

구체적으로는 음란물에서 발견할 수 있는 잘못된 점들을 서로 이야기하는 것이다. 성범죄자들의 경우 라포가 충분히 형성되기 전에는 솔직한 이야기를 하는 것에 대해 걱정을 할 수도 있으므로 치료자가 먼저 예시를 하는 것도 좋은 방법이 된다. 특히 강간통념을 강화시키는 내용, 예를 들면 강제로 성관계를 시작하였으나 시간이 지나면서 피해여성이 오히려 성관계를 좋아하게 된다는 등의 내용 등이 주제로 다루어지고, 실제와 다르다는 점 등이 언급되고 논의되어야 한다.

2) 행동적 기법

(1) 모델링

성범죄자 심리치료에서 모델링은 매우 중요한 역할을 한다. 모델링은 학습이 잘 이루어지지 않았던 새로운 기술을 익힐 때, 다른 사람의 모습을 보고 따라하는 것을 말한다. 모델링은 집단 내에서 서로 이루어질 수도 있고, 치료자의 모습을 모델링하게 될 수도 있다. 집단 내에서의 모델링은 긍정적인 행동뿐 아니라 부정적인 행동도 모델링하게 될 수 있으므로 치료자의 주의 깊은 모니터링이 필요하다. 대상자들 사이에 사회기술의 수준이 다르기 때문에, 치료자는 더 적절한 능력이 있는 사람에게 시범을 보이도록 하거나 모델링할 만한 행동이 자연스럽게 나온 경우, 이를 명확하게 언급하고 주의를 집중시킬 필요가 있다. 특히 감사하기, 사과하기, 적절한 수준의 자기 주장하기 등의 긍정적인 대인관계 기술에서 서로 간의 모델링은 치료자의 설명이나 교육보다 효과적인 경우가 있다. 치료자의 모델링은 심리치료시간 전반에 걸쳐 이루어지게 된다. 첫 시간에 소개를 하는 모습부터 시작하여 집단 내에서 말하는 방법, 서로에게 관심을 보이는 방법 등의 간단한 기술부터 의견을 표현하는 방법, 감정을 드러내거나 처리하는 방법과 같은 높은 수준의 행동도 모델링의 재료가 된다. 특히 치료자가 남자인 경우 (술을 마시지 않은) 남자들 간의 대화에서 속마음을 이야기하는 것이나, 대상자로부터 도전이나 공격을 받는 경우 화내지 않고 상황을 파악하고 합리적으로 처리하는 것 등은 치료적 관계가 진행되면서 흔히 보여지는 모델링 학습이 된다. 치료자는 완벽한 모델링의 표본이 되고자 하면 지나치게 부담감이 생길 수 있다. 사회적 기술에서의 완벽을 기하기보다 진심을 보여 주는 모델링을 하는 것이 대상자들과의 관계 측면에서나 대인관계의 모델링에서 더 중요한 요소가 된다.

(2) 역할극

역할극은 성범죄자 심리치료에서 다양하게 활용할 수 있다. 특히 사회기술이 부족한 대상자의 경우 사회기술을 연습하기 위한 방법으로 매우 효과적이다. 예를 들어, 자기 주장 훈련을 하는 경우, 거절하는 상황을 설정하고, 짝을 지어서 또는 대표로 역할극을 실시하고, 본인이 수정을 해 가면서 연습하거나, 다른 사람이 수정 및 설명을 해 주거나, 서로 모델링을 해 주는 등의 방법들을 사용하여 공격적이거나 소극적이지 않은 자기 주장을 할 수 있도록 연습할 수 있다. 또한 치료 회기에서 대상자가 무엇인가 행동계획을 이야기하는 경우, 예를 들면 피해자에게 사과를 하겠다는 계획 등을 이야기할 때, 그 행동계획을 추상적으로만 이야기할 것이 아니라 그 자리에서 역할극을 통해 실시해 보도록 한다. 막연한 결심은 구체화되지 않으면 실시될 가능성이 떨어진다. 치료자는 막연한 계획을 그 자리에서 바로 역할극을 통해 구체화시킴으로써 실행 가능성을 높이고 예상되는 어려움이나 결핍된 기술을 발견하여 보완해 주는 등의 직접적인 개입을 할 수 있다. 또한 공감능력을 증진시키기 위한 개입의 경우, 자신이 한 범행과 유사한 행동을 다른 사람에게 알려 준 후 피해자의 역할을 맡아 실제 상황에서 피해자의 입장을 알아보고 생각과 감정을 경험을 통해 느끼고 표현해 보는 방법을 사용하기도 한다(Marshall, Anderson, & Fernandez, 1999).

제7장

행동치료적 접근[1)]

1. 행동치료의 발전과 기초 개념

1) 행동치료의 역사

행동을 과학적으로 분석하고 인과관계를 밝혀 예측과 통제를 하고자 했던 사람들로는 행동주의자들이 있다. 행동치료의 토대인 인간의 행동분석(behavioral analysis)을 시작한 것은 John B. Watson(1924)으로 그는 Jones나 Guthrie와 같은 사람들에게 영향을 주어 행동치료를 발전시켜 나갔다. 행동치료가 성 분야에 본격적으로 응용된 것은 1960년대이다. Watson의 시기인 1920~1930년대는 논리적 낙관주의(logical positivism)가 주된 과학사조이어서 적어도 경험적으로 검증 가능한 명제들만이 인정받던 시기였고, 다른 한편으로는 Freud의 정신분석이 강한 영향을 미치고 있던 시기였다. 정신분석

1) 이 장은 저자가 수행한 연구용역인 '치료감호소의 성충동 약물치료 대상자에 대한 확장 심리치료 프로그램(법무부, 2012)' 보고서의 내용을 일부 수정 · 보완한 것임.

은 Wittgenstein의 분석 철학과 같은 철학 사조에도 영향을 미쳤고, 이후 발전한 문학이나 영화에도 깊은 영향을 주었던 반면 행동주의는 마음을 무시한 자극–반응의 분석만을 하는 기법이라 하며 다소 평가절하되는 양상이었다. 그러나 예일대학교의 Hull을 거쳐 조작적 조건화로 유명한 Skinner의 연구 결과로 인해 행동주의는 점차 세간의 인정을 받기 시작하였다.

과학적인 체계를 세우기 이전에도 행동주의적인 원리를 사용한 사람들은 많이 있었다. Pliny the Elder라는 로마 철학자는 알코올중독을 치료하기 위해 혐오적인 절차를 사용하였고, 19세기 말 Charcot와 Magnan은 동성애자로 하여금 성적인 각성이 유발될 때 남자 대신 여자를 상상하게 하는 시도를 하였으며, Moll(1911) 역시 동성애자의 성지향성을 바꾸기 위해 선머슴 같은 여자들로부터 시작하여 점차 일반적인 여자에게 관심을 갖도록 하는 절차를 개발하였다. 이는 후에 개발된 혐오치료(aversion therapy), 자위의 재조건화(masturbatory reconditioning), 조형(shaping)과 같은 치료와 논리적으로는 유사한 방법이었다.

앞서 언급한 Jones(1924)는 조건화를 아동의 공포증 치료에 응용하여 행동치료의 가능성을 제시하였고, Dunlap(1932)은 '부적 시행(negative practice)'이라는 절차를 통해 강화물이 없는 상태에서의 반복은 목표행동을 소거시킨다는 결과를 발표하였다. Guthrie(1935)는 연합주의(associationism) 또는 근접학습(contiguity learning)을 발견하여 동물연구를 인간 치료에 응용하였다. 그는 결과는 행동을 강화시킨다기보다 자극을 제거하는 효과가 있다고 믿었기 때문에(밥을 먹으면 '배고픔'이라는 자극이 사라진다), 바람직하지 않은 행동을 소거하기 위해서는 자극이 지속되는 동안 소거해야 할 목표행동이 아닌 예상치 못했던 다른 반응이 나타나게 되어야 한다는 가설을 세웠다. 그는 이 가설로부터 '홍수치료(flooding therapy)'를 개발하였고, 일탈된 성적 자극의 효과를 소거하기 위해 포만 절차를 사용하기도 하였다.

1950년대에 들어서면서 Joseph Wolpe의 상호억제(reciprocal inhibition)의

개념과 함께 보다 현대적인 치료가 나타나게 되었다. 영국 쪽에서는 Pavlov의 고전적 조건화가, 미국 쪽에서는 Skinner의 조작적 조건화가 좀 더 강세를 띠는 경향이 있었고 그 적용 범위도 넓어지기 시작했다. Qiuinn, Harbison과 McAllister(1970)는 조형 기법을 적용하였는데, 동성애자에게 18시간 동안 물을 차단한 다음 여성의 이미지에 대한 발기반응의 정도에 따라 물을 제공하였다. 20회기의 진행을 통해 그들은 성지향성을 바꾸는 것에 성공했다고 보고하였다. Bancroft와 Marks(1968) 역시 동성애 피학대 성욕자를 대상으로 가학하는 남자가 발가벗은 상상, 가학하는 남자 대신 여자를 상상, 채찍을 점차 작게 상상하여 없애는 상상 등의 단계를 설정하고 각 단계마다 발기가 유지되도록 하는 조형절차를 사용하여 결국 가학이나 피학 없이 정상적인 성관계가 가능하도록 하는 기법을 사용하였다고 보고하였다.

이와 같이 초기에는 동성애 문제에 관해 처벌, 조건화, 전기쇼크, 약물 등을 사용한 혐오치료가 주로 이루어졌다. 이런 혐오치료가 가능했던 것은 비정상적인 성행위가 습득되고 변형될 수 있다는 이론적 배경과 그런 행동을 하는 사람들에 대한 사회의 강한 반발이 있었기 때문에 가능했다. 그러나 혐오치료는 점차 윤리적인 문제와 일반화가 어렵다는 문제, 환자-치료자 관계를 해친다는 문제 등으로 인해 영향력을 잃어 가기 시작했고, 인지적인 치료가 포함된 보다 통합적인 치료로 발전하게 되었다. 단, 일부에서는 강한 효과를 인정하고, 동의를 받은 후에 엄격한 행동치료를 적용하는 치료기관들이 현재까지도 지속적으로 발전을 계속하고 있다.

1970년대에 들어서서 Marshall(1971)은 일탈된 성행동을 보이는 사람들이 성인 파트너와의 상호작용을 위한 효과적인 기술이 부족하다는 것을 발견하고, 성의 선호성을 바꾸는 것만으로는 불충분하다는 생각을 하게 되었다. 1970년대 중반에는 사회기술훈련이 포함된 성치료프로그램이 시작되었고, 그 효과가 증명되었으며, 성인 강간범과 아동 성추행자를 위한 프로그램들이 이어서 개발되었다. 1975년에는 행동치료협회(AABT)의 심포지엄을 통해 성학대자 행동치료협회(Association for the Behavioral Treatment of Sexual Abusers, 현재의 ATSA)가 태동하게 되었다. 이후 Meichenbaum, Mahoney, Beck, Ellis, Tomam, Guthrie, Miller 등이 참석하였고, Cautela의 내현적 조건화(covert conditioning procedure), Marlatt의 재발방지(relapse prevention)와 같은 접근들이 이루어졌다. 이후로 1980년대에는 치료 효과에 대한 관심이 증가하였고, 1990년대 이후로는 인지적 재구조화, 공감능력 증진과 같은 인지행동치료의 요소들이 보다 풍부하게 추가되었다. 이러한 정리들은 Marshall과 Law(2003)의 글에 자세하게 요약되어 있다.

주요 이론들을 조금 더 자세히 살펴보면, 조건화 이론들은 초반에 주로 많은 연구가 이루어졌고 따라서 고전적 조건화 연구가 주된 맥을 이루었으며, 조작적 조건화나 사회적 학습이론은 잘 반영되지 않았다. 고전적 조건화 이론은 무조건자극(Unconditioned Stimulus, 이하 UCS)이 본래는 중성적인 자극과 연합됨으로써 조건자극(Conditioned Stimulus, 이하 CS)이 되어 조건화된 반응(Conditioned Response, 이하 CR)을 유발한다는 것이다. 즉, UCS인 자위가 중립 자극인 여자아이에 대한 상상과 연합되어 이후에는 여자아이가 CS로서 작용한다는 것이다. 예를 들면, 노출증 환자에게서 여성의 놀라는 얼굴은 중성적인 자극이었지만 그것을 상상하며 자위를 반복하면 그것은 CS로서의 위치를 획득하게 되어 강화된다는 것이다. 그러나 이후의 양적 연구들은 이것을 그리 보편적인 현상으로 규명해 주지 못했다. Abel 등의 자료(1989)에 의하면 남자아이를 대상으로 한 성추행자의 50%, 여자아이를 대상으로 한 성추행자의 40%, 근친상간의 25%만이 범행에 동반되는 일탈된 상상을 갖고 있었고, 아동 성추행자의 20%를 약간 넘는 숫자만이 범행 직전에 일탈된 상상을 했다고 보고하였다. 조작적 조건화를 통한 연구들은 강화와 처벌에 관하여 좀 더 구체적이고 체계적으로 진행되었다. 그러나 성적인 행동만이 강화물이 아니라 그와 연관된 폭력의 경험이나 통제, 지배의 경험 역시 강한 강화물로 작용하고 있다는 비판도 받고 있다. 성적인 욕구 이외의 다른 요소가 비교적 적게 작용하는 아동 성추행의 경우는 성적인 강화물이 대부분인 반면, 근친강간과 같이 통제나 지배가 이루어지고 있는 구조에서는 성적인 환상이 덜 중요한 이슈를 가지고 있는 것으로 보인다.

요약하면, 성범죄자(초반에는 일탈적 성 선호도를 가진 사람)를 중심으로 하는 인지행동치료의 전반적인 역사는 길게는 1세기 로마 철학자 Pliny the Elder의 예로부터 찾아볼 수 있겠고, 실제적으로는 1920년대 Watson을 시작으로 Jones를 비롯한 극단적인 행동주의가 그 시작이라 하겠다. 그에 이어 유럽에서는 고전적 조건화에 따른, 북미에서는 조작적 조건화에 따른 행동주의가 번성하다가 점차 인지적 요소를 도입하게 되면서 내적인 과정에 주의를 기울이게 되었으며, 성범죄자들이 적절한 사회기술이 결여되어 있음이 발견된 이후 발달적, 사회문화적 관점에서의 영향력이 고려되고 있다. 최근에는 인지적 왜곡이나 공감 등에 대한 주제들이 깊게 다루어지고 있다.

그런데 최근 들어 행동치료는 21세기에 접어들면서 다시 그 활용이 증가 추세에 있다. 행동치료의 사용 현황에 대한 북미지역의 현황조사(McGrath et

표 7-1 성적 각성 조절을 위한 행동치료 현황(2002년과 2009년 비교, 미국)

	지역사회 프로그램				시설 프로그램			
	성인		청소년		성인		청소년	
행동치료 내용	2002 (n=522)	2009 (n=330)	2002 (n=471)	2009 (n=275)	2002 (n=93)	2009 (n=85)	2002 (n=187)	2009 (n=98)
혐오적 행동 시연	22.8%	22.4%	14.6%	16.4%	18.3%	14.1%	18.2%	17.3%
내현적 민감화	48.9%	54.2%	34.8%	43.6%**	48.4%	44.7%	39.0%	40.8%
자위적 포만	24.3%	17.6%	12.5%	14.5%	19.4%	14.1%	15.5%	12.2%
최소 각성 조건화	18.4%	27.3%**	9.8%	17.5%**	18.3%	23.5%	18.2%	22.4%
냄새 혐오	25.3%	29.1%	10.2%	12.7%	18.3%	15.3%	4.8%	6.1%
오르가슴 조건화	15.7%	14.2%	8.3%	8.0%	19.4%	15.3%	8.0%	5.1%
언어적 포만	15.5%	14.5%	10.6%	12.0%	14.0%	9.4%	15.0%	10.2%
하나 이상 사용	63.3%	68.5%	49.4%	57.5%*	59.6%	58.8%	56.4%	61.2%

주: * .05 유의수준에서 퍼센트의 변화가 유의미함 ** .01 유의수준에서 퍼센트의 변화가 유의미함

al., 2009)에 의하면, 미국 지역사회 프로그램에서 성범죄자의 일탈적인 성적 각성을 조절하기 위한 행동치료 중에서 최소 내현적 민감화, 최소 각성 조건화 등의 방법이 2002년과 비교하여 2009년 보고에서 유의미하게 증가하였고, 시설 프로그램에서는 2002년과 2009년이 비슷한 경향성이 보고되었다.

성적 각성 조절을 위한 행동치료 현황에서도 역시 프로그램 세팅 및 참여자에 상관없이 내현적 민감화에 의한 성적 각성 조절이 가장 많이 시행되고 있고, 특히 시설 프로그램에서는 오르가슴 조건화(62.5%), 언어적 포만(37.5%), 자위적 포만(25.5%), 냄새 혐오(25.0%) 등도 다양하게 활용되고 있는 것으로 나타났다.

표 7-2 성적 각성 조절을 위한 행동치료 현황(캐나다)

행동치료 내용	지역사회 프로그램		시설 프로그램
	성인(n=19)	청소년(n=5)	성인(n=8)
혐오적 행동 시연	10.5%	13.3%	0.0%
내현적 민감화	31.6%	46.7%	62.5%
자위적 포만	15.8%	6.7%	25.5%
최소 각성 조건화	10.5%	6.7%	12.5%
냄새 혐오	10.5%	0.0%	25.0%
오르가슴 조건화	5.3%	0.0%	62.5%
언어적 포만	10.5%	6.7%	37.5%
하나 이상 사용	36.8%	53.3%	75.0%

2) 행동치료의 기본 원리

행동치료에서의 기본적인 관점은 초기에는 환경으로부터 영향을 받는 유기체로서의 인간에 더 중점을 둔 결정론적인 관점이었다. 그러나 최근에는 자유와 의지적 선택을 가지고 능동적으로 반응할 수도 있는 인간이라는 관점이 우세하고, 자기지도, 자기관리, 자기통제의 개념이 나오면서 인간은 자신의 행동을 스스로 수정할 수 있는 능력이 있다는 점이 강조되어 오고 있다. 초기의 인간관은 Hosford(1969)의 정리에 잘 나타나 있는데, 다음의 다섯 가지로 요약할 수 있다. 첫째, 인간은 좋지도 나쁘지도 않은 상태로 이 세상에 태어났다. 둘째, 인간은 환경의 자극에 대해 반응하는 유기체이다. 셋째, 인간의 행동은 유전과 환경의 상호작용에 의해 형성된다. 넷째, 인간의 행동은 학습된 부정적 혹은 긍정적 습관으로 구성된다. 다섯째, 인간의 행동은 생활환경이 제공하는 강화의 형태와 그 빈도에 의해 결정된다. 반면, 최근의 인간관은 Bandura(1974)의 설명에서 잘 나타나고 있다. 첫째, 인간의 행동은 부분적으로나마 환경을 창조할 수 있고 환경도 인간의 행동에 영향을 미칠 수 있다. 둘째, 인간은 자기를 조절할 수 있는 능력이 있다. 셋째, 환경에 영향을 줄 수도 있고 받을 수도 있는 인간은 자기를 지도할 수 있는 능력이 있다.

사람의 행동을 변화시키기 위한 방법에 대한 관점은 다음과 같다. 행동주의적 접근에 있어서 모든 행동은 학습된 것이다. 따라서 학습원리에 의해 새로운 행동을 하게 할 수도 있고 이제까지 하던 행동을 하지 않도록 할 수도 있다. 행동주의적 접근은 본래 겉으로 드러난 구체적인 현재의 행동을 강조하기 때문에 성격의 구조나 발달, 역동성보다는 행동의 변화에 더 관심이 있다. 또한 성격보다는 행동을 문제 삼으며 행동의 변화를 성격의 구조에 의해서라기보다도 유전적 기초 위에 자극, 반응, 반응의 결과, 그리고 인지구조의 상호관계에 의해 설명하고 있다. 따라서 행동치료의 이론적 기초는 학습이론이 된다. 대표적으로 신경증적인 행동을 포함한 모든 행동은 학습된 것이며, 학습된 행동은 또한 학습원리에 의해 소거될 수 있다는 이론, 인간이 어떤 행동을 계속 유지하느냐 그만두느냐 하는 것은 그 행동이 강화를 받고 있느냐 받고 있지 않느냐에 따라 결정된다는 관점 등이 있다. 또한 앞서 설명한 후기 행동주의자인 Bandura는 사회적 맥락에서 행동의 변화를 설명하였다. 인간의 행동이 변화해 가는 것은 다른 사람들이 하는 것을 관찰함으로써 가능하다는 것이고, 인간은 외적인 보상이나 처벌에 의해서뿐만 아니라 내적인 규제(내면화된 기준)에 의해서도 행동이 변화해 간다는 것이다.

주요한 몇 가지 학습이론을 간략히 살펴보면 다음과 같다.

첫째, Pavlov의 이론으로 잘 알려진 고전적 조건형성이다. Pavlov는 불빛과 고기를 연합시켜 불빛만 보고도 침이 나오도록 한 실험으로 유명한데, 여기에서의 중심 개념은 조건 형성 자체뿐 아니라, 조건자극과 무조건자극의 연관성(유관성)을 제거함으로써 조건자극을 주어도 조건반응이 더 이상 일어나지 않는 '소거', 조건자극과 비슷한 자극에도 조건반응이 일어나는 '조건자극화', 유사한 자극 중에서 해당 조건자극을 구분해 내는 '자극 변별' 등의 개념을 발전시켰고, 이를 행동치료를 통한 행동 조절에 응용할 수 있도록 하였다.

둘째, Skinner의 학습이론으로 대표되는 조작적 조건형성이다. Skinner는 Skinner 상자에서 레버를 누르는 행동에 따라 강화물로 먹이가 제공되는 실험을 통해 자극과 강화물이 연관되면 행동이 증가하는 것을 통해 유기체의 행동에 대한 개념을 확립하였다. 주된 개념으로는 어떤 반응이 일어날 확률을 증가시키기 위해 자극과 자극, 또는 반응과 자극을 짝지우는 강화물 제공과 행동이 증가되는 현상인 강화, 어떤 반응이 일어날 확률을 증가시키는 자극으로서의 강화물, 강화자극을 얼마나 많이, 자주, 언제 사용하는가의 문제를 계획하는 강화계획(예: 계속강화계획, 고정비율 강화계획, 변동비율 강화계획, 고정시간 강화계획, 변동시간 강화계획 등), 강화물에 대한 일반화, 변별, 소거 등이 있다.

셋째, Bandura로 대표되는 사회학습이다. 사회학습에서는 사회적 상황 속에 있는 사람들은 단순히 다른 사람의 행동을 관찰함으로써 훨씬 더 빨리 학습하게 된다는 관찰학습, 관찰은 새로운 행동이 가져올 가능한 결과를 알려주기 때문에 다른 사람이 하는 것을 보고 강화가 되는 대리적 강화 등의 개념을 확립하였다. 관찰학습의 구성요소는 주의, 파지, 운동재생, 강화와 동기적 과정 등을 들 수 있다. 주의과정이란 모델에 주의를 기울여야만 모방할 수 있다는 것이고, 파지과정이란 모델을 관찰한 후 어느 정도 시간이 지나야 모방하기 때문에 모델의 행동을 상징적인 형태로 기억하는 어떤 방식을 가져야 한다는 것이며, 운동재생과정이란 행동을 정확하게 재생하려면 필요한 운동기술을 갖추어야 한다는 것이다. 마지막으로, 강화와 동기적 과정이란 수행 여부가 보상을 얻을 것 같거나 과거에 받은 직접적인 강화, 대리적 강화 그리고 자기강화에 의해 영향을 받는 것을 말한다. 자기강화란 외적인 보상과 벌에 덜 의존하고 자신의 내적 기준을 설정하고 그 기준에 따라 자기에게 보상과 벌을 주는 현상을 말한다.

행동치료에서의 치료적 관계는 다른 치료에 비해 다소 지시적이다. 그러나 행동치료를 지나치게 기계적인 원리에 의존하는 비인간적인 치료로 생각하는 것은 그 본질에 대한 오해이다. 행동치료는 다른 치료와 마찬가지로, 또는 그 이상으로 내담자에게 많은 관심을 보일 뿐 아니라 치료자 자신을 내담자를 지지하기 위한 대처모델로 활용하기도 한다.

행동치료에서의 치료 과정을 대략적으로 설명하면 다음과 같다. 첫 번째, 치료관계를 형성해야 한다. 치료자에게는 가치판단 없이 내담자가 말하는 것을 수용하고 이해하려는 노력이 필요하다. 관계의 중요성이 강조될수록 치료가 더욱 효과적이게 된다. 두 번째, 문제행동을 규명해야 한다. 문제행동의 규명에서는 추상적으로 알고 있는 문제들을 구체적인 행동으로 나타낼 수 있도록 하여야 한다. 세 번째, 현재의 상태를 파악해야 한다. 내담자에 의해 제시된 문제행동을 분석하는 것인데, 구체적으로는 문제행동이 일어나는 장면을 분석하고 문제행동과 관련된 선행 사건 및 결과를 분명히 밝힌다. 동기를 분석하여 내담자가 일상생활에서 강화를 받고 있는 사태를 밝힌다. 또한 문제행동을 변화시키는 데 도움이 될 만한 발달과정에서의 생물학적, 사회적, 행동적 변화에 대한 정보를 수집하고, 자기 통제력, 사회적 관계, 사회적 · 문화적 · 물리적 환경을 분석한다. 네 번째, 치료 목표를 설정한다. 치료자는 치료 목표의 성질과 치료 목표를 설정하는 취지를 내담자에게 설명한다. 또한 치료자는 내담자가 달성하고 싶어 하고 또 달성이 가능한 목표를 생각해 낼 수 있도록 도와준다. 내담자는 자신이 바라는 구체적인 목표를 결정하고, 치료자와 내담자는 내담자가 정한 목표가 달성될 수 있는 목표인지 나중에 측정될 수 있는지를 함께 고려한다. 그리고 치료자는 내담자로부터 얻은 여러 정보를 기초로 계속 치료 여부를 결정한다. 치료를 계속하기로 결정할 경우 최종 목표를 보다 구체적인 목표로 나누어 적절한 순서를 정한다. 다섯 번째, 치료 기술을 적용하는 것이다. 사용되는 치료 기술은 내담자 개개인의 치료 목표에 맞추어진 것이고 현재의 상태 파악과 치료 목표의 설정단계에서 모아진 정보에 기초를 둔다. 내담자가 행동을 수정하고 싶어 하는 구체적인 환경에서 내담자의 행동 수정을 도울 수 있는 치료 기술을 구성하고 적용하는 일이 가장 중요하다. 치료 기술은 바람직하지 못하다고 생각되는 행동을 하지 않도록 내담자를 돕는 영역의 기술, 바람직하다고 생각되는 행동을 할 수 있도록 내담자를 돕는 영역의 기술, 자신의 행동을 스스로 통제 또는 지도할 수 있도록 내담자를 돕는 영역의 기술로 나눌 수 있다. 이렇게 치료를 진행한 후에는 그 치료 결과를 평가한다. 평가는 치료 목표에서 구체적으로 진술한 내담자의 구체적 행동에 기초하여 이루어진다. 행동 평가는 치료자가 얼마나 치료를 잘했는지와 사용되고 있는 특별한 치료 기술이 얼마나 효과가 있는지를 알아보는 데 사용된다. 치료가 끝날 때는 물론이고 치료 도중에도 평가가 계속된다. 구체적인 치료의 단계마다 평가를 해야 하며 각 시점에서의 평가는 다음 단계를 위한 중요한 정보가 된다. 마지막으로는 치료에서의 최종 목표행동에 대한 최종 평가에 뒤이어 치료의 종결이 이루어진다. 치료자는 내담자가 이제까지의 치료활동을 통해서 배운 원리를 공식적인 치료가 끝난 후에도 계속 자신의 삶에 적절히 적용할 수 있도록 돕는 데 초점을 두고 치료를 종결한다.

3) 행동치료에서 주로 활용하는 기법들

① 정적 강화(positive reinforcement)

바람직한 행동을 증가시키기 위해 그 행동의 빈도를 증가시키는 보상을 주는 방법이다. 예를 들면, 인사를 잘하도록 하기 위해 칭찬 또는 용돈을 주는 등의 방법을 말한다.

② 체계적 둔감화(systematic desensitization)

불안 등을 제거하기 위해 위계표를 활용하여 낮은 위계에서부터 점차 높은 위계로 노출하거나 도전하여 익숙해지도록 하는 방법이다. 불안수준이 높아지면 긴장이완 등의 방법을 사용하여 불안을 낮춘 후 다시 도전하는 방법을 사용한다.

③ 결과 직면 과민성 제거법(implosive therapy)

불안을 일으키는 장면과 관련된 무시무시한 '결과'를 아주 생생하게 상상함으로써 그 불안을 극복하는 방법이다. 체계적 둔감화와 같이 불안을 일으키는 장면을 상상을 통해서 제시하지만, 다른 점은 초반부터 이완훈련 없이 내담자에게 무섭고 위협을 느끼는 장면과 관련된 결과를 반복해서 오랫동안 상상하게 한다는 점이다.

④ 부적 연습(negative practice)

부적 연습은 내담자가 없애고 싶어 하는 습관적인 행동을 내담자가 오히려 적극적으로 의식하면서 연습함으로써 그 행동을 없애는 것이다.

⑤ 심적 포화(satiation)

정적 강화 자극이라 할지라도 계속적으로 주어져 포화(또는 포만)상태가 되면 정적 강화 자극으로서의 기능을 상실하고 오히려 반대의 효과를 나타낸다는 원리에 입각한 방법이다. 포화상태까지 자극을 반복한다.

⑥ 혐오기술(aversive techniques)

혐오기술은 일시적으로 만족을 주나 장기적으로 보면 바람직하지 못한 행동에 대하여 혐오자극을 제시함으로써 바람직하지 못한 행동과 혐오자극을 연합시켜 부적응행동을 하지 않도록 하는 방법이다.

⑦ 자기지도(self-directed change)

자신의 행동을 스스로 지도해 가는 방법으로 다음의 네 단계를 밟는다.

가. 목표설정: 목표는 측정될 수 있고, 긍정적이고, 내담자에게 의미 있는 것으로 설정
나. 표적행동 설정: 나의 목표를 달성하기 위해 어떤 활동을 할 것인가?
다. 자기행동 기록: 구체적으로 관찰할 수 있는 행동에 초점을 둔 행동일기 작성
라. 프로그램 설계: 자기강화나 자기와의 행동계약에 의해 이루어짐

⑧ 주장훈련(assertiveness training)

주장훈련은 주로 대인관계에서의 불안을 줄이는 데 사용되는 훈련이지만 분노조절 등의 프로그램에서도 많이 활용된다. 자신의 주장을 합리적으로 표현하지 못하고 지나치게 위축되거나 폭력 등의 부적응적인 방식으로 표출하는 것을 막기 위해 활용된다.

⑨ 대리경제체계(token economy systems)

강화가 지속적으로 이루어지기 어려운 상황이나 강화에 대해 포만되는 것

을 막기 위한 상황에서, 나중에 강화가 이루어질 것을 표시하는 소리, 토큰, 스티커 등을 제공하여 그 행동을 강화하는 것이다.

⑩ 조형(shaping)

조형은 복잡한 행동을 습득시키기 위하여 그 행동에 접근하는 근사한 모든 행동을 소단계로 나누어 각 소단계의 행동을 단계적으로 강화해 나가는 방법으로, 복잡한 새로운 행동을 학습할 수 있도록 하는 방법이다.

⑪ 시범(modeling)

관찰학습을 하도록 하기 위해서 치료자나 다른 모델이 시범을 보이고 그것을 따라할 수 있도록 하는 방법을 말한다.

⑫ 역할연기(role playing)

새로운 행동을 배우기 위해서 역할을 맡아 행동을 하고 다른 사람들이 그 역할에 대한 시범을 보이는 등의 방법을 통해 학습하는 방법이다.

⑬ 자기지시(self-instruction)

불안이나 기타 부적응행동에 대해 불안을 줄이거나 적응행동을 할 수 있도록 자기 자신에게 지시하거나 자기 스스로 말하는 것을 말한다.

⑭ 사고중지(thought-stopping)

부적응적인 생각이 지속되는 것을 막기 위해 생각을 순간적으로 멈추도록 하는 방법이다. 속으로 '중지' 또는 '스톱'을 외치거나 고무밴드, 약한 전기자극 등을 활용하여 생각을 전환시키도록 한다.

⑮ **행동계약(behavior contracts)**

행동계약은 두 사람이나 또는 그 이상의 사람들이 정해진 기간 내에 각자의 할 행동을 분명하게 정해 놓은 후 그 내용을 서로가 지키기로 계약하는 것을 말한다.

2. 성범죄자에 대한 행동치료 개입

1) 성범죄자 행동치료의 특징

(1) 심리교육의 필요성

행동치료 프로그램의 첫 번째 특징은 심리교육적 요소가 많다는 것이다. 행동치료는 대상자의 이해 없이 강제적으로 시행된다 할지라도 혹시 효과가 있을 수 있겠지만, 이는 비윤리적일 뿐 아니라 지속적인 치료를 통해 효과를 극대화시키기 위해서는 대상자들의 이해와 협조, 스스로의 동기가 필요하다. 행동치료, 특히 혐오치료나 노출치료의 경우 대상자들이 꺼려하는 자극, 즉 처벌적인 자극이 가해질 수 있다. 이때, 이러한 자극들을 자신들이 경험해야 하는 이유에 대해 명확하게 알게 된다면 스스로 그러한 자극들을 경험하고자 시도할 수 있고 불편감 없이 치료에 임할 것이며, 각자에게 주어진 과제시간에도 자신에게 불편한 자극들을 스스로 찾아 반복시행하게 될 것이다. 이는 치료의 진행과 지속에 매우 큰 영향을 미치게 된다. 반면, 행동치료의 논리나 효과에 대한 기대가 없이 기계적으로 주어지는 자극에 반응하기만 한다면, 반인권적이고 무의미한 치료시간이 될 뿐 아니라 개별화된 치료를 실시할 수 없는 피상적인 치료에 머무르고 말 것이다. 따라서 행동치료 프로그램에서는 초반에 치료의 논리에 대해 설명하고, 성적 각성의 원리나 단계 등 대상자들의 문제를 해결하기 위한 다양한 정보를 제공하고 학습시킨다.

(2) 대상자들의 높은 동기수준 요구

행동치료 프로그램은 대상자의 자발적인 협조가 중요하다. 예를 들면, 자위 재조건화 프로그램의 경우 누군가가 자위를 돕는 것이 아니라 스스로 상상을 해 가면서 자위를 하고, 또한 성적인 쾌감이 없더라도 계속해서 성적 자극을 가하는 등의 행동을 해야 한다. 이는 대상자들이 스스로 자신의 일탈된 성적 취향을 수정하겠다는 의지가 없이는 실시하기 어렵다. 따라서 프로그램에는 동기가 높은 대상자들만이 참여할 수 있다. 적어도 기본적인 치료 프로그램이나 면담을 통해 자신의 부적응적인 과거를 이해하고, 새로운 모습으로 출소 이후의 삶을 살기로 결심한 후, 이를 위해 약간의 대가를 치르더라도 자신에게 문제가 되는 위험요소 중 하나인 일탈된 성적 취향을 수정하는 것에 동의하는 정도의 동기가 필요하다. 따라서, 자신의 범행을 부인하거나 수동적으로 마지못해 프로그램에 참여하는 수준의 대상자들은 행동치료에 참여하기는 어렵다.

(3) 일상생활에서의 적용과 일반화를 위한 과제의 활용

행동치료 프로그램은 회기 내에서의 진행뿐 아니라 프로그램과 프로그램 사이의 시간에 적용하여 일상생활에서 습관을 형성하고 일반화를 조장하기 위한 절차들이 많다. 행동치료의 원칙을 회기 내에서만 진행하고 일상생활에 적용하지 않는다면, 이는 회기 안과 밖을 변별하여 그 안에서만 바람직한 행동을 발전시키는 것에 불과한 치료가 되고 말 것이다. 성범죄자 치료프로그램의 일차적 목적이 재범의 방지라면 행동치료 프로그램에서 제공되는 치료의 효과가 치료실 내에서뿐 아니라 일상생활, 나아가 출소 후의 일상생활에까지 강한 영향을 미치는 것이어야 한다. 이에 본 행동치료 프로그램은 자신의 행동을 모니터하고, 회기 내에서 배운 기법을 지속적으로 실시하며, 그에 대한 기록을 통해 재차 프로그램을 수정하고 적용하는 등의 협력적 관계를 유지한다. 또한 이를 위해 과제를 부과하는 것이 일반적이다.

(4) 철저히 개별화된 적용

모든 사람은 각기 다른 강화물에 반응한다. 일탈된 성적 취향 역시 사람마다 다르고, 강화를 얻어 온 역사가 사람마다 다르며, 혐오적인 자극 역시 사람마다 다를 수 있다. 따라서 본 행동치료 프로그램은 기본적인 원리는 비슷하지만 실제 적용은 철저하게 개별화되어 진행되어야 한다. 심리교육적 회기에서는 공통된 내용을 집단으로 설명할 수 있지만, 자신의 문제를 설명하고 그것을 수정하는 단계에서는 개인치료와 유사할 정도로 개별화를 시키는 것이 필요하다. 또한 자위 재조건화나 혐오치료에서 언급될 수 있는 성적으로 자극적인 내용들은 다른 사람에게 전염될 수도 있고, 또한 자극적인 환상을 찾기 위해 다른 사람의 생각이나 표현을 의식적으로 활용하고자 하는 의도를 가질 수도 있으므로, 적용단계에서의 내용은 집단으로 공유하기보다 개별화시켜 적용하는 것이 필요하다.

(5) 다양한 감각적 자극의 활용

행동치료 프로그램에서는 다양한 자극을 활용한다. 일탈적인 성적 환상을 자극하기 위해서 청각적, 시각적 자료를 활용할 뿐 아니라 스스로 촉각적인 자극을 주도록 한다. 또한 혐오적인 자극을 주기 위해 시각적, 청각적 자극뿐 아니라 후각적 자극도 활용한다. 경우에 따라서는 미각적인 자극도 활용될 수 있다. 따라서 오감을 골고루 활용하여 바람직한 행동은 증가시키고 바람직하지 않은 행동은 감소시킨다는 점에서 다양한 감각적 자극을 활용하는 것이 필요하다. 치료자는 필요에 따라 녹음을 하거나 이를 편집하는 기술, 사진이나 동영상을 제어하는 기술, 간단한 기계장치를 다루는 기술을 익히거나 주변 사람을 통해 활용할 수 있어야 한다.

2) 성범죄자 행동치료의 목표와 대상자

(1) 목표

성범죄자들에 대한 행동치료는 다양한 목표를 가질 수 있으나 크게 나누어 본다면 두 가지의 목표로 정리할 수 있다. 하나는 일탈적인 성 취향에 대한 교정을 위한 것이고, 다른 하나는 사회적인 기술과 인간관계 기술 등을 습득하는 것이다.

(2) 대상자

행동치료를 실시할 대상자를 선정하는 기준은 중요한 요소 중 하나이다. 프로그램의 진행자 입장에서는 행동치료를 통해 무엇을 얻고자 하는가라는 목표에 따라 대상자를 선정해야 하고, 대상자 입장에서는 행동치료를 통해 무엇을 얻을 수 있는가에 대한 욕구에 맞아야 이 프로그램에 참여할 수 있는 것이다. 행동치료 프로그램은 일탈된 성적 취향을 수정하는 것이므로 대상자 역시 일탈된 성적 취향을 가진 사람이어야 한다. 이를 기초로 대상자 선정 기준을 열거하면 다음과 같다.

- 성범죄를 저지른 후 수용시설에 수감된 사람
- 다른 기본적인 치료프로그램을 수강 중인 사람 또는 수강한 사람
- 성적으로 일탈된 취향을 가지고 있다고 판단되는 사람
- 자신의 성적 일탈을 인정하는 사람
- 성적 일탈에 대해 변화를 원하는 사람

대상자가 성적으로 일탈된 취향을 가지고 있음을 판단하는 사람은 전문가이다. 치료자는 치료자 회의 등을 통해서 행동치료 프로그램 적용을 추천할 수 있다. 마지막 두 가지의 기준은 성적 일탈에 대한 인정과 그 변화를 원

하는 것으로 대상자들의 동기수준과 관련이 있다. 이는 행동치료에서 사용되는 기법들이 대상자들의 적극적인 참여를 요구하는 것이기 때문이다. 따라서 기본프로그램을 통해 외적인 동기가 내적인 동기로[새로운 나(new me)에 대한 욕구] 바뀐 상태여야 이 프로그램에 참여하여 각종 절차를 밟아나가는 것이 가능하다.

3) 성범죄자 행동치료의 기법

앞서 간단하게 개관한 것과 같은 행동치료의 다양한 기법이 성범죄자 심리치료에서 활용될 수 있다. 대표적인 행동치료 기법에 대해 살펴보면 다음과 같다. 최근의 행동치료 적용에 대한 문헌을 살펴보면 다음과 같은 요소들이 활용되고 있다(Marshall et al., 2008; Marshall et al., 2011). 이러한 기법들 중 현장에서 자주 사용되는 것들이자 본 프로그램에서 주로 활용될 기법들의 실시 방법을 차례로 살펴보고자 한다(Marshall et al., 2012).

(1) 일반적인 성반응에 대한 학습

이 프로그램의 대상자들은 대개 일탈된 성적 취향을 가지고 있을 뿐 아니라 일반적인 성반응에 대하여 잘 모르는 경우가 많다. 청소년기부터 일탈적인 자극을 탐닉하고 그에 노출된 경우 제대로 학습을 하지 못한 경우가 많고, 설사 일반적인 성반응을 학습했다 할지라도 일탈적인 성적 경험을 하는 동안 그 기준이 흔들려서 잘 기억하지 못하게 되곤 한다. 따라서 일반적인 성반응에 대해 알려주고, 일탈적인 성적 자극이 왜 쾌감을 주는지, 그리고 왜 그것이 잘 없어지지 않고 쉽게 재발하는지에 대한 학습이 필요하다.

이러한 부분을 이해하기 위해서는 성반응 주기와 '학습이론'에서의 학습, 소거, 자발적 회복과 같은 개념들을 아는 것이 필요하다. 남성의 성반응은 흥분기, 고조기, 절정기, 해소기의 네 단계를 거치게 되어 있는데([그림 7-1]),

적절한 성적 흥분이 지속되지 않으면 다음 단계로 진행되지 않거나 다른 자극을 찾게 된다. 여기에서 성적 흥분과 절정기에 사정과 함께 경험하는 오르가슴의 체험은 강한 쾌감을 주게 되는데, 이것이 바로 학습이론에서의 강화이다. 어떤 행동이 나에게 즐거움이나 바람직한 결과를 초래하면 그 행동의 빈도는 증가하게 되는데, 일탈된 성적 취향을 가진 사람의 경우는 일반적이고 정상적인 성적 자극이 아닌 일탈적인 성적 자극에 의해 쾌감을 경험하게 되고, 이 쾌감은 일탈적인 성적 자극에 대한 추구의 빈도를 점차 증가시키게 되는 것이다. Skinner의 조작적 조건화가 바로 이러한 원리를 이야기하는 것이다.

반면, 자신의 행동이 원하는 결과와 관계가 없으면 그 행동은 소거된다. 자신이 했던 행동이 원하지 않는 결과를 초래하면 그 행동은 '처벌'에 의해 감소하게 된다. 소거나 처벌은 행동의 빈도를 감소시키기 위해 사용되며 일상적인 상황에서는 처벌보다는 소거를 통한 행동의 감소가 보다 권장된다. 왜냐하면 처벌은 특정 행동뿐 아니라 일반적인 행동 자체를 감소시키거나 분노, 불안과 같은 정서반응을 유발할 가능성이 있기 때문이다. 다음에 소개되는

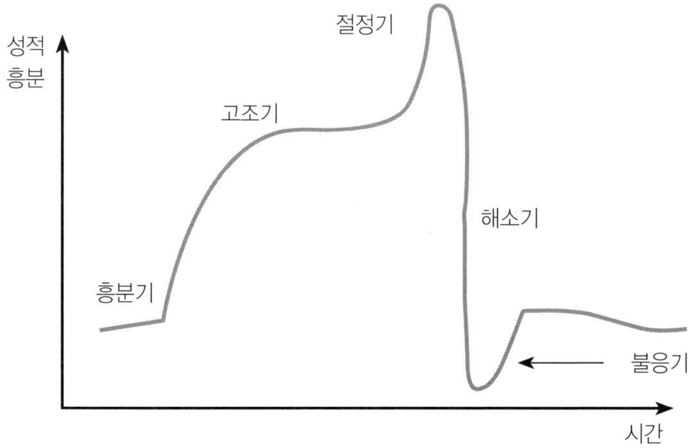

[그림 7-1] 남성의 성반응 주기

다양한 치료기법들은 이러한 소거나 처벌의 원리를 이용하는 것이다.

한편, 미리 알고 참고해야 할 것은 처벌이나 소거가 된 자극도 일정 시간이 지나고 나면 다시 나타날 수 있다는 사실이다. 이는 '자발적 회복'이라고 한다. 자발적이라는 것은 다른 강화가 없이도 소거나 처벌된 행동이 불쑥 나타나는 것을 의미하는 것으로, 성범죄자의 경우 치료가 잘 되었다 할지라도 재범의 유혹을 느끼거나 범행 당시에 했던 행동을 다시 하고자 하는 욕구가 불쑥 생겨날 수 있다. 특히 관계에서의 실패나 많은 스트레스 상황에서 이러한 욕구가 다시 나타날 수 있고, 이것은 치료의 실패라고만 말할 수는 없다. 따라서 치료와 더불어 이러한 가능성이 항상 존재함을 강조하고, 재발방지적 접근을 함께 제공해야 한다. 때로 어떤 성범죄자들은 이러한 상황에서 자신의 행동을 통제하는 것을 포기하고 '될대로 되라'는 심정으로 오히려 더 심한 범죄로 자신을 던져버리는 경우가 있다. 이를 방지하기 위해서도 이러한 일이 정상적으로 나타날 수 있다는 것을 미리 알려줄 필요가 있다.

(2) 자위 재조건화

일탈된 성적 취향이 있는 사람들은 앞서 설명한 일반적인 과정을 경험하기보다 일탈된 자극에 의해 흥분을 경험하고 그것이 강화된 경험이 있다. 이들의 일탈된 자극과 쾌감의 연결을 약화시키고 바람직한 자극, 일반적인 자극과 쾌감을 연결시키는 것을 **자위 재조건화**라 한다.

이를 위해서 핵심적으로 필요한 절차는 자위를 하는 동안 일반적인(합법적인, 일탈되지 않은, 보통의 등등 어떤 단어를 사용해도 좋다) 자극(상상, 이미지, 영화클립 등)을 통해 흥분을 경험하고 절정기를 지나 사정에 다다르고 쾌감을 경험하는 것이다. 그러나 일탈된 성적 취향이 있는 사람의 문제는 일반적인 자극으로 절정까지 다다르지 못한다는 것이다. 따라서 초반에는 다음과 같은 절차를 취한다. 우선 일반적인 자극으로 성적 흥분을 시도해 보되, 잘 흥분되지 않으면 본인이 가지고 있는 일탈된 상상을 통해 성적 흥분을 경험하도록 한다. 이는 비유하자면 나무를 태우기 위해 휘발유를 잠시 붓는 것과 같다. 흥분이 되고 발기가 진행되면 일반적인 상상으로 상상의 내용을 바꾼다. 초반에는 이렇게 하면 다시 발기가 풀리고 성적 흥분이 사라지곤 한다. 그러면 다시 일탈적인 상상의 휘발유를 붓는다. 이를 반복하면서 조금씩 흥분이 상승하도록 노력한다.

가장 중요한 시점은 사정을 하기 직전이다. 비록 일탈적인 상상을 통해 절정에 가까이 다다르더라도 절정기에 사정을 할 때 즈음에는 일반적인 상상을 '해야만' 한다. 이것의 목표는 일반적인 상상이 사정의 쾌감을 통해 강화가 되도록 하는 것이다. 따라서 미리 상상의 내용을 바꿀 수 있으면 좋지만 혹시 일탈적 상상을 계속하여 쾌감을 상승시켰다 할지라도, 본인이 사정을 하게 될 것이라는 것을 알게 되는 순간 그 상상의 내용을 일반적인 것으로 바꾸어야 한다. 이러한 전환의 과정은 쾌감을 다소 감소시킬 수 있다. 따라서 이러한 치료방법들은 대상자들의 동기와 협조가 매우 중요하다. 매 회기 어려움이 없는지를 확인하는 작업에서 이러한 어려움이 있음을 예상하고, 공감하며 진행하는 것이 이들의 노력을 유지시킬 수 있는 방법이다.

어떤 대상자의 경우는 자위를 하지 않는다고 말하며 이러한 기법의 활용을 거부하기도 한다. 이러한 경우, 억지로 자위를 숙제로 내 줄 필요는 없고, 단지 '언젠가' 자위를 하게 된다면 이렇게 하라고 제안한 후 설명을 진행한다. 이 방법은 대상자들이 충분히 그 논리를 이해하고 그것을 통해 자신을 변화시키겠다는 의지가 있어야 가능하므로, 억지로 내 주는 과제는 거의 효과가 없다.

(3) 자위 포만

남성의 성적 흥분은 흥분기, 고조기, 절정기를 거쳐 해소기로 가게 된다. 해소기는 빠른 속도로 진행되고, 곧 아무런 성적인 자극에도 반응하지 않는 단계로 이어지는데, 이를 불응기(refractory period)라 한다. Marshall은 이 불응기를 활용하여 일탈된 성적 자극과 쾌감과의 연결을 소거시키는 치료법을 개발하였는데, 이를 **자위 포만**(masturbation satiation)이라 한다(Marshall & Lippens, 1977).

자위 포만을 실시하는 논리의 핵심은 다음과 같다. 불응기는 사정 직후에 일정시간 동안 성적인 자극에도 불구하고 아무런 흥분이 느껴지지 않는 시기이므로, 이 시간 동안은 일탈적인 자극에 대한 상상을 해도 성적 흥분이 느껴지지 않게 된다. 따라서 이 불응기 동안은 일탈적인 상상을 아무리 적극적으로 하여도 성적인 쾌감을 느낄 수 없다는 것이 일탈적인 상상에 대한 소거로 이어진다는 것이다.

자위 포만을 실시하기 위해서는 자위를 하고 사정을 한 후 10분 정도의 시간 동안 기존에 자신이 가지고 있던 일탈적인 생각을 하도록 한다. 이때는 일탈적인 생각이 아무런 쾌감을 불러일으키지 않기 때문에 일탈적인 생각과 쾌감 사이의 관계는 점차 약화되고 일탈적인 생각이 가지고 있던 강화 효과가 사라지면서 점차 소거되는 것이다. Marshall 등(2013)은 포만 치료법을 6주 정도 실시하면 일탈적 상상의 빈도나 기간, 강도가 현저하게 감소할 것이라고 설명한다.

자위 재조건화와 자위 포만은 함께 활용할 수 있다. 자위의 전반부에는 자위 재조건화를 실시하고, 자위의 후반부에는 자위 포만을 사용하게 되면 일반적인 성적 자극에 대한 강화는 반복되고 일탈적인 성적 자극에 대한 소거가 진행되어 한 번에 두 가지의 효과를 볼 수 있기 때문이다.

(4) 혐오기법

혐오기법은 소거보다는 처벌의 방법을 활용하는 것이다. 자위 포만이 일탈적 성적 자극에 대한 무반응이 연결되는 것이라면, 혐오기법은 일탈적 성적 자극에 대해 불쾌한 자극이 연결되는 것이다. 불쾌한 자극은 오감을 모두 활용할 수 있으나 대개 후각, 청각, 시각이 더 많이 활용된다. 알코올중독과 같은 경우는 미각도 많이 활용되고, 전반적으로 촉각도 활용되지만 성범죄의 경우 이 두 가지는 많이 활용되지 않는다.

청각적인 자극은 대상자들이 범죄에 대한 상상을 할 수 있도록 녹음된 소리를 듣는 것으로 시작한다. 자신의 재범 또는 일탈적인 상상을 구체적으로 이야기하도록 한 후 이를 녹음하여 듣도록 한다. 그리고 대상자가 상상과 함께 성적 흥분이 느껴지는 일정한 시점에 불쾌한 자극을 듣도록 하여 일탈적인 상상과 불쾌함이 짝지어지도록 하는 것이다. 불쾌한 자극의 예는 깜짝 놀라도록 하는 큰 소리, 경찰차의 사이렌 소리, 체포할 때의 경찰관 소리, 주변 사람들이 욕하는 소리, 교도소 특유의 철창 소리 등이다. 재범 또는 일탈된 상상을 하던 도중에 들리는 이러한 소리는 상상을 갑자기 중단하게 만들고 일탈적인 상상이 끔찍한 결과를 낳는 것과 연결되도록 하는 역할을 한다.

시각적인 자극도 이와 유사한데, 대상자들의 욕구를 자극하는 사진이나 동영상을 제공하고 성적 흥분이 느껴질 만한 시점에 경찰관, 교도소, 법정 등 그 결과를 보여 주는 사진이 갑자기 제시되는 것이다. 시각적인 자극은 초반에는 효과가 좋은 것처럼 보이지만 매우 구체적인 자극이 제시되기 때문에 대상자의 상상과 다를 경우에는 오히려 그 효과가 반감된다는 단점이 있다.

후각적인 자극은 암모니아를 활용하는 방법과 다른 불쾌한 냄새를 활용하는 방법이 있다. 암모니아는 주로 노출증 환자에게 자주 쓰이는 것으로 알려져 있다(Ball & Seghorn, 1999; Maletzky, 1991; Marshall, Eccles, & Barbaree, 1991). 청각이나 시각과 마찬가지로 일탈적인 성적 상상을 하도록 한 후, 그 상상이 진행되고 있는 상태에서 암모니아 냄새를 들이마시게 하는 것인데, 들이마시는 방법은 청각에서와 같이 타인이나 기계에 의해 제공되어 불시에 나타나는 것과 본인이 암모니아가 든 병의 뚜껑을 열어 그 냄새를 맡는 방법이 있다. 암모니아는 냄새가 아니라 통증이므로(Marshall, 2012), 효과가 즉각적일 뿐 아니라 반복적으로 제시하여도 습관화가 일어나지 않는다는 장점이 있다. 반면, 너무 강한 냄새를 맡을 경우 그 고통이 심하여 다시 실시하기에 저항이 따를 수 있다는 단점이 있다. 불쾌한 냄새를 사용하는 방법으로는 멀캅토에탄올이나 썩은 생선 등을 활용하는 방법이 있는데, 이 역시 암모니아와 비슷한 효과를 갖지만 대상자의 후각체계가 냄새에 습관화를 일으키면 그 효과가 처음만큼 크지 않다는 단점이 있다. 그런 경우 몇 가지의 냄새를 준비하여 교대로 활용하여야 한다.

(5) 혐오적 행동 시연

혐오적 행동 시연(aversive behavioral rehearsal)에서 참여자는 다른 집단 구성원 앞에서 자신의 성범행을 역할극으로 시연하고, 종종 시연 장면을 녹화하여 이를 재생하여 살펴보면서 생각과 느낌을 이야기하는 것이다. 이러한 혐오적 시연 과정은 참여자가 자신의 성범죄 행동을 객관화하여 바라보도록 함으로써 치료적 효과를 거둔다.

(6) 최소 각성 조건화

최소 각성 조건화(minimal arousal conditioning)는 내현적 민감화 과정과 비슷하지만, 참여자가 성적으로 흥분을 일으키는 생각과 행동에 접어드는 초기 단계에서 개입하여 참여자의 일탈적 각성을 최소화하는 차이점이 있다. 초기 단계의 개입은 실제 상황에서도 참여자가 성적 각성이 높은 수준으로 진행되기 전에 조건화된 반응을 통해 좀 더 쉽게 각성을 조절하는 노력을 수행할 수 있도록 도와줄 수 있다는 장점이 있다.

제8장

재발 방지 및 긍정심리학적 접근

1. 재발 방지 모델

1) 주요 개념

(1) 재발 방지 모델이란

재발 방지 모델은 재발의 위험성이 높은 요소를 찾아내어 이를 적극적으로 방지함을 통해 재범행을 막는다는 기본 틀을 가지고 있다. Marques, Day와 Nelson(1992)은 재발 방지 모델을 성범죄자에게 적용하면서 잠재적인 재발 과정에서 맞게 될 문제들을 예측하고 대처하는 것을 주 목적으로 하는 모델을 발전시켰다.

(2) 초기 재발 방지 모델

재발 방지 모델은 처음에는 약물중독 등에서 치료 후의 유지 프로그램으로 고안되었다(Marlatt & Gordon, 1985; Laws & Ward, 2006). 그러나 성범죄자를 대상으로 이 모델을 적용하면서 치료프로그램이자 유지 프로그램으로 모두 사용되었다. 약물중독자의 경우 퇴원 후, 성범죄자의 경우 출소 후 지역사회에 살기 시작하면서 부적응적인 행동(약물, 성범죄)으로부터 자신의 행동을 조절하고자 하는 것이 **'절제**(abstinence)' 상태이다. 절제 상태는 대개 초기의 결심에 의해 어느 정도 지속된다. 그러나 본래의 중독적인 행동으로 되돌아가고 싶은 욕구를 참지 못하고 조금씩 타협을 하게 되면 언뜻 보기에 중요하지 않고 **'사소해 보이는 결정**(Seemingly Unimportant Decision: SUD)'들에서 오류가 생기기 시작한다. 이전에는 보지 않았던 음란물을 낮은 수위이니까 괜찮다고 생각하면 조금씩 보거나, 범죄를 저질렀던 곳과 유사한 장소를 방문하게 되는 일이다. 처음에는 범죄와 관련이 없어 보이는 단순한 일이어서 재범과 상관없는 사소한 일이라고 생각하거나 합리화를 하기 좋지만, 자신의 은밀한 욕구를 조금이라도 채우는 느낌이 생기는 것이 문제의 시작이다. 한 번 약간의 타협을 하게 되면 그 이후 실수를 할 가능성이 높아진다. **'실수**(lapse)'라 함은 부적응적인 대처를 통해 문제 상황을 일으키는 것인데, 대개 심한 스트레스나 대인관계 문제 등 정서조절이 어려운 상황에서 실수가 나타난다. 실수는 그동안의 절제 상태를 망치는 다양한 결과를 초래한다. 이를 **'절제 침해 효과**(Abstinence Violation Effect: AVE)'라 한다. 자신의 실수에 대해 스스로를 비하하거나, 이제는 틀렸다는 생각, 어차피 망가진 것이니 막 나가자는 생각, 조급한 마음들이 섞여 오히려 자기조절이 더 어려워지고, 결국 통제를 놓쳐 버리는 **'재발**(relapse)' 상황으로 이어지고 마는 것이다. 따라서 최선을 다해 노력하던 절제는 사소한 순간의 실수로 인해 위태로운 상황이 되다가 실수를 범하면서 무너져서 결국 재범의 상태로 가게 된다는 것이다. 따라서 이 모델에서는 사소한 결정들에 담겨 있는 조절 실패나, 실수를 일으키는 고위험 상황을 미리 발견하고 그에 대한 대안을 마련하는 것을 주된 개입으로 삼는다.

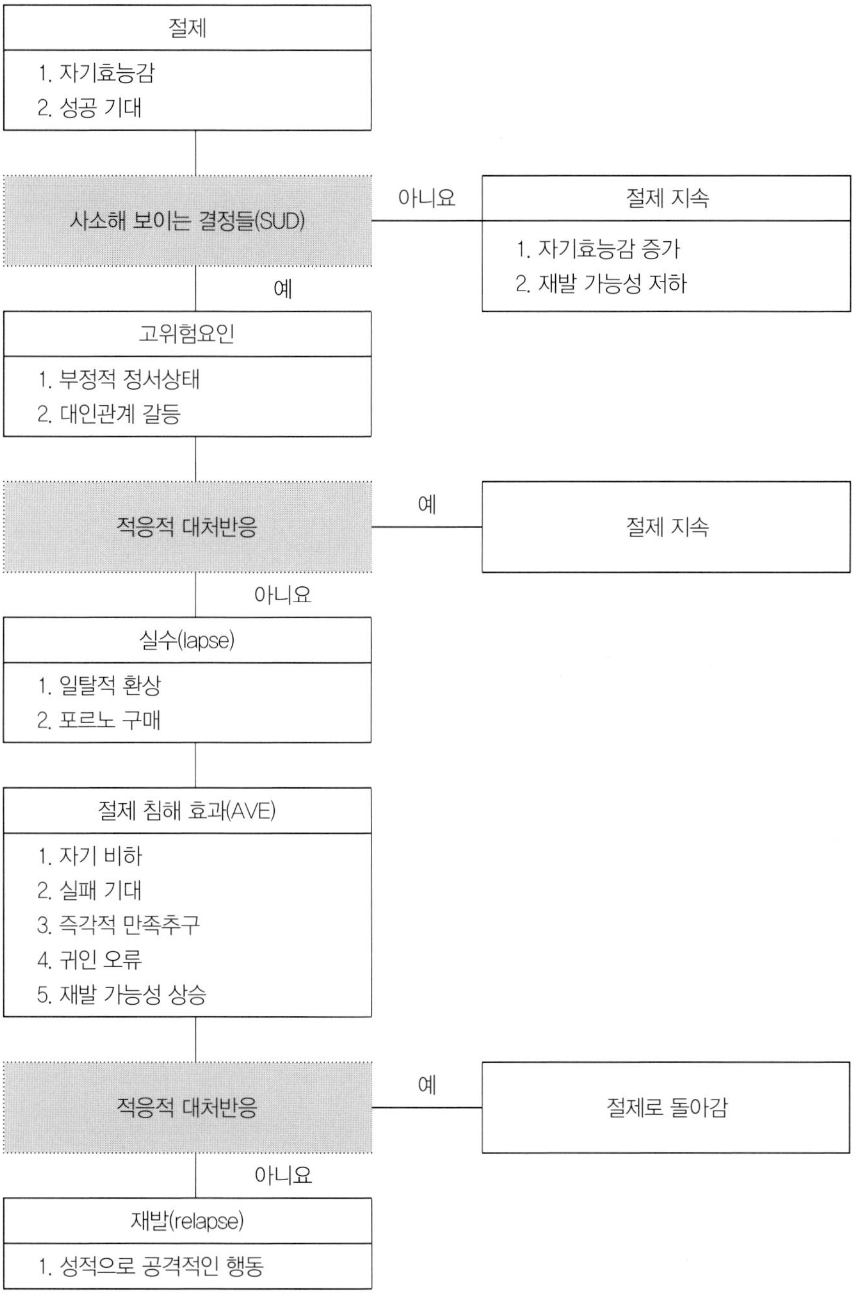

[그림 8-1] 초기의 재발 방지 모델(Marques, Day, & Nelson, 1992)

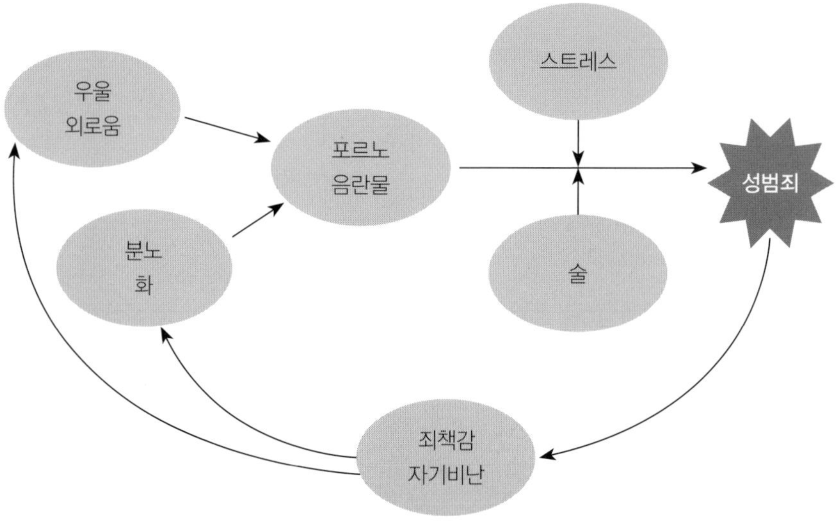

[그림 8-2] 순환모형을 응용하여 집단치료 장면에서 소개하기 쉽게 만든 단순화된 재발 모형

앞서 제3장에서 소개한 Wolf의 순환모델 역시 재발 방지 모델과 유사한 점이 있다. 따라서 집단치료, 특히 청소년을 대상으로 한 장면에서는 순환모델을 단순화한 그림으로 표현하여 자신의 문제를 살펴보고 적용할 수 있도록 하는 경우도 많다. 각각의 요소들에 대한 설명과 그 대처방법에 대한 교육을 통해 자신의 취약점을 점검하고 미래의 재발에 대해 대비할 수 있도록 해 준다.

(3) 수정된 재발 방지 모델

Laws와 Ward(2006)는 이 모델이 다양한 상황을 너무 단순화시켜 적용하였을 뿐 아니라 성범죄자들의 동기를 '행동을 끊고 싶어 하는' 것으로 가정하고 있다는 점을 지적하였다. 무엇인가를 '하지 않고자 하는 목표'를 **회피적인 목표**라 하고, 무엇인가를 '하고자 하는 목표'를 **접근적인 목표**라 한다. 성범죄자가 회피적인 목표(avoidance goal)를 가진 경우, 즉 목표가 성폭력을 하지 않고자 하나 그 결심을 지키지 못하는 경우는 자기조절의 실패가 성범죄로 나타난다. 하지만 접근적인 목표(approach goal)를 가진 경우, 즉 목표가 성폭력을 저지르는 경우에는 성공적인 자기조절을 통해 목표를 잘 수행하면 오히려 성범죄가 발생하게 되는 것이다. 즉, 조절 실패의 문제와 목표 선택의 문제가 다름을 지적한 것이다. 따라서 이들은 [그림 8-3]과 같이 재발 방지 모델을 수정하였다.

1단계는 '절제'된 상태에서 생활사건들이 일어나는 것이다. 생활사건들은 2단계의 공격적인 성행동이나 부적응적인 행위, 감정들을 불러일으키고 3단계로 이어지면서 공격과 관련된 목표를 세우게 된다. 여기에서 회피적 목표인가 접근적 목표인가는 그가 어느 것을 더 좋은 것으로 여기는가와 연관된다. 4단계에서는 전략을 선택하게 되는데, 회피-소극의 경로를 선택하는 사람은 성폭력을 저지르지 않고자 하나 통제를 실패하게 되는 사람으로, 스트레스나 문제에 대한 효과적 대처법이 부족한 사람이다. 회피-적극(또는 조절실패)의 경로를 선택하는 사람은 성폭력을 저지르지 않으려고 적극적인 시도를 하지만 결과적으로 통제에 실패하는 사람으로, 비효율적인 대처를 선택함으로서 오히려 스스로를 통제하지 못하는 경우이다. 접근-자동적의 경로를 선택하는 사람은 성폭력으로 이어지는 행동각본(script)을 가진 사람으로 특정한 상황에서 충동적으로 통제를 상실하는 사람이다. 회피-소극적인 사람과 다른 점은 성폭력에 대한 긍정적인 태도와 욕구를 가지고 있다는 점이다. 마지막으로 접근-외현적의 경로를 선택하는 사람은 의식적이고 명백하며 잘 짜여진 전략을 가지고 성폭력을 시도하고 성공 시에 오히려 긍정적인 감정을 느끼는 사람이라 하겠다. 5단계에서는 고위험의 상황에 들어가게 되고 6단계에서는 행동을 시도하게 된다. 점차 통제는 포기하게 되고 성적 만족에 대한 욕구가 강해지는 시점이다. 7단계에서 성폭력을 저지르게 되고 8단계에서는 자신의 행동을 돌아본다. 그 결과에 따라 마지막 9단계에서는 다음에는 성폭력을 저지르지 않아야겠다고 결심하거나 다음에는 더욱 정교한 틀에 따라 성폭력을 저지르겠다고 결심하는 등의 태도를 형성하게 된다.

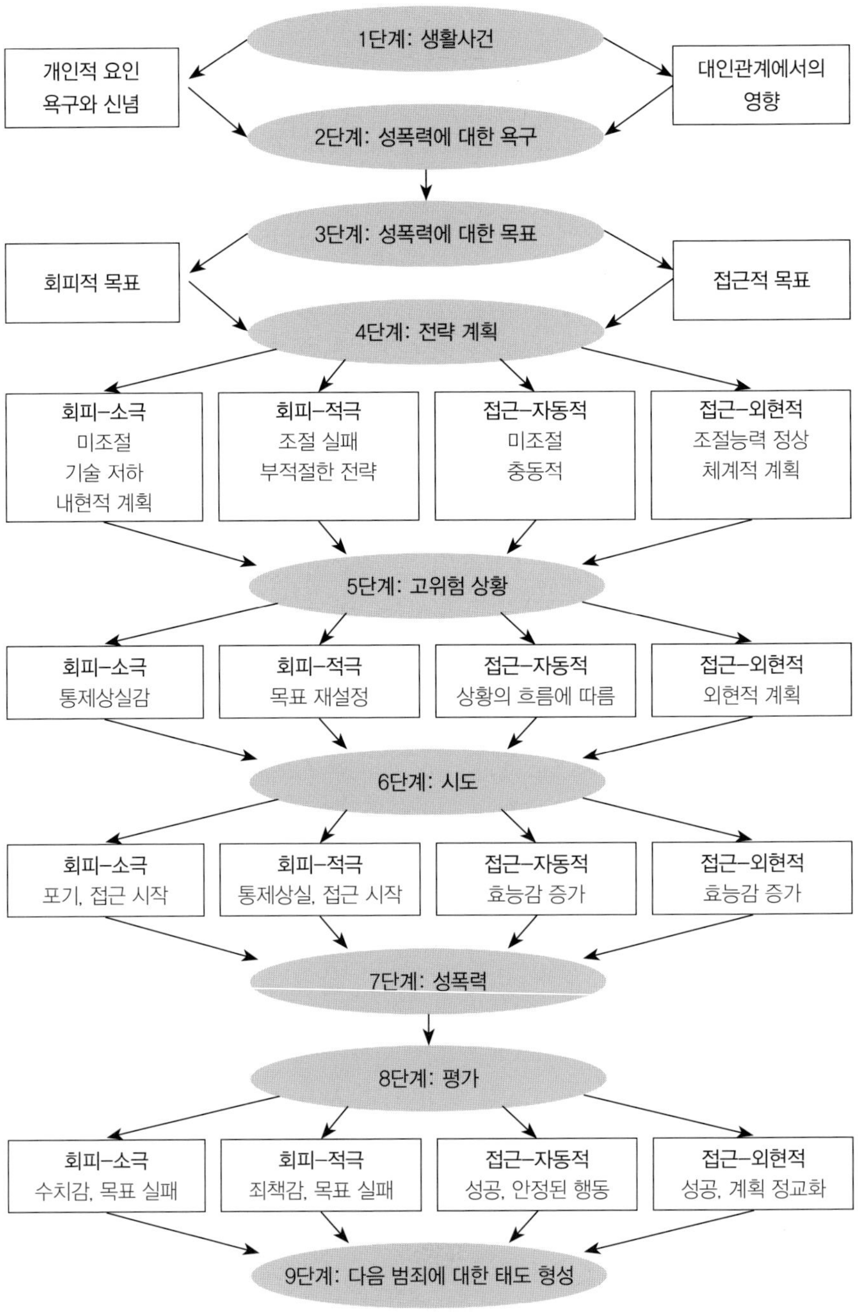

[그림 8-3] 수정된 재발 방지 모델(Laws & Ward, 2006)

2. 긍정심리학적 접근

1) 좋은 삶 모델

21세기에 들어서면서 긍정심리학은 다양한 치료의 영역에서 활용되었다. 사실, 긍정적인 부분을 통해 어려움을 극복하는 모델은 긍정심리학이라는 용어가 생기기 이전부터 치료적으로 활용되었고, 성범죄자를 치료하는 전문가들도 나름대로 긍정적인 요소를 강화하는 개입을 시행해 왔다. 그런데 본격적으로 긍정심리학이 활용되면서 이에 대한 관심이 높아졌고, 성범죄자 심리치료에서도 '좋은 삶 모델(Good Lives Model: GLM)'이라는 용어를 통해 긍정심리학의 철학과 구체적인 적용법들이 소개되기 시작하였다(Ward & Hudson, 1998; Ward & Gannon, 2006).

(1) 좋은 삶 모델의 원리

좋은 삶 모델(Ward & Gannon, 2006; Ward & Stewart, 2003)은 인간이 기본적으로 삶에서 추구하는 가치(덕목, virtue)가 있다는 가정에서 출발한다. 인간이 범죄를 저지르는 것은 본질적으로 악해서라기보다 자신이 원하는 **일차적 덕목**(primary human goods)을 얻기 위한 **이차적 덕목**(secondary human goods) 또는 도구적 덕목(instrumental goods)을 잘못 선택했기 때문이다. 일차적 덕목은 삶에서 행복을 얻을 수 있는 근본적인 덕목이지만 사람들이 평상시에 쉽게 떠올리지는 못하는 추상적인 상위개념이다. 예를 들면, 삶과 생존, 지식, 유능성, 자주성, 평화, 관계, 공동체성, 영성, 행복, 창조성과 같은 것이다. 이차적 덕목은 이러한 것을 얻을 수 있는 활동이나 방법이다. 예를 들면, 돈을 소유하는 것이나 성관계를 갖는 것이다. 어린 시절에 돈이 없어서 부모의 다툼을 보며 늘 불안해했던 사람이 마음의 평화를 얻기 위해 돈에 집착을 한다든가, 외로움을 벗어나 다른 사람들과 의미 있는 관계를 얻고 싶은 사람이 성행위에 빠져서 불법적인 행동을 하는 등의 행동은 자신이 궁극적으로 얻고 싶었던 일차적 덕목을 적절히 추구하지 못하고 잘못된 도구인 이차적 덕목을 선택하였기 때문인 것이다. 따라서 좋은 삶 모델에서는 자신에게 중요한 일차적 덕목이 무엇인지를 확인하고, 일차적 덕목을 얻지 못하게 하는 장애요소를 해결하거나 이를 얻을 수 있는 적절한 방법을 찾아내어, 각자에게 알맞은 이차적 덕목을 개발하고, 범죄가 아닌 방법으로 자신의 행복을 찾아가는 경로를 찾을 수 있도록 해 준다. 과거의 나(old me)에서 벗어나 새로운 나(new me)를 형성하여 합법적이고도 행복한 생활을 만들어 가도록 하는 것이 궁극적으로 대상자들에게 재범을 불필요하게 만드는 것이다.

좋은 삶 모델의 장점 중 하나는 이것이 실행할 목표를 제시해 주는 **접근적 목표**(approach goal)라는 점이다. 일반적으로 범죄를 저지르지 말라고 하는 부정적인 명령은 무엇인가를 하지 말라는 **회피적 목표**(avoidance goal)에 해당한다. 회피적 목표는 행동을 제한하여 하지 말아야 할 것에 대한 지시는 있지만, 무엇을 해야 할지 그 행위를 무엇으로 대체해야 하는지에 대한 정보가 없어서, 막연한 상태에서 문제를 해결해 나가기 어렵다는 어려움이 있다. 반면, 접근적 목표는 무엇을 할 것인가를 제시한다는 점에서 큰 장점이 있다. 일차적 덕목이 무엇인지 알려주고, 그것을 위한 구체적이고 합법적인 이차적 목표를 설정하고, 그것을 위해 노력함으로써 목표에 접근해 가는 과정은 긍정적이고도 적극적인 문제해결 및 행동의 가능성을 높인다.

좋은 삶 모델에서의 일차적 덕목 및 구체적인 가치를 〈표 8-1〉에 제시하였다. 열 가지 일차적 덕목과 각 덕목에서 중요시하는 가치, 그리고 개인이 그것을 얻기 위해 노력하는 이차적 덕목들이 정리되어 있다.

표 8-1 일차적 덕목과 관련한 개인의 가치

<table>
<tr><th>일차적 덕목</th><th colspan="2">가치지표 예시 및 이차적 덕목</th></tr>
<tr><td rowspan="2">삶과 생존</td><td>정의</td><td>신체적 건강을 챙기는 것
안전하게 살아 있는 것</td></tr>
<tr><td>이차적 덕목</td><td>규칙적인 운동
충분한 영양 섭취
기본적인 건강관리
기본생활(월세 등)을 유지하기 위해 돈을 벌거나 훔침</td></tr>
<tr><td rowspan="2">지식</td><td>정의</td><td>자신이나 타인, 환경 또는 특정한 주제에 대한 지식을 찾는 것</td></tr>
<tr><td>이차적 덕목</td><td>학교, 훈련과정, 자기학습(독서 등), 코칭, 멘토링 등에 참여
자신과 타인을 이해하려고 적극적으로 시도하거나 가르치기
치료나 재활 프로그램 참여
다양한 정보 찾기</td></tr>
<tr><td rowspan="2">일과 놀이에서의 유능성</td><td>정의</td><td>일, 취미, 레저활동 등에서 뛰어나게 잘하고자 노력하는 것</td></tr>
<tr><td>이차적 덕목</td><td>스포츠, 레크리에이션, 악기 다루기, 공예 등 취미활동에 참여
일을 하거나 일자리를 구하려고 노력
성공이나 경력 개발을 위해 노력</td></tr>
<tr><td rowspan="2">자주성</td><td>정의</td><td>독립성과 자주성을 가지고 살아가면서 자신만의 방법을 추구하는 것</td></tr>
<tr><td>이차적 덕목</td><td>스스로의 삶을 개발하고 따르기
자신의 권리를 적극적으로 주장하기, 욕구 표현하기
타인을 통제하고 지배, 타인을 공격하고 조종</td></tr>
<tr><td rowspan="2">내적인 평화</td><td>정의</td><td>정서적 균형을 유지하는 것
감정의 혼란이나 스트레스에서 벗어나는 것</td></tr>
<tr><td>이차적 덕목</td><td>감정을 조절하고 스트레스에서 벗어나기 위해 명상, 술, 마약, 성행위 등을 시도, 참여
충동성 조절 시도</td></tr>
<tr><td rowspan="2">관계</td><td>정의</td><td>파트너, 친구, 가족 등의 관계를 포함하여, 친밀하고 서로 마음이 통한다는 느낌을 갖고 있는 것</td></tr>
<tr><td>이차적 덕목</td><td>사회활동 참여
가족, 친구와 함께 시간 보내기
친밀감 형성 또는 낭만적인 파트너 만들기 시도</td></tr>
</table>

공동체 활동	정의	공통의 관심사나 가치를 소유한 사람들에 소속되어 있거나 팀이라는 느낌을 갖는 것
	이차적 덕목	공동체 활동이나 자원봉사 활동에 참여(사회봉사단체) 소아성애에 찬성하는 집단의 회원 되기 범죄집단 일원이 되어 활동 집단 구성원 간의 응집력에 기여하는 치료활동에 참여
영성	정의	인생의 의미와 목적을 갖는 것 보다 큰 전체로서 무엇인가의 일부가 되는 것
	이차적 덕목	공식적인 종교행사/영적인 행사 참여(교회, 절) 명상/기도와 같은 활동에 참가함 개인의 철학을 성장시키고 실현하기 위해 적극적으로 시도함 환경단체 등 공통의 큰 목표를 성취하기 위한 집단에 참여
행복	정의	행복감과 즐거움을 느끼고 싶은 욕구
	이차적 덕목	만족감, 평온함, 성취감을 얻을 수 있는 활동에 참여함 영화, 놀이기구, 술, 마약, 친구와 돌아다니기 등
창조성	정의	무엇인가를 만들거나, 다르게 해 보거나, 새로운 것을 시도해 보고 싶은 욕구
	이차적 덕목	새로운 또는 기발한 경험에 참여 그림, 사진, 음악 등 예술적이고 창조적인 활동에 참여 판에 박힌 것을 좋아하지 않음

(2) 좋은 삶 모델의 적용

좋은 삶 모델은 단독으로 치료프로그램에 사용될 수도 있지만, 기존의 성범죄자 치료프로그램에 적용하여 함께 사용하기도 한다. Yates와 Ward(2008)가 제안한 기존의 모형과 좋은 삶 모형을 통합한 개입 원리를 소개하면 다음과 같다. 첫째, RNR 원칙에 따른 평가, 자기조절 경로(Self-Regulation Pathway), 일차적 덕목과 이차적 덕목, 각 덕목들과 자신의 성범죄와의 관련성, 개인별 치료 요인들을 고려하여 개입한다. 둘째, 대상자의 위험 수준(정적, 역동적)에 따라 치료의 강도를 조절한다. 셋째, 반응성 원칙에 따라 대상자들의 치료 효과가 커질 수 있도록 융통성 있게 개입한다. 넷째, 좋은 삶 모델에 따라 접근적 목표, 행복 및 자기-조절, 위험 관리 등을 포함한 내용을 구성한다. 다섯째, 기존의 중요한 위험요인인 일탈된 성적 흥미, 친밀감 결핍, 일반적 자기조절, 성적 자기조절 등을 치료 목표로 삼는다. 여섯째, 자기조절 경로 양식을 참고하여 각기 다른 개입을 시도한다. 일곱째, 자기 삶의 중요한 욕구들을 얻을 수 있도록 기술을 개발하고, 장애물을 제거하는 등의 도움을 준다. 〈표 8-2〉를 참고하면 기존의 RNR 모형의 치료 요소가 관점에 따라 좋은 삶 모델에서도 유사하게 적용될 수 있음을 보여 준다(Willis, Prescott & Yates, 2013).

표 8-2 RNR 치료 요소들과 연결된 GLM 구성개념/일반적인 삶의 목표

RNR 치료 요소	GLM 구성개념 / 일반적인 삶의 목표
자서전	좋은 삶 계획(과거와 현재)
가해 과정	지식, 좋은 삶 계획(과거와 현재)
인지/문제해결	지식, 개인의 선택과 독립성, 내적 평가, 관계성과 우정
관계성/친밀감 결핍	관계성과 우정: 지역사회
성적 자기조절	행복감, 내적 평화, 관계성과 우정
일반적인 자기조절	내적 평화, 개인의 선택과 독립성
정서조절	내적 평화, 개인의 선택과 독립성
재발 방지 계획	통합된 좋은 삶/자기조절/위험 관리 계획(현재와 미래 지향적)

프로그램의 일부를 좋은 삶 모델로 대체 적용한 예로는 영국의 N-SOGP (the Northumbria Sex Offender Groupwork Program)가 있다. 영국의 12개 보호관찰소에서 이 프로그램을 운영하고 있으며, 180시간 동안 두 단계의 프로그램을 실시한다. 첫 번째 단계에서는 핵심 모듈을 다루고, 두 번째 단계에서는 동기강화, 좋은 삶 계획과 장애물 확인, 적절한 이차 덕목 및 기술 개발, 변화 유지 및 미래 설계 등을 다룬다. 두 번째 단계에서 좋은 삶 모델을 적극적으로 활용한다(Harkins, Flak, Beech, & Woodhams, 2012).

캐나다에서는 강점 기반 접근(strength-based approach)을 보다 적극적

으로 활용한 록우드 심리서비스 프로그램(Rockwood Psychological Services Program: RPS)을 실시하고 있다(Marshall, Marshall, Serran, & O'Brien, 2011). 이들은 긍정심리학의 원리를 개념적 틀로 활용하여, 그 안에 좋은 삶 모델, 동기 면담, 책임감 있는 삶, 접근적 목표 등을 주된 내용으로 포함하고 있다. 이들은 〈표 8-3〉과 같이 3단계의 모델을 구성하여 주요 프로그램을 실시한다.

표 8-3 록우드 심리서비스 주요 프로그램의 단계별 주제

1단계 목표: 참여	2단계 목표: 범죄유발 목표의 변화	3단계 목표: 삶의 증진 및 자기관리
• 치료의 개관 • 비밀유지 서약 • 배경 요인 • 자존감 증진/수치심 감소 • 대처능력 향상/정서 관리 • 공감능력 확장	• 태도와 인지 • 자기조절 관련 문제 • 관계의 문제 • 성적 문제	• 개정된 좋은 삶 모델 • 회피적 전략의 제한 • 지지집단 형성 • 출소 계획하기

우리나라에서도 치료감호소에서 활용되고 있는 핵심 프로그램(송원영, 노일석, 이태준, 2011)을 살펴보면 좋은 삶 모델의 대표적인 방법인 인생의 수레바퀴 기법을 활용한 내용을 소개하고 있다. 여기에서는 아홉 가지의 일차적 덕목을 나열하고, 이것을 수레바퀴의 살 모양의 공간에 써 넣은 후 각자에게 중요한 정도에 따라 빗금으로 표시를 한다. 그리고 그것을 이루기 위해 과거에 사용했던 방법과 보다 나은 이차적 덕목을 비교, 대조하며 이야기하는 과정을 통해 자신의 과거 범죄유발요인을 새로운 기술로 대체하는 작업을 실시한다. 이 프로그램에서는 좋은 삶 모델에 대한 계획을 구체적으로 나열하여 실시하고 확인하거나 역할극을 통해 실제 익힐 수 있는 방법 등을 제시하고 있다. 또한 보호관찰 수강명령 프로그램에 좋은 삶 모델을 적용하여 폐쇄형의 기본프로그램과 개방형의 확장프로그램을 만든 사례도 있다(정유희, 2014). 기존의 법률교육, 인지행동치료 모델, 피해자 공감 등의 내용에 인생

의 수레바퀴, 재범에세이, 좋은 삶 계획하기, 도덕적 의사결정 익히기 등의 좋은 삶 모델의 치료요소들을 통합하여 실시한 결과, 우울감, 외로움, 충동성 수준이 개선되고, 정서조절곤란 수준, 문제해결과 관련된 사회적 자아존중감 수준이 향상되고 성을 매개로 한 대처 수준이 감소되는 효과를 확인하였다. 또한 비교집단에 비해 성폭력 재범, 폭력 재범, 전체 재범 영역에서 재범자의 수, 재범횟수가 유의하게 낮은 것으로 나타났으며, 생존분석에서도 집단 간 뚜렷한 차이를 발견하였다(정유희, 2014).

(3) 통합된 자기조절 모델

Yates, Prescott과 Ward(2010)는 좋은 삶 모델을 자기조절 모델과 통합하여 나름대로의 체계를 구성하였다. 이들은 이전의 수정된 자기조절 모델을 다시 10단계로 재조정하고, 각 단계에 좋은 삶 모델을 추가하여 통합하였다. 각 단계와 그에 포함시킨 좋은 삶 모델의 요소들을 살펴보면 다음과 같다.

첫 번째 단계인 범죄 전제조건은 생물학적, 사회적 요인을 말한다. 초기 발달과정에서의 학대 경험과 같이 초기에 경험한 위험성이 향후 삶의 사건들을 성적인 방식으로 대응하기 쉽도록 하는 것들이다.

두 번째 단계인 삶의 사건은 범죄의 시작 단계에서 발생하는 것들로, 다툼이나 실직과 같은 것들이다. 삶의 사건은 누구에게나 일어나는 불편한 일들이지만 부정적인 경험과 인지도식을 가진 사람들은 그에 대한 부정적인 반응 욕구가 생겨나기 쉽다.

세 번째 단계인 삶의 사건에 대한 반응 욕구는 두 번째 단계의 사건에 대한 개인의 독특한 욕구이다. 친밀감을 회복하거나 자신의 가치를 재증명하고 싶은 욕구 등이다. 이 단계에서의 욕구는 성적인 느낌이 있는 욕구일 수 있지만 아닐 수도 있다. 일탈적이거나 공격적일 수도 있지만 아닐 수도 있다. 다만 강한 욕구는 이후의 범죄과정에서의 취약요인이 된다.

네 번째 단계인 목표 수립은 삶의 사건에 대한 반응이 구체적으로 나타나는 것이다. 목표는 적절하고 친사회적인 것일 수도 있고, 범죄적인 것일 수도 있다. 일차 덕목을 얻고자 하는 목표는 동일할 수 있으나, 그것의 이차적 덕목이 범죄에 대한 회피 목표인지 접근 목표인지에 따라 목표수립의 방법이 달라진다. 범죄에 대한 회피 목표를 가진 사람은 범죄를 저지르지 않으려고 하지만, 다른 방법에 대한 기술이나 능력의 부족으로 인해 일차 덕목을 얻지 못한다는 내적 갈등 또는 인지적 부조화를 경험하게 된다. 접근 목표를 가진 사람은 자기조절을 통해 범죄를 이루어 내려는 목표를 가지게 된다.

다섯 번째 단계는 전략의 선택이다. 회피적 목표를 가진 사람은 범죄에 대한 충동을 무시하는 수동적 전략을 선택하거나, 그 상황에서 스스로 벗어난 능동적 전략을 선택할 수 있다. 접근적 목표를 가진 사람은 충동적으로 피해자를 찾는 경우와 계획적으로 목표를 이루기 위해 더 복잡한 전략을 짜는 사람으로 나뉜다.

여섯 번째 단계는 목표성취의 기회이다. 전통적인 재발 방지 모델에서는 고위험상황이라 부르는 단계이다. 접근 목표를 가진 사람의 경우는 성범죄를 저지르는 기회를 포착하는 것이고, 회피 목표를 가진 사람의 경우에는 즉각적 만족에 대한 욕구가 커져서 일차적 덕목을 얻는 합법적 방법을 포기하고, 그 과정에서 정서조절 실패 및 인지적 몰락을 경험한 후 범죄적인 이차적 방법으로써 성범죄를 선택하게 되는 단계에 해당한다. 두 유형 모두 범죄의 기회를 살피는 국면으로 전환된다.

일곱 번째 단계는 범죄 전 행동이다. 범죄를 저지르게 되는 특정한 행동에 몰입하게 되는 시기이다. 범죄를 저지르는 것이 목표가 되어 있으므로 그에 집중하고 피해자에게 접근하는 등 위험성이 증가하는 단계이다.

여덟 번째 단계는 성범죄를 저지르는 단계이다. 성범죄를 저지르는 것은 일차적 덕목을 얻는 단계이다. 접근적 목표를 가진 사람은 그 자체로, 회피적 목표를 가진 사람은 자기조절의 실패를 경험한 후 범죄적인 방식을 통해 일차적 덕목을 얻게 된다.

아홉 번째 단계는 범죄 후 평가와 좋은 삶 계획 조정이다. 성범죄를 저지른 직후 이들은 자신의 행동을 평가하고, 그에 따른 강화와 처벌이 발생하게 된다. 접근적 목표를 가진 사람들은 자신의 목표에 따라 원하는 것을 얻었으므로, 그 자체가 강화가 되고 긍정적인 느낌으로 범행을 지속하게 된다. 회피적 목표를 가진 사람들은 비록 자기조절이 실패로 돌아간 것에 대한 부정적 감정이 있지만, 성적 만족과 부정적 감정의 일시적인 완화라는 두 가지 점에서 강화를 받는다. 또한 범죄를 다시 저지르게 되었지만 그래도 원했던 일차적 덕목을 경험하게 된다. 따라서 자신의 범행에 대해 부분적으로는 긍정적으로 평가하게 된다.

마지막 열 번째 단계는 미래 의도, 계획 조정 또는 개선이다. 상대적으로 긴 기간에 대한 목표를 재정리하는 단계이다. 접근 목표를 가진 경우는 자신의 생각대로 진행한 것이 다시 반복될 것을 예상하며 이번에 쌓은 경험을 활용할 계획을 세운다. 회피 목표를 가진 경우는 자기조절 실패를 후회하며 다시는 범죄를 저지르지 말아야겠다고 재차 결심을 하게 된다. 그러나 이 단계에서 자신의 목표를 바꾸는 사람도 있다. 접근 목표를 가지고 범행을 저질렀으나 이제는 그만두어야겠다고 생각하여 회피 목표로 바꾸거나, 회피 목표를 가지고 있었으나 이를 포기하거나 좋은 삶으로 사는 것을 체념하고 향후 태도를 범죄에 긍정적으로 바꾸는 경우도 있다.

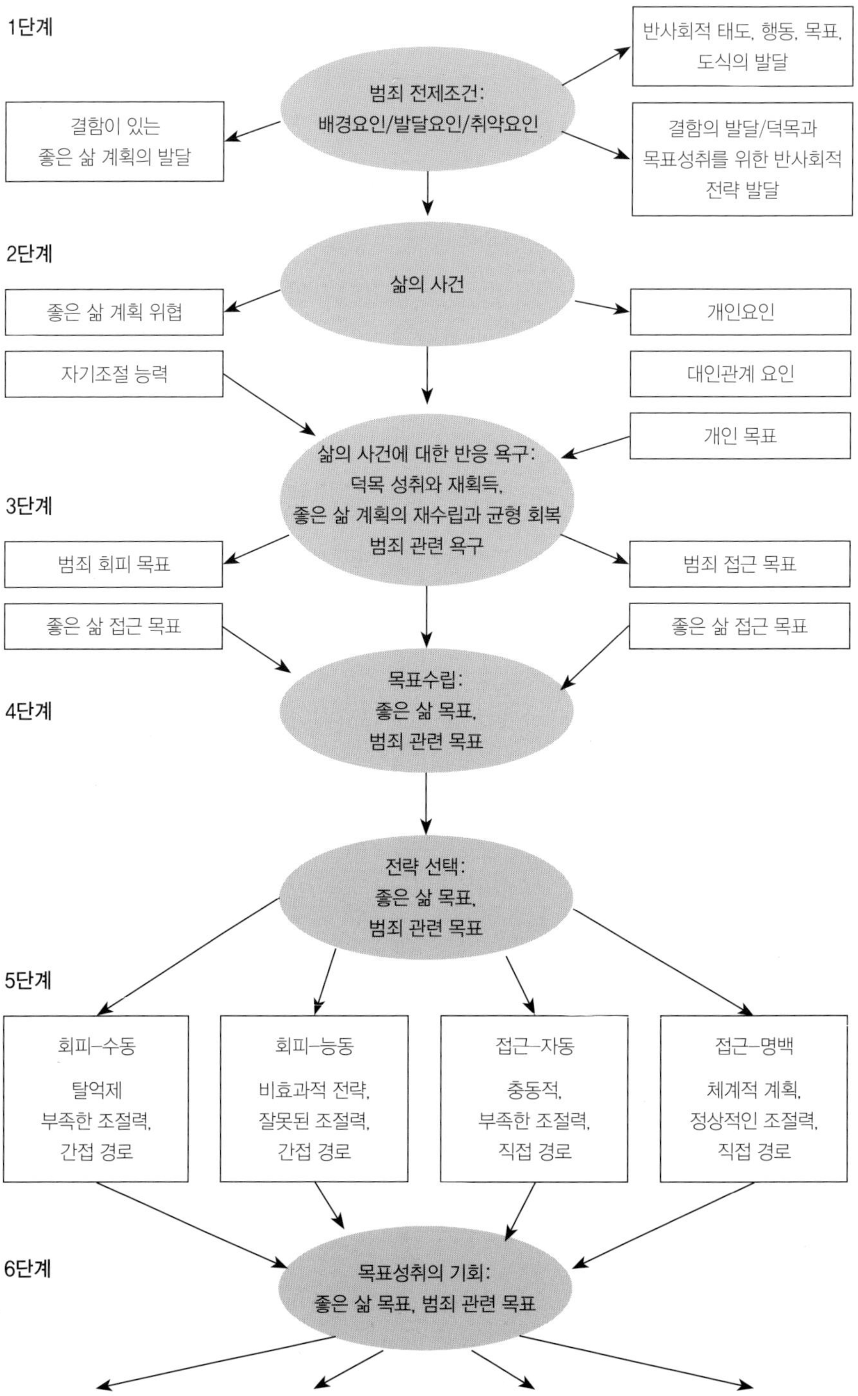
1단계
범죄 전제조건:
배경요인/발달요인/취약요인
결함이 있는
좋은 삶 계획의 발달
반사회적 태도, 행동, 목표,
도식의 발달
결함의 발달/덕목과
목표성취를 위한 반사회적
전략 발달
2단계
삶의 사건
좋은 삶 계획 위협
자기조절 능력
개인요인
대인관계 요인
개인 목표
3단계
삶의 사건에 대한 반응 욕구:
덕목 성취와 재획득,
좋은 삶 계획의 재수립과 균형 회복
범죄 관련 욕구
범죄 회피 목표
좋은 삶 접근 목표
범죄 접근 목표
좋은 삶 접근 목표
4단계
목표수립:
좋은 삶 목표,
범죄 관련 목표
전략 선택:
좋은 삶 목표,
범죄 관련 목표
5단계
회피–수동
탈억제
부족한 조절력,
간접 경로
회피–능동
비효과적 전략,
잘못된 조절력,
간접 경로
접근–자동
충동적,
부족한 조절력,
직접 경로
접근–명백
체계적 계획,
정상적인 조절력,
직접 경로
6단계
목표성취의 기회:
좋은 삶 목표, 범죄 관련 목표

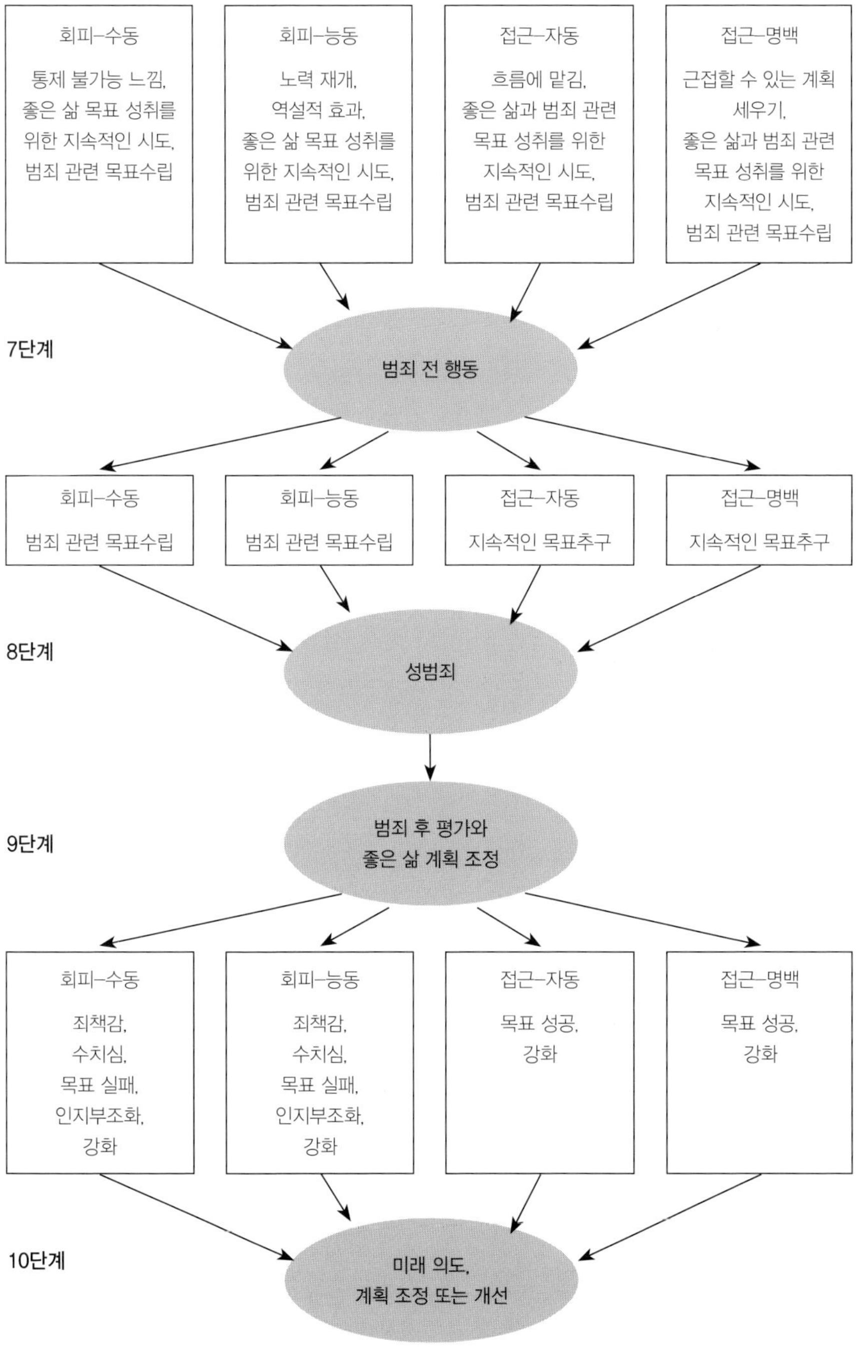

[그림 8-4] 성범죄 과정에 대한 수정된 자기 조절 모델(Yates, Prescott, & Ward, 2010)

제9장

동기강화, 성 중독 및 통합적 접근

1. 동기강화적 접근

1) 동기강화적 접근

동기강화적 접근(Motivational Interviewing: MI)은 William Miller가 개발한 내담자 중심적인 변화를 위한 체계적인 접근이다. 내담자의 변화에 대한 동기와 결심을 강화하기 위해 치료자와 내담자가 협력적으로 대화하는 방식으로, 변화에 대해서 일반적으로 나타날 수 있는 양가감정의 문제를 다루는 인간중심적인 상담이다. 수용적이고 공감적인 분위기 속에서 내담자가 자신이 변화해야 하는 이유를 탐색하고 이끌어 내어 특정한 목표에 대한 스스로의 동기와 결심을 강화하도록 고안되었다. 정신건강 영역뿐 아니라 아동 · 청소년의 학업 동기, 기업 장면에서의 직무동기 강화에 이르기까지 많은 영역에서 연구를 통해 이미 그 효과성이 입증된 방식이기도 하다.

동기강화는 협력(cooperation), 수용(acceptance), 자애(compassion), 유발(evocation)의 네 가지 정신을 갖는다. 협력은 모든 인간은 동등하며 동등한

두 사람의 대화를 통해 목적을 이루어 간다는 것이다. 내담자와 맞서거나 이끌고 가는 것이 아니라 어깨를 나란히 하고 함께 의사결정을 해 나간다는 것이다. 수용이란 내담자의 가치관과 자율성에 대해 존중하고 긍정적인 면을 찾아 이해하고 받아들이는 것을 말한다. 예를 들면, 불평이 있는 내담자에게 '갈등을 일으킨다'고 말하기보다 '어려울 수 있지만, 집단에 대한 느낌이나 생각을 나누어 달라'고 부탁하는 자세를 취하는 것이다. 자애란 내담자를 판단하거나 비난하거나 수치스럽게 만들지 않고 가능한 한 공감적으로 대하는 것을 말한다. 치료자가 자신과 내담자의 감정을 정확하게 이해하고 상대방의 입장에서 감정을 느껴본 후, 자신의 감정이나 태도를 내담자에게 맞추어 반응하는 것이다. 유발은 내담자가 스스로 자신의 내면에서 자기를 지각하고 자기의 목표와 가치를 발견하여 끌어내도록 돕는 것을 말한다. 이는 치료자가 정보를 주거나 조언을 하기보다 내담자의 이야기를 많이 듣고 이해함으로써 이루어진다.

2) 동기강화적 접근의 단계와 성범죄자 치료에서의 개입

동기강화적 접근에는 다섯 단계가 있다.

첫 번째는 **전숙고단계**(precontemplation stage)로 이는 변화의 가장 초기 단계이다. 자신의 행동의 문제점을 전혀 깨닫지 못하거나 그 행동을 변화시킬 의도가 없으며, 변화해야만 하는 경우 대단히 불쾌해한다. 문제행동에 대한 그들의 관점을 변화시킬 가능성이 있는 활동에 거의 참여하지 않으며 오히려 목표가 되는 문제행동에 대하여 방어하는 입장을 지니고 있기도 하다. 자신이 현재 보이고 있는 문제행동이 가진 부정적인 측면들이 긍정적인 측면들보다 더 심각하다는 것을 받아들이지 않는다. 성범죄자의 경우 자신의 행동에 대한 인식이 없고, 자신의 범행에 대해 되돌아보거나 생각하는 것 자체를 싫어 하는 경우가 많다. 판결에 대해 억울해하거나 피해자가 잘살고 있다는 등의 생각을 하고, 자신이 오히려 피해자라는 식으로 말하기도 한다. 또한 자신의 행동에 대한 통찰 없이 막연히 자신이 재범을 하지 않고 잘살 것이라고 말하기도 하는 상태이다. 종종 치료의 초반에 방어적인 모습을 보이면서 자신의 실제 생각을 드러내지 않는 경우도 전숙고단계처럼 보일 수 있다. 그러나 이러한 경우는 라포가 형성되면 자신의 고민을 나타내기도 한다.

두 번째는 **숙고단계**(contemplation stage)이다. 숙고단계는 변화단계 중 대단히 역설적인 단계로서, 내담자가 가장 강력한 양가감정을 경험하는 단계이다. 이 단계의 사람들은 무엇을 원하고 또한 그것을 어떻게 얻을 수 있는지도 알지만 아직 결심할 준비가 되어 있지 않다. 따라서 상담자의 목표는 변화를 시작하기 위해 '평형상태를 무너뜨리는 것'이다. 또한 숙고가 결심을 의미하지 않는다는 것을 기억해야 한다. 또한 내담자가 변화를 숙고하는 것만으로도 결심을 한 것으로 착각하는 것은 위험하다. 숙고자들과 상담할 때 그 사람이 얼마나 오랫동안 변화를 고려해 왔고, 이전에 변화를 시도해 본 경험이 있는지 알아보는 것은 대단히 중요하다. 숙고자들로 하여금 행동의 위험성과 변화가 가져다주는 잠재적인 이점을 생각해 낼 수 있도록 도우며 그러한 변화가 실제로 가능하다는 희망을 심어 주는 것이 중요하다. 이때 중요한 전략은 긍정적인 것을 강조하는 것이다. 성범죄자의 경우 양가감정은 성범죄에 대한 각자의 생각에 따라 조금씩 다르다. Ward의 구분에서 접근적 목표를 가지고 있는 사람의 경우, 성범죄가 주는 만족을 포기하기 어려울 수 있다. 즉, 성범죄를 통해 얻는 성적인 만족, 또는 지배자가 되거나 힘을 가진 것 같은 느낌, 외로움에서 벗어나는 느낌과 범죄를 저지르지 않고 올바르게 사는 것의 편안함과 안도감 사이에서 양가감정을 느끼게 되는 것이다. 또 다른 예시로는, 성범죄를 저지르지 않으려는 것은 결심을 했지만 순간적으로 불법적인 행동이나 거짓말을 해서라도 원하는 것을 얻는 생활방식의 미정을 버리고 싶지 않은 것이 양가감정으로 나타날 수 있다. 성범죄나 불법적인 행동이 주는 이점이 있다는 사실을 치료자가 인식해야 이 양가감정에 도전할 수 있다.

양가감정은 치료자가 원하는 방향으로 제시를 해서 바꾸어지지 않는다. 오히려 이끌고자 하는 결정의 반대방향으로 결정을 할 때, 그 결정의 단점이 보이게 된다. 따라서 숙고단계에서 양가감정을 느끼는 경우라면, 계속해서 현재와 같은 방식으로 살도록 권하고, 그 결과를 직접 생각해 보도록 하는 등의 방법이 더 도움이 된다. 많은 성범죄자 치료프로그램에서 인생 그래프를 그리면서 미래를 생각해 보도록 하거나 미래투사기법 등을 사용하여 향후의 삶을 그려 보도록 하는 것은 양가감정을 더 극대화시키고, 지금 그대로의 삶이 미래에 만족스러운 모습이 아닐 것이라는 사실을 알려주기 위한 것이다.

세 번째는 **준비단계**(preparation stage)이다. 준비단계는 실행에 옮기려 하는 상태이다. 이 단계에서는 효과가 있을만한 변화계획을 수립해야 할 필요가 있다. 그러나 변화하기로 결심했다는 것이 계속적으로 성공적일 것이라는 것을 의미하는 것은 아니다. 실행을 위한 준비가 되었다는 것이 곧 양가감정의 해결을 의미하는 것은 아닐 수 있다. 따라서 첫 번째 과제는 변화를 위한 내담자의 결심이 얼마나 확고한지를 평가해 보는 것이다. 자기 스스로 변화할 결심을 하고 준비가 되었다고 말하고는 있지만 그것을 이행해 나갈 계획이 없을 수도 있기 때문에, 내담자로 하여금 '~하게 되면 경험하게 될 어려움들'에 대한 실제적인 평가를 내려 보고 이와 관련된 문제마다 필요한 계획을 수립하고 어떤 부분에 도움이 더 필요할지를 알도록 하는 것이 중요하다. 성범죄자들의 경우 범죄를 저지르지 않고 사는 것이 더 낫겠다고 생각하는 것이다. 하지만 마음을 약간 고쳐먹었다고 오랫동안 익숙해진 사고의 틀이나 생활습관이 쉽게 바뀌지는 않는다. 범죄가 아닌 다른 방법으로 어떻게 원하는 것을 얻을지에 대한 지도도 자신감도 없을 수 있기 때문이다. 치료자는 예상되는 어려움들이나 실제 벌어질 상황들에 대해 대상자들이 생생하게 상상해 볼 수 있도록 돕고, 매우 현실적인 어려움을 찾아내서 그 장애물을 제거하는 연습을 하도록 도울 수 있다.

네 번째는 **실행단계**(action stage)이다. 이 단계에서 사람들은 적어도 얼마동안은 그들이 계획한 대로 실행에 옮기기도 하고, 변화를 보이기도 한다. 그러나 실행을 변화와 동일시해 버리는 착각에 빠지면 안 된다. 성공적인 실행을 위해 준비하는 것도 중요하지만 더 어려운 것은 실행 후 그 변화를 계속 유지하려는 노력이라는 것을 간과하지 말아야 한다. 실행을 하고 있는 내담자들도 아직까지는 변화에 대하여 갈등을 경험하고 있을 수 있다. 내담자가 변화를 얼마나 원하는지의 정도와 그것을 실행에 옮기고자 하는 의지에 상관없이 적절한 자기효능감이 없이는 오랫동안 성공을 유지하기 어렵다. 동기강화상담은 내담자의 자기효능감을 그들의 실행과정을 통해 높여 줄 수 있다. 지역사회에 있는 성범죄자에게 개입하는 경우에는 주로 재발 방지 모델과 연결하여 사소한 결정이나 실수를 하지 않도록 하는 것이 실행단계에서의 개입이 될 것이다. 교도소를 비롯하여 구금시설에 있는 경우에는 성범죄를 그만두는 것 자체에 대한 실행단계를 직접적으로 적용해 보기는 어렵다. 따라서 성범죄에 영향을 미치는 자기조절 행동에 대해 적용해 볼 수 있다.

다섯 번째는 **유지단계**(maintenance stage)이다. 변화과정에서 가장 마지막 단계로 이 단계의 사람들은 실행단계에서 얻어진 것들을 굳건히 하고 재발을 막기 위해 노력한다. 동기강화상담에서 '유지'는 짧게는 6개월에서부터 길게는 평생에 걸쳐 일어나는 아주 중요한 행동의 연속으로 본다. 또한 변화를 굳건히 하는 동기 또한 필요하다. 왜냐하면, 유지에 대한 강력한 책임감이 없으면 재발은 반드시 발생하게 되어 있기 때문이다. 재발은 문제행동으로 돌아가고자 하는 특별히 강력하거나 예측하지 못했던 욕망, 유혹을 경험하고 이에 성공적으로 대처하지 못해서, 방심하거나 스스로를 시험해 보다가 이전의 행동패턴으로 돌아가 버리는 등 여러 가지 이유에서 나타날 수 있다. 성범죄자의 경우 유지단계를 지속하기 위해 스스로의 삶을 되돌아보고, 매우 작은 위험요소들에 대해서도 지속적으로 주의하고 견뎌낼 수 있도록 하는 태도가 필요하다. 대개의 지역사회 유지 프로그램이나 치료명령에서의 프로그램에서는 유지단계까지 진행하여 개입을 마무리하도록 하는 것이 이상적이다.

3) 동기강화적 접근에서의 개입 기법

동기강화의 개입 기법은 OARS라는 약자로 알려진 네 가지 기법으로 요약할 수 있다(Miller & Rollinick, 2002). 하나씩 살펴보면 다음과 같다.

O는 열린 질문하기(Open question)이다. 열린 질문은 '예' '아니요'로 대답하는 것이 아닌 '어떻게' '무엇을' '좀 더 말해 보세요' '설명해 볼까요'라는 식으로 말하여 내담자가 조금 더 생각하고 구체적으로 언급할 수 있도록 하는 것이다.

A는 인정하기(Affirming)이다. 진지하게 듣고 내담자의 어려움에 대해 인정하고 내담자의 경험과 감정이 그럴 수 있을 것이라고 확인해 주는 것이다. 과거의 경험에서 강점을 찾아 강조하고 실망하지 않도록 격려하는 것이다.

R은 반영적 경청(Reflective listening)이다. 반영적 경청은 내담자가 말하는 것을 진심으로 이해하고자 관심을 가지는 것으로 시작하며, 내담자가 말하는 것이 내가 생각하고 있는 것과 같은지를 지속적으로 가설검증을 하듯이 살펴보는 것이다. 반영적 경청을 하기 위해서는 내담자의 말을 반복하거나(repeat), 다시 설명하거나(rephrasing), 유사한 문장으로 다시 말하거나(paraphrasing), 감정을 반영하는(reflection of feeling) 등의 다양한 수준의 시도를 할 수 있다. 때로는 내담자의 진술을 단순하게 반영하는 것에 그치지 않고, 더 많은 의미를 추론하거나 재구성하여 복합적으로 반영하거나, 양가감정을 모두 이야기하여 자신의 마음을 관찰할 수 있도록 하거나, 은유를 사용하여 자신의 상황을 다른 각도에서 바라볼 수 있도록 할 수 있다.

S는 요약하기(Summarizing)이다. 요약은 이야기했던 정보들을 모아서 되돌려 주면서 내담자에게 강화할 내용들을 확인시켜 주거나 양가감정이나 불일치를 언급하여 이를 해결할 수 있도록 도와준다. 또한 적절한 요약은 현재의 이슈를 마무리하고 다음 단계로 나아갈 수 있도록 해 준다.

2. 성 중독이란

1) 성 중독의 개념

성 중독(sex addiction)의 개념은 행동 중독(behavioral addiction)에서 시작하여 점차 확대되었다. 행동 중독은 외부에서부터 투입되는 물질이 없이도 중독의 핵심증상이 나타나는 것으로 도박 중독, 연애 중독, 종교 중독, 권력 중독, 운동 중독 등과 같은 다양한 분야에 적용되고 있는 개념이다(송원영, 2012). 성 중독은 유명한 내과의사였던 Benjamin Rush나 초기 성학자인 Krafft-Ebing, Havelock Ellis 등에 의해 언급되기 시작하였다. 20세기 중반에는 성욕이 과도한 남자를 Don Juanism(Stoller, 1975), satyriasis(Allen, 1969) 등으로 지칭하고 성욕이 과한 여자를 nymphomania(Ellis & Sagarin, 1968)로 지칭하였다. 또한 강박적인 자위행위가 핵심증상으로 묘사되었다. DSM 진단체계와 관련하여서는 다음과 같다. DSM-II에서는 일탈된 성행위를 성격장애로 인식하였고 성행동에 대한 특정한 범주가 존재하지 않았다. DSM-III에서 변태 성욕이 정신성적 장애(psychosexual disorder)로 등재되고, DSM-III-R에서는 달리 분류되지 않는 정신성적 장애(psychosexual disorder NOS)의 한 범주로 비성도착적 성 중독(nonparaphilic sexual addiction)이라는 용어가 포함되었다. 그러나 성 중독이 행위 중독의 한 형태로 타당화되기 위한 경험적 연구가 부족하다는 이유로 다음 판에서는 삭제되었다. 이에 DSM-IV, DSM-IV-TR에서는 sexual disorders NOS로만 존재하였다. DSM-IV에 이르러 다양한 성도착 장애들이 소개되었고, DSM-5의 개정 논의에서는 과도한 성욕을 가진 사람들에 대한 장애(hypersexual disorder)를 포함시키는 것이 강력하게 제안되었으나(Kafka, 2010) 경험적인 연구가 좀 더 필요하다는 이유로 후반부의 논의에서 삭제되어 현재 DSM-5에는 성 중독이나 과잉성욕에 대한 진단은 포함되지 않았다(American Psychiatric Association, 2013). 이는 실증적 연구를 중시하는 DSM 체계의 특징일 수 있다. ICD-10에는 과도한 성적 욕구(excessive sexual drive)에 위에 언급된 음란광, 색정광이 진단기준으로 포함되어 있다. DSM-5에 성과 관련된 범주는 성기능부전(sexual dysfunctions)과 변태성욕(paraphilias)이 있다. 이전 판에서의 성 정체감 장애(gender identity disorder)는 성불쾌감(gender dysphoria)으로 바뀌어 더 이상 장애라는 명칭을 갖지 않게 되었다. 반면, 변태성욕 범주에 있던 많은 진단은 ~증(~sm, 예: 관음증 voyeurism)에서 ~장애(~ disorder, 예: 관음장애 voyeuristic disorder)로 대부분 바뀌게 되었다. 이에 따라 DSM-5에 언급된 변태성욕장애로는 관음장애(voyeuristic disorder), 노출장애(exhibitionistic disorder), 마찰도착장애(frotteuristic disorder), 성적피학장애(sexual masochism disorder), 성적가학장애(sexual sadism disorder), 소아성애장애(pedophilic disorder), 물품음란장애(fetishistic disorder), 복장도착장애(transvestic disorder)가 있다. 이들은 정확히 말하자면 성 중독에 포함되는 것은 아니지만, 중독의 관점에서 성적인 문제를 바라보는 연구자나 임상가들은 이러한 행위에 빠져드는 기저에 성 중독의 기제가 깔려 있다는 시각을 가지고 있다. 국제보건기구(WHO)의 진단기준인 ICD-10(International Code of Disease-10)에는 과도한 성적 욕구(excessive sexual drive)에 색정광(nymphomania(여성), satyriasis(남성))이 포함되었다.

성 중독에 대한 개념화를 시작한 Carnes(2001)는 성 중독을 중독의 핵심 과정과 연결시켜 다음과 같이 설명하였다. 첫 단계는 성을 '정상적으로 또는 일반적으로 사용(normal use)'하는 단계이다. 그런데 일반적인 형태로 음란물을 접하기 시작했더라도 점차 성과 관련된 부정적인 경험을 하게 되면 두 번째 단계인 성을 '오용(misuse)'하는 형태로 발전한다. 이러한 부정적인 결과에도 불구하고 계속 음란물에 집착하거나 성적인 행위들을 추구하게 되면 세 번째 단계인 '성적 남용(abuse)' 단계가 된다. 세 번째 단계가 되면 자신의 파트너에게 만족을 못하고 오직 성적인 감각이나 오르가슴에만 강박적으로 집착하게 되어 불건전하고 난잡한 성관계에 빠지게 된다. 네 번째는 '의존(dependency)'으로, 성을 추구하는 것이 삶의 중심이 되어 자신의 돈, 시간, 대인관계 등을 모두 동원해서 성을 추구하는 데에 관심을 집중한다. 종종 성매매를 하거나 불법적인 행동을 하게 되고, 그로 인한 부정적인 결과들을 합리화, 변명, 최소화 등의 방법으로 방어하고자 한다. 다섯 번째는 비정상적인 성적 추구 행위들을 반복하다가 성 중독 사이클이 형성되어 약간의 두려움, 수치심, 분노와 같은 정서적으로 불편한 감정만 생겨도 중독 사이클이 발동되어 스스로 통제할 수 없는 '중독(addiction)' 단계이다(Carnes, 2001).

김성(2010)은 성 중독자들을 면담하면서 현상학적인 질적 연구를 통해 그들이 경험하는 심리적 현상을 탐색하였고, 이들이 대부분 어린 시절 성적 외상이나 좋지 않은 가정환경 속에서 성장했음을 발견하였다. 이들은 무분별하고 중독적인 성행위로 인해 자신의 모습을 후회하며 심각한 우울증상을 보이기도 하였으며, 성관계 후 심리적인 불안감을 느꼈다고 하였다. 또한 일부 남녀 참여자들은 '성취감, 만족감'을 느끼기도 하지만 이면에는 '처절한 허무감, 허탈감'을 보이고 있다고 한다.

성 중독자들은 외로움을 경험하지만 자신이 실제로 믿을 만한 사람이 아니라고 생각한다. 더불어 대부분의 사람 역시 믿을 수 없다고 생각한다. 때문에 만일 누구든 자신의 중독적인 체험들의 은밀한 생활을 알게 되면, 자신을 용서하지 않을 것이라 믿는다. 이러한 의심과 불안은 소외감을 고조시키고 결과적으로 고독 속에서 벗어나지 못하게 된다(Carnes, 2001). 때문에 성 중독자들은 대체로 자신의 심리적 불안과 정서적인 고통을 성적인 행동을 통해 해소하려고 한다(김성, 2010). 따라서 이러한 반복적인 중독의 순환과정 속에서 성 중독자들의 17%가 자살을 시도하고 72%가 자살을 생각해 보았다고 한다. 성 중독자의 자살감과 우울감은 중독자의 세계에 사는 것의 무력감과 허약함을 표현하는 것이다(Carnes, 2001). 성 중독자들은 성행위나 자위를 한 후 수치심이나 절망감, 우울감 등 부정적인 감정을 느끼게 되고 자책을 함으로써 심리적인 불편감을 느끼게 된다. 또한 매우 외설적인 성행위에 빠져 정상적으로 일상생활을 영위해 나가는 것이 어려워진다.

성 중독 분야의 가장 권위자인 Carnes(2001)는 다음 표와 같이 성 중독의 단계를 설정하고 설명하였다.

표 9-1 성 중독의 3단계(Carnes, 2001)

구분	1단계	2단계	3단계
행동	자위, 강박적인 성관계, 포르노그래피, 성매매, 익명의 성관계 등	노출증, 관음증, 음란전화, 음란행위 등	아동학대, 근친상간, 강간 등
문화적 기준	어떤 행동들은 수용할 만하거나 허용 가능하게 보일 수도 있다. 성매매, 동성애와 같은 일부 행위들은 논란의 여지가 있다.	어떤 행동도 수용될 수 없다.	문화적인 기준상 절대 용납될 수 없는 타인의 권리 침해이다.
법적 결과/위험	불법적인 경우 법은 집행되나 교정효과는 적다. 법이 집행될 가능성 자체가 낮아 중독자는 위험을 감수할 일이 별로 없다.	불법적인 행동으로 여겨진다. 적극적인 처벌이 있다면 중독자들은 위험을 느끼게 된다.	극단적인 법적 조치가 취해질 수 있고, 중독자들은 높은 수준의 위험에 처할 수 있다.
피해자	대개 피해자가 없는 것으로 여겨지나 종종 희생양이 발생하고 착취가 일어나곤 한다.	항상 피해자가 존재한다.	항상 피해자가 존재한다.
중독에 대한 대중적 의견	양가감정, 혐오를 느낀다. 성매매 등 일부에 대해서는 매혹적인 타락이라는 부정적 영웅 이미지가 존재하기도 한다.	중독자는 우스꽝스럽고 역겹지만 해롭지는 않다고 여겨진다. 중독자나 피해자의 고통과 무관한 농담의 대상이 되곤 한다.	대중은 분노한다. 많은 사람에게 성범죄자들은 인간 이하로 취급받고 회복 가능성이 없는 것으로 여겨진다.

성 중독을 진단하고자 하는 기준 역시 연구자에 따라 제시되고 있으나 합의된 명확한 기준은 아직 존재하지 않는다. 굿맨(Goodman, 1998)은 내성, 금단, 사회적 · 직업적 기능의 손상 등을 근거로 7문항의 성 중독 진단을 제안하였고, Carnes는 1983년에 최초로 제안한 진단기준을 지속적으로 수정하여 2005년에는 성과 관련된 열 가지 행동 중 세 가지 이상의 문제 및 심각한 개인적, 사회적 문제의 발생을 그 기준으로 제시하였다. 가장 최근에는 DSM-5의 개정 과정에서 Kafka(2010)가 제안한 과잉성욕장애의 진단기준이 있다. Goodman과 Carnes의 진단기준은 직접적으로 성 중독을 언급하였고 그에 따라 몰입, 내성, 금단, 조절실패 등의 중요 개념을 항목화였다. 반면, Kafka의 진단은 내성과 금단은 포함시키지 않고 과도한 성행동을 중심으로 진단기준을 구성하였다.

표 9-2 성 중독 진단기준(Carnes, 2001)

A. 최근 12개월 동안 다음 증상 중 3개 이상에 해당한다.
1) 특정 성행동과 관련된 충동의 저항에 반복적으로 실패한다.
2) 처음에 의도한 것보다 더 심한 정도와 더 많은 시간을 성적 행동에 사용한다.
3) 성적 행동을 중지하거나 줄이거나 조절하려는 노력에 실패한다.
4) 성행위, 성경험으로부터 회복하기 위해 지나치게 많은 시간이 필요하다.
5) 성적 행동 또는 성적 행동을 준비하는 것에 몰두한다.
6) 직업, 학업, 가정 또는 사회적 책임을 다해야 하는 시간에도 종종 성적 행동에 관여한다.
7) 성적 행동으로 인해 지속적이거나 반복적인 사회적, 경제적, 심리적, 신체적 문제가 있음을 알면서도 성적 행동을 지속한다.
8) 원하는 정도의 효과를 얻기 위해 성적 행동의 강도, 빈도, 횟수 또는 위험을 증가시키거나, 같은 강도, 빈도, 횟수, 혹은 성적 행동의 효과가 감소한다.
9) 성적 행동으로 사회적, 직업적 혹은 여가 활동을 포기하거나 제한한다.
10) 성적 활동에 참여하지 못한다면 불쾌감, 불안, 안절부절못함, 짜증이 나타난다.

B. 심각한 개인적 · 사회적 결과를 초래한다(예: 배우자나 직업을 잃거나 법적인 문제 발생).

2) 성 중독과 성범죄

성 중독은 그 개념상 성범죄와는 다르다. 성 중독 모델은 임상가들에게서 활용되고 있음에도 불구하고 아직 심리학이나 정신의학에서 그 원인이나 경과, 결과에 대한 충분한 문헌이 존재하지 않는다는 이유로 정식으로 진단되지 않고 있다(Karila et al., 2014). 과잉성욕장애(hypersexual disorder)나 강박적 성행동(compulsive sexual behavior)이 현재까지 사용되는 중립적인 합의된 진단명이다. 이 범주에 해당하는 행동들의 예시는 과도한 자위, 사이버섹스, 포르노 사용, 합의한 성인과의 성행동, 폰섹스, 스트립바 방문 등의 행위인데, 일부는 개인의 행동으로 볼 수 있지만 일부는 다른 사람과의 적절한 경계선을 넘어 권리를 침해하는 행동으로 이어진다.

성범죄는 법적인 개념으로 사회에서 합의한 명문화된 규정이다. 주로 행동 자체로 설명되어 있으며 그 원인이나 경과에 대해서 별로 언급하지 않는다. 따라서 성 중독이라는 개념이 성범죄의 원인인지, 그 개념이 활용되는지 여부가 중요하지 않고, 어떤 행위가 나타는지가 중요한 것이다. 그런데 성 중독이 심해지면 그 중독이 행동으로 나타나는데, 심리적인 강화를 받기 위한 성 중독 행동들은 법적으로 규제하는 행위가 많기 때문에, 중독에서의 만족을 얻을 행동을 하다 보면 성범죄를 일으킬 가능성이 높아지는 것이다. 앞서 언급한 Carnes(2003)의 분류에서도 2단계가 되면 이미 노출, 관음, 음란전화 등의 불법적인 행동이 나타나고 3단계가 되면 아동성범죄에 해당하는 행동이 나타나게 된다. 성범죄에서는 일탈된 성적 취향(deviant sexual interest)을 성범죄 재범에 영향을 미치는 중요한 요소로 보고 있다(Hanson & Bussière, 1998). 특히 다른 유형에 비해 가족 외의 아동을 대상으로 한 성범죄자의 경우 일탈된 성적 취향이 재범에 영향을 크게 미친다(Marshall, 1996). 따라서 성 중독과 성범죄는 동일한 개념이 아니고, 현상에 대한 관점이 다르지만 성 중독이 심해지면 성범죄를 저지를 가능성이 높아지고 성 중독이 감소하면 위험요인이 줄어드는, 일부 겹치는 부분이 존재하는 개념으로 보아야 할 것이다. 이는 성범죄자의 치료에 성 중독 치료가 긍정적인 영향을 미칠 것이라는 논리적 근거를 제공한다.

3) 성 중독에 대한 개입

성 중독의 개념을 제안한 Carnes가 창설한 IITAP(International Institute for Trauma and Addiction Professionals)는 성 중독자와 가족을 위한 치료프로그램을 제공하고 치료자를 양성한다. 성 중독에 대한 치료방법으로는 인지행동치료와 재발 방지 모델, 통합적 인지행동 집단치료, 인터넷 기반의 서비스(온라인 인지행동치료), 약물치료 등이 있다(Isola & Mattei, 2008; Griffiths & Dhuffar, 2014). **익명의 성 중독자**(Sexual Addicts Anonymous: SAA)는 익명의 알코올중독자(AA)에서 파생된 중독 치료 자조모임이다. AA는 알코올중독의 회복에 큰 영향을 미친 자조모임이고, 실제 중독을 경험한 사람들이 자발적으로 모이는 모임이다. SAA 역시 동일하게 성 중독을 경험한 사람들이 직접 조직과 운영을 맡는다. 시작 단계에서는 전문가가 구성을 도울 수 있으나 자리를 잡기 시작하면 빠지거나 참관을 하는 정도로 물러서게 된다. SAA의 12단계는 다음과 같다(서울중독심리연구소, 2011).

전반적으로 성에 대한 중독적 관점은 통제 불가능한 성적 행동(out of control sexual behavior)에 대한 좋은 설명적 틀을 제공해 주므로 일부 연구자와 현장 전문가들에게서 종종 사용되지만, 다른 한편으로는 실증적인 자료가 많이 보고되지 않아서(Gold & Heffner, 1998; Griffiths, Dhuffar, 2014) 주류 학계에서는 아직 자리 잡지 못한 개념이다. 따라서 성범죄자 치료자들에게서 일부 활용되고 있으나 표준화된 지침으로는 그다지 활용되지는 않는 편이다.

1단계. 우리는 우리가 성 중독에 무력하여 우리의 생활이 엉망이 되었음을 인정하였다. 즉, 우리는 스스로 우리의 삶을 관리할 수 없었다.

2단계. 우리는 우리보다 위대하신 힘이 우리를 온전한 정신으로 회복시킬 수 있다는 것을 믿게 되었다.

3단계. 우리가 위대한 힘을 이해했던 대로, 우리의 의지와 생활을 신의 보살핌에 맡기기로 결정하였다.

4단계. 우리는 철저하고 용기 있게 우리의 도덕적 일람표를 작성하였다.

5단계. 우리는 우리 잘못들의 정확한 본질에 대해서 신에게, 우리 자신에게, 그리고 다른 사람들에게 인정하였다.

6단계. 우리는 신께서 우리 성격의 이러한 모든 결점을 제거해 주시도록 온전히 준비하였다.

7단계. 우리는 겸손히 신에게 우리의 결점들을 제거해 주실 것을 요청하였다.

8단계. 우리는 우리가 해를 끼친 모든 사람의 명단을 작성해서 그들에게 기꺼이 보상하게 되었다.

9단계. 우리는 보상하는 것이 그들 혹은 타인에게 상처를 주는 경우가 아니라면 가능한 한 직접 보상하였다.

10단계. 우리는 개인 일람표를 계속 작성하였으며 우리가 잘못했을 경우 즉시 그것을 인정하였다.

11단계. 우리는 신과의 의식적인 접촉을 향상시키기 위해서 기도와 명상을 열심히 하였다. 우리가 신을 이해했듯이 우리를 향한 신의 뜻을 알고 그것을 실행할 힘을 주시길 기도하였다.

12단계. 이 단계들의 결과로서 영적인 각성을 얻은 우리는 다른 성 중독자들에게 이 메시지를 전달하고, 우리의 삶에서 이러한 원칙들을 실천하려 노력하였다.

3. 통합적 접근

1) Marshall 박사의 RPS 프로그램

1970년대부터 성범죄자 치료의 선구적 역할을 해 왔던 캐나다의 Marshall 박사는 록우드 심리 서비스(RPS) 센터를 통해 3단계의 통합적 RPS 프로그램을 확립하였다. 일반적인 성범죄 재범률은 5년 추적조사에서 15~20% 정도를 보이고, 치료받은 집단은 10% 내외를 보인다. 구체적으로는 Hanson 등(2002)이 43개의 효과연구를 개관한 결과, 치료받지 않은 집단의 5년 재범률은 16.8%, 치료받은 집단은 12.3%였고, 그중 인지행동치료를 실시한 14개 집단의 재범률은 9.9%였다. Lösel과 Schmucker(2005)는 80개의 연구를 모아 효과를 비교하였고 치료받지 않은 집단의 5년 재범률은 17.5%, 치료받은 집단은 11.1%의 재범률을 보였다. Hanson 등(2009)이 다시 23개의 연구를 메타분석한 연구에서는 치료받지 않은 집단의 5년 재범률이 19.2%, 치료받은 집단은 10.9%로 나타났다. 그런데 RPS 프로그램의 경우 535명을 대상으로 5.4년을 추적한 연구에서 치료받지 않은 집단의 재범률이 16.8%인 반면, 치료받은 집단의 재범률은 3.2%에 불과하였고, 8.4년 추적연구에서는 치료받지 않은 집단에서 23.8%, 치료받은 집단에서 5.6%의 재범률이 나타나서 프로그램의 우수성이 입증되었다.

표 9-3 주요 개관 연구와 RPS 프로그램의 5년 재범률(Marshall et al., 2011에서 재구성)

연구	치료받지 않은 집단	치료받은 집단
Hanson et al. (2002)	16.8 %	12.3 %
Losel & Schmucker (2005)	17.5 %	11.1 %
Hanson et al. (2009)	19.2 %	10.9 %
Marshall et al. (2011)	16.8 %	3.2 %

2) RPS 예비 프로그램

예비 프로그램의 개발 배경은 치료를 거부하거나 치료에서 중도탈락하는 사람들의 재범률이 더 높다는 결과가 있다는 것이다. Seager, Jellicoe와 Dhaliwal(2004)에 의하면 캐나다 연방 교도소 성범죄자 프로그램에 대한 거부율은 13% 정도였는데, 치료를 완수한 사람들은 성범죄나 기타 폭력범죄로 유죄판결을 받은 비율이 4%인 반면, 거부자들은 42%의 높은 비율을 보였다. 미국의 Jones, Pelissier와 Klien-Saffran(2006)의 연구에 따르면 404명의 치료대상자 중에서 16%는 치료자가 대상자를 거부하였고, 22%는 대상자가 치료기회를 거부하였다. 치료프로그램을 거부하는 현상에 가장 영향을 미치는 것은 '치료에 대한 동기'였다. 중도 탈락률의 경우 미국 미네소타의 성범죄자 연구(McPherson, Chein, Van Maren, & Swenson, 1994)에서는 25%, 호주의 지역사회 프로그램(Lee et al., 1996)에서는 36%를 보고하고 있어서 프로그램에 따라 20~40% 정도를 보이는데 중도탈락자들은 결국 재범률이 높았다. 중도탈락 역시 동기의 저하와 참여의지의 부족이 원인임이 밝혀졌다. 따라서 RPS 예비 프로그램은 참여 동기를 높이기 위해 치료에 대해 미리 소개하거나 준비시킴으로써 효과를 높이려는 시도로 만들어졌다(Marshall et al., 2011).

RPS 예비 프로그램은 개방형 프로그램으로 참여자들은 한 번에 2.5시간인 회기를 일주일에 두 번 참여한다. 총 기간은 6~8주 정도이다(Marshall et al., 2008). 이 프로그램은 동기강화 전략(Miller & Rollnick, 2002), 희망 이론(Moulden & Marshall, 2005), 자기효능감(Bandura, 1977), 자기 결정 이론(Ryan & Deci, 2000) 등에 기초하여 만들어졌다. 치료의 목적은 대상자들이 치료에서 개입을 충분히 받아들일 수 있도록 참여도를 높이는 것이다. 이를 위해 프로그램을 소개하고 집단 분위기를 형성하여 범행에 대한 토론에서 좀 더 편안함을 느끼게 하고, 자신이 피해자에게 어떤 해를 끼쳤는지, 범행의 이유는 무엇인지를 이야기하며 동시에 동기강화를 제공하는 시간을 갖는다.

치료의 내용은 자신의 범행에 대한 노출을 비롯한 주요 프로그램의 내용 대부분을 간단히 다룬다. 일단 치료에 참여하여 대상자가 이야기를 시작하면 치료자는 다른 대상자들을 통해 이 사람이 잘한 것들을 언급하도록 한다. 예를 들면, 책임감 있는 태도를 보였다든가 변화의 조짐이 보인다는 것들을 확인해 주는 것이고, 이를 통해 치료 상황을 편안하게 생각하고 보다 자기 가치감을 가지고 치료의 내용에 참여할 수 있게 한다. 모든 참여자에게 자신의 범행과 생애사 이야기를 하게 한다. 본 프로그램에서 자신의 범행에 대해 토론할 준비와 연습을 시키는 것이다. 치료자의 지지적이면서도 단호한 태도가 안정감 있게 프로그램에 참여하는 데 도움이 된다. 대상자들이 본 프로그램에 들어가기 전에 시간이 더 있으면 피해자 공감에 대한 내용도 다룬다. 방어적이 되지 않도록 처음에는 일반적인 공감에 대해서 먼저 다룬다. Finkelhor와 Araji(1986)의 전제조건 이론을 다루면서 어떻게 피해자를 제압했는지와 그 당시 가졌던 인지적 왜곡과 동기 등을 토론한다. 어떤 내용을 다루든 예비 프로그램에서 초점을 두는 것은 이후의 치료에 참여함에 장애가 되는 것들을 해결하는 것이다.

RPS 예비 프로그램에 참여한 사람들에 대한 추적연구는 치료집단(4.7%)보다도 더 낮은 재범률(1.0%)을 보이는 것으로 나타났다(Mrashall et al., 2011).

3) RPS 주요 프로그램

RPS의 주요 프로그램은 크게 3단계로 이루어져 있다. 1단계는 참여를 시키는 것이고, 2단계는 범죄유발요인을 다루는 것이며, 3단계는 삶을 증진시키고 자기관리를 하도록 하는 것이다.

표 9-4 RPS 주요 프로그램의 단계와 내용

1단계 참여	2단계 범죄유발요인의 수정	3단계 삶의 증진과 자기관리
치료 개관 비밀보장 배경 요인 자존감 증진, 수치감 감소 정서조절과 대처능력 향상 공감능력 확장	태도와 인지 자기조절 문제 관계의 문제 성적인 주제	변형된 좋은 삶 모델 회피전략의 한계 설정 지지 집단 생성 출소/ 퇴원 계획

1단계에서는 치료에 대한 개관을 한다. 치료의 목적에 대해 소개하고, 가능하면 벽에 붙여두어 익숙하게 만든다. 좋은 삶 모델에 대해서도 소개를 한다. RPS 프로그램의 경우 변형된 좋은 삶 모델을 통해 건강, 숙달감, 자율성, 관계, 내적인 평화, 지식과 창의성의 여섯 가지 항목을 사용한다. 비밀보장에 대해 설명하고, 교정당국에 일부 정보를 공유함과 최종 보고서를 내는 등의 한계를 설명한다. 배경 요인이란 범죄가 발생하게 된 원인에 대하여 먼 과거에서의 요인과 가까운 과거에서의 요인에 대하여 이해하는 것이다. 먼 과거의 요인은 인생사(史)를 통해 부모, 연인, 다른 정서적인 면에서 미해결된 과제, 교육적 결핍, 관계의 문제, 직업적 문제들을 포함한다. 6~8페이지의 자서전을 씀으로써 이 주제를 다루게 된다. 가까운 요인은 범행 직전까지 있었던 일들을 점검함으로써 이루어진다. 범행에 대해 이야기하면서 각 사건에 대해 자신의 책임성을 살펴보고 인정하는 과정이 있다. 이때, 피해자 진술이나 경찰기록과 대조하고 똑같이 말하기를 요구하지는 않는 것이 오히려 낫다. 기록의 정확성 여부의 문제도 있지만, 그와 상관없이 치료자가 대상자에게 기록과 맞출 것을 요구하면 실제로 느끼는 것과 달리 거짓으로 보여 줄 수도 있으므로 압박감을 주지 않는 것이 치료에 더 도움이 되기 때문이다. 자존감의 증진과 수치감의 감소는 강점 기반의 접근을 통해 이루어진다. 성범죄자의 자존감이 낮다는 연구는 매우 많고(Fernandez & Marshall, 2003; Sparks,

Marshall, & Marshall, 2003), 낮은 자존감이 대처능력, 태도, 공감, 친밀감, 외로움, 정신병질, 수치감, 일탈적 성 취향 등의 범죄유발요인과 관련 있다는 연구 또한 많다(Marshall & Laws, 2003). 다만, 자존감이 재범과 직접적인 상관이 있는지에 대해서는 연구 결과가 다소 불일치하여(Hanson & Bussiere, 1998;

표 9-5 범죄유발요인(Marshall, 2011에서 인용)

1. 태도/ 인지
   자기 방어적 성적 신념
   - 남자는 여자를 지배하거나 통제해야 한다.
   - 여자는 거짓말쟁이다.
   - 여성에 대한 적대감/왜곡
   - 어떤 여성은 강간당해 마땅하다.

   아동 학대를 지지하는 신념
   - 아동을 성적인 대상으로 여기기

   아동과의 정서적 동일시
   반사회적 태도
   자신을 재범위험성이 낮은 것으로 보는 것
   특권의식
2. 자기조절 문제
   행동 조절 문제
   문제 대처/문제해결능력 부족
   정서조절 실패
3. 관계 문제
   친밀감 결핍
   관계 기술 결여
   부적응적 애착 양식
   정서적 외로움
4. 성적 이슈
   성적 지식 부족
   일탈적이거나 변태적인 성적 취향
   성적 특권의식
   성적 몰두

Thornton et al., 2004) 간접효과가 있을 것으로 추정한다. 자존감의 증진은 자신의 행동을 변화시킬 것이라는 수행효능감에도 도움이 되고, 희망을 갖는 것에도 중요한 요인이 된다. 이 프로그램에서는 6~8개의 장점 목록을 가지고 다니는 방법을 사용하기도 한다. 정서관리와 대처를 위해서는 다양한 대처 방식을 가르치는데, 효율적인 대처의 하나로 유머의 사용을 권한다. 공감을 위해서는 공감의 인식, 관점의 수용, 반응, 행동의 실천의 네 가지 요소를 활용한다. 또한 일반적 공감능력뿐 아니라 피해자에 대한 공감능력을 갖도록 하기 위해 편지쓰기 등의 시도를 한다.

2단계에서는 범죄유발요인에 대해 다룬다. 범죄유발요인은 표에 제시된 바와 같다. 인지적 왜곡과 태도의 문제는 특별한 회기에서 다루기보다 전반적으로 나타날 때마다 다루는 것이 자연스럽다. 인지 재구성하기나 역할극, 인지도식에 대한 수정 등을 활용한다. 범죄유발요인이 아닌 인지 왜곡에 대해서는 다루는 것이 시간 소모적이므로 그냥 넘어간다. 예를 들면, 자신의 범행을 축소하는 것은 충분한 책임을 지지지 않는 것으로 보이지만, 메타분석에서 이러한 변명적인 태도는 재범을 예측하지 않는 것으로 드러났다(Hanson & Bussière, 1998). 자기조절을 위해서는 자기조절의 실패에 크게 영향을 주는 요인인 실직이나 실연 등의 문제에 대처하도록 한다. 만성적인 자기조절의 문제가 있는 사람들에게는 인지기술훈련이나 추론 훈련을 시키고, 정서적 자기조절의 문제가 있는 경우 긍정정서를 증진시키거나(Lucas, Diener, & Larsen, 2003), 정서조절 전략(Parkinson, Totterdell, Briner, & Reynolds, 1996), 정서중심치료(Greenberg & Pavio, 1997) 등을 활용한다. 관계의 문제를 다루기 위해서는 성인 애착의 문제와 유형을 살펴보고(Bartholomew & Horowitz, 1991), 각 개인의 독특한 친밀감 결핍의 문제들을 다룬다. 성적인 문제와 관련하여서는 건강한 성, 성적인 몰두, 일탈된 성취향에 대해 다룬다. 건강한 성을 위해서는 적절한 성교육을 통해 기존의 잘못된 믿음을 수정한다. 예를 들면, 성범죄자들은 구강성교나 자위를 원하지만 사회적으로 부적절한 행동이라고 믿고 있는 불일치가 있다. 하지만 통계에 의하면 대다수의 사람이 이러한 행위를 하고 있으므로 부적절하다고 생각할 필요는 없다는 것 등이다. 과도한 죄책감이나 수치감은 오히려 부정적인 효과를 가져 온다. 성적인 몰두(성 중독, 강박적 성행동, 과도한 성욕)는 중요한 범죄 유발요인이다. 특히 아동 성 관련 음란물은 성적인 몰두와 상관이 높고, 재범과도 관련이 높아서 반드시 다루어야 할 주제이다. 일탈된 성 취향은 거짓말 탐지기나 아벨 테스트, 아동성취향 선별검사 등을 통해 파악할 수 있고, 이는 오르가슴 재조건화, 혐오치료, 내현적 민감화 등의 행동치료를 통해 개입할 수 있다. SSRI 등의 약물치료를 활용하기도 한다.

3단계에서는 자기관리를 다룬다. 자기관리를 위해서는 우선 인생의 목표를 세우는데, 그것을 위해 좋은 삶 모델을 활용한다. 좋은 삶 모델을 통해 인생의 목적뿐 아니라 단기 목표들도 세우며, 그것을 수행할 수 있는 자기효능감을 높이는 개입도 한다. 회피 전략에서는 가능한 모든 회피적 상황을 나열하는 접근은 하지 않고, 가장 중요한 한두 가지 상황만 명확하게 한다. 접근적 전략에 비해 개수가 많은 회피적 전략은 유지가 쉽지 않기 때문이다. 출소 이후의 지지 집단을 찾는 것은 중요한 과제이다. 가장 세밀하고 효과적인 프로그램은 CoSA(Circles of Support and Accountability)이다. 이 프로그램에는 자원봉사자와 전문가가 있어서 자원봉사자가 각자의 시간에 내담자에게 24시간 조언을 해 줄 수 있다. CoSA는 캐나다 온타리오 지역에서 처음 시작하여 영국에 전달되었고, 한국에도 일부 지역에서 시도하고 있다. 마지막으로, 출소 후 직장, 경제문제, 거주지, 여가시간 활용 등에 대한 생활계획을 짜는 출소계획을 실시한다.

제3부

성범죄자 심리치료의 실제

제10장

치료의 과정요인과 프로그램 구성

1. 물리적 환경

성범죄자들에 대한 심리치료를 효과적으로 진행하기 위해, 내용 못지않게 중요한 것은 심리치료가 이루어지는 구조와 환경이다. 치료자의 역할과 권한에 대한 치료자, 대상자, 행정당국의 기대가 일치하거나, 시간, 장소, 정보의 제공과 같은 문제들이 치료에 도움을 주는 방식으로 결정되어 있을수록 치료의 효과는 상승하게 된다.

1) 시간 및 간격

치료의 총 기간은 RNR 원칙의 첫 번째인 위험(risk) 원칙에서 언급되었던 것과 마찬가지로, 재범위험성이 높을수록 길고 집중적인 개입을 받는 것이 좋다. 교정시설 내에서라면 수개월에서 1년 내외의 프로그램을 받을 수 있으며, 보다 심각한 문제가 있는 경우라면 3~4년까지도 프로그램을 받는 경우가 있다. 지역사회에서는 담당 치료자의 의견을 반영하면서 6개월에서 1년 정도 기간을 융통성 있게 조절하며 적응을 도우면 좋으나, 우리나라의 경우 위치추적 전자장치나 성충동 약물치료와 병과되어 심리치료 명령이 내려지므로 2~3년간 치료를 받게 되는 경우가 일반적이다. 상대적으로 위험성이 낮아서 보호관찰 및 수강명령만 부과받는 경우는 흔히 40~50시간 정도가 총량이 된다. 수강명령의 경우 짧은 기간에 많은 시간을 집행하여 끝내는 것은 좋지 않다. 대상자들은 생업에 종사하는 것과 출석의 부담을 이유로 짧게 진행하는 것을 원하지만 충분한 효과를 얻기 위해서는 최소 3개월 정도의 시간이 소요된다. 특히 초반의 거부감이 깨달음과 협조로 전환되는 것에 3~5주 정도가 소요되므로 전체 기간이 너무 짧으면 이들의 마음이 열리자마자 치료를 그만두게 되는 결과를 가져올 수 있다. 성범죄자의 심리치료를 비롯한 대부분의 심리적 개입은 원리를 익히고, 그것을 적용하고, 다시 수정하는 등 체득하는 시간이 필요하므로 3개월 이상 유지되는 것이 좋다.

치료 회기의 간격은 대개 주 1~2회 정도로 배분하는 것이 좋다. 집중적인 심리치료를 실시하는 경우에도 주 2회 이상 실시하는 것은 바람직하지 않다(Marshall, Marshall, Serran, & Fernadez, 2013). 이는 대상자에게도 부담이 될 뿐 아니라 치료자에게도 부담이 된다. 치료에서 다룬 내용을 생활에 적용하고 일반화하며, 시행착오를 통해 스스로 재정리할 시간이 필요하다. 사회 내 처우인 경우는 주 1회 정도가 적절하다. 사회 내 처우의 장점인 프로그램을 지역사회에서의 생활에 적용해 볼 시간이 필요하기 때문이다.

하루에 소요되는 진행시간은 최대 2~3시간이 바람직하다. 중간에 쉬는 시간을 두는 것이 좋으며, 프로그램의 진행량에 따라 달라질 수 있지만 규칙적으로 쉬는 시간을 두어 예측 가능하게 하는 것이 좋다. 4시간 이상 지속되는 경우 지루해하거나 졸음이 오는 경우가 많고, 다룬 내용을 충분히 소화하기 어려운 경우가 많다. 특히 오전, 오후를 이어서 진행하는 경우 점심시간 직후에는 동기를 유지하고 졸음을 쫓기 위해 운동이나 레크리에이션 등 치료 목표와 직접적인 관련성이 떨어지는 프로그램으로 배치하는 경우가 있는데,

이는 치료 시간을 낭비하는 결과를 낳는다. 특히 성범죄자 중에는 앉아서 이야기하는 것에 익숙하지 않은 사람이 많다. 하루 종일 프로그램에 참여하는 것은 대부분의 사람에게 매우 힘든 작업이 될 수 있다.

프로그램의 시간대는 특별히 선호되는 것은 없으나 구금시설의 경우, 작업이나 식사 시간 등의 하루 일정에 맞추어 결정된다. 오전이나 오후는 둘 중 한 번만 한다면 큰 상관이 없다. 지역사회의 경우는 저위험군은 직장을 다니는 사람이 있는 경우가 있어 저녁에 모이는 것이 비교적 용이하다. 그러나 저녁이나 밤에 일을 하는 사람이 많거나 낮 시간에 모두 가능하다면 낮 시간에 진행해도 무방하다.

프로그램이 정해지면 공휴일이나 행사 등을 미리 확인하여 최대한 첫 시간에 명확하게 공지를 하는 것이 좋다. 또한 빠지게 되는 날짜에 대해 해당 주에 보충을 할 것인지, 후에 추가를 할 것인지, 과제로 대체할 것인지 등에 대해 미리 생각하고 결정해 놓는 것이 좋다. 면회나 종교행사, 체육활동 등 재소자들이 중요하게 여기는 행사와의 중첩, 선거일이나 휴가철과 같은 지역사회의 대상자들의 생활패턴에 영향을 미치는 일들도 고려한다.

2) 장소

집단치료를 위한 장소에 대한 고려사항은 다음과 같다. 성범죄자들은 다른 사람의 이목에 매우 신경을 쓰는 경향이 있다. 따라서 프로그램 장소가 외부에서 들여다보이거나 문 또는 벽에 커다란 창문이 있다면 프로그램에 집중하기 어렵다. 따라서 안이 잘 들여다보이지 않는 조용하고 아늑한 방이 좋다. 인원에 비해 너무 크거나 작지 않은 방이 좋으며 둥글게 둘러앉을 수 있어야 한다. 가운데에 테이블이 있는 경우는 워크시트를 작성하기 좋고 몸을 약간 가릴 수 있는 느낌이 있어서 대상자들은 선호하지만, 원탁이 아니라면 시야가 가리는 사람이 발생하여 좋지 않다. 전형적으로는 책상이 없이 모두

가 의자만 둥글게 놓고 앉는다. 필요에 따라 일어서거나 간단한 활동을 할 수 있어야 하므로 지나치게 비좁은 방은 좋지 않다. 반대로 대형 강의실이나 강당, 체육관처럼 구성원들이 둘러앉은 원의 3~4배 이상으로 큰 방도 적절하지 않다. 부득이 큰 방을 쓰게 된다면 주 진행자가 벽을 등지고 앉아서 시선이 덜 분산되도록 한다. 지적장애가 있는 대상자들의 프로그램을 진행하기 위한 장소는 프로그램 내에서 구조화를 상대적으로 많이 하고, 워크시트 등으로 보조하는 경우가 흔하므로 테이블이 있는 것이 더 나을 수 있다. 복도에 통행이 너무 많지 않은 것이 좋고, 가능하면 독립된 영역이 좋다. 구금시설의 경우 교도관이 동행하거나 복도에서 개호를 해야 하는 경우도 있으므로 상황에 맞게 효율적으로 인력 운영을 할 수 있도록 배치할 필요가 있다. 성범죄자 심리치료 전용으로 사용되는 방이라면 벽에 교육자료나 제목 등을 붙여 놓는 것이 도움이 된다. 그러나 개인적인 내용이 드러나도록 해서는 안 된다. 다만 본인의 동의를 얻어 모범적인 사례를 벽에 게시하면 학습효과가 있다.

개인치료를 위한 방은 일반적인 개인상담실과 유사하게 구성하면 된다. 방음이 잘 되고 채광이 좋으며 불필요하게 시선을 끌 만한 장식을 두지 말고 책상이나 탁자를 가운데에 두고 앉으면 된다. 집단실도 그러하지만 개인치료실은 특히 안전을 위한 조치가 충분히 이루어져야 한다. 치료자의 뒤쪽에 문이 있으면 좋고, 비상벨 및 그에 따른 안전요원의 출동이 보장되어야 한다.

그 밖에 행동치료, 거짓말탐지기, 사이코드라마 등이 운영된다면, 주로 진행할 치료자의 의견을 반영하여 실내를 구성한다.

3) 집단의 구성 형태

집단을 구성하는 방법은 크게 개방형(open group)과 폐쇄형(closed group)으로 나눌 수 있다. 흔히 폐쇄형 집단을 더 많이 활용하는 편이나 개방형 집단의 운영에도 장점이 많다. 하나씩 살펴보면 다음과 같다.

폐쇄형 집단은 일정 수의 구성원을 모아서 특정 기간의 회기 전체를 같이 시작하고 같이 진행하여 같이 끝내는 것이다. 예를 들어, 100시간의 치료를 진행한다면 100시간의 치료가 필요한 사람 7~10명을 구성하여 일주일에 2시간씩 1년간 치료를 진행하고 1년 후에 같이 마무리하는 것이다. 폐쇄형 집단을 구성하여 운영하면 각 구성원들은 모두 동등한 입장에서 시작하여 집단의 형성과 발전을 함께 경험하게 된다. 또한 매 회기 모두에게 동일한 내용을 제시하고 다루게 되므로 치료의 주제가 일치하여 진행을 준비하기가 쉬울 수 있다. 워크시트 등을 준비하기도 편리하고, 치료자가 계획성 있게 주제를 분류, 배치하기에 용이하다. 구조화나 수료 등도 한꺼번에 진행할 수 있으므로 편의성이 높다. 또한 집단치료가 끝나고 나면 휴식기를 두고 치료자도 쉬거나 교육, 연구에 집중하는 등의 재충전을 하고 다음 집단을 시작할 수 있다. 반면, 일정 인원이 구성되기를 기다려야 하므로 대상자가 적은 현장에서는 어쩔 수 없이 소수로 시작하거나 형기나 치료명령 등이 먼저 끝나는 사람에 맞춰 전체 기간을 단축시켜야 하는 등의 어려움이 발생할 수 있다. 또한 치료의 초반에 라포를 형성하고, 치료에 대한 거부감을 낮추어 나가는 과정에서 치료자가 모두를 대상으로 치료의 원리를 설명하고, 저항을 감당해야 한다. 치료에 반응하고 라포가 형성되는 속도는 개인마다 다르지만, 집단에 따라서는 거부적인 대상자를 3~4명 지속적으로 치료에 포함시킨 상태에서 운영하거나 전체적으로 거부적인 분위기가 형성되어 곤란을 겪는 경우도 발생한다. 따라서 구성원을 모으는 과정에서 행정기관 및 관계자들의 태도(예를 들면, 강압적인 참여나 일정 조절로 인한 불만)나 초반에 반사회적인 구성원의 거부적인 분위기 선동 등에 의해 영향을 많이 받는다. 따라서 초반의 거부가 응집력 있는 집단으로 바뀔 때까지 치료자는 많은 노력과 세심한 주의를 기울여야 한다.

개방형 집단은 치료가 지속적으로 진행되는 도중에 언제든지 새로운 구성원의 집단에의 참여와 오래된 구성원의 수료가 가능하다. 각 구성원은 유사한 치료 과정을 경험하지만 각기 진행 단계가 다르다. 따라서 매 회기 동일한 단계의 주제가 다루어지는 것이 아니라 각 구성원의 단계에 해당되는 여러 단계의 주제가 동시에 다루어진다. 예를 들어, 7명의 구성원이 10단계의 프로토콜에 따른 치료를 받고 있을 경우 특정한 날짜에 각 사람은 2, 3, 5, 5, 7, 8, 9단계의 주제들을 다루고 있을 수 있다. 따라서 개방형 집단의 치료자는 개별 구성원에 대해 더 분화된 사례개념화를 하고, 각자의 특성에 대해 잘 알 뿐 아니라 치료 프로토콜의 각 단계를 익숙하게 적용할 수 있어야 한다. 개방형 집단은 집단의 분위기와 응집력이 한번 형성되면 구성원들 간의 학습과 전수가 쉽게 이루어진다는 장점이 있다. 더 늦게 치료에 참여한 사람은 오래 참여한 사람들이 뒷부분의 회기에 참여하는 것을 보면서 자신의 이후 과정을 예측하고 미리 생각해 볼 수 있다. 또한 오래 참여한 사람들은 처음 참여하는 사람들의 불안을 잘 알기에 치료자를 대신하여 자신의 경험을 공유하며 보다 효율적인 도움을 줄 수 있다. 특히 처음에 치료에 저항을 보이는 사람의 경우, 치료자가 그 사람을 설득하고 치료에 참여시키는 것보다 구성원 중 오래된 사람이 자신의 경험을 통해 이야기하는 것이 더 효과적이다. 그래서 대개 새로운 구성원이 참여하게 되면, 기존 구성원이 이 치료집단에 대해 설명해주는 것을 첫 시간의 구조화에 꼭 포함시키게 된다. 이러한 상호작용은 성범죄자들에게 필요한 대인관계 및 서로 도움을 주고받는 경험을 자연스럽게 제공하게 되는 특성도 갖게 된다. 또한 각기 다른 시간의 치료명령을 받은 사람들도 언제든지 참여하고 수료할 수 있어서 운영이 용이하다. 반면, 치료자 입장에서는 휴식이나 교육, 연구에 집중할 시간이 필요한 경우, 치료를 멈추면 각기 다른 단계에 있는 사람들의 치료가 모두 중단되므로 치료자의 일정이나 대체 또는 보조치료자의 운영에 대한 사전 고려가 필요하다.

4) 매뉴얼의 유형과 선택

성범죄자 심리치료 프로그램을 구성하고 운영하기 위해 각 기관이나 상황에 따라 참고해야 할 사항이나 허용, 제약되는 부분이 다르다. 대상자의 특성이 다르기 때문에 프로그램에 포함될 내용이나 강조점도 다르다. 이러한 다양한 내용들을 정리하고 통일성을 갖게 하기 위해 마련하는 것이 매뉴얼이다. 매뉴얼은 크게 운영 매뉴얼과 프로그램 매뉴얼로 나눌 수 있다. 운영 매뉴얼은 치료프로그램의 외적 측면을 다룬다. 어떤 기관에서 얼마만큼의 인원이 얼마 동안 운영하게 되는지, 치료자와 대상자의 특성은 어떠한지, 그 기관의 고유한 특징에는 어떤 것들이 있는지 등을 서술하고, 치료자가 프로그램을 잘 진행하기 위해 알아야 할 치료 외적인 특성들을 다루게 된다. 프로그램 매뉴얼은 실제 치료프로그램을 진행하기 위한 것이다. 프로그램 내에서 어떻게 이야기를 꺼내고, 어떤 원리로 치료를 진행해 나가며, 각각의 치료 요소들은 어떻게 구성되어야 하는지, 특정한 대상자들을 위한 특정한 기법은 무엇인지 등의 치료시간 내에 벌어지는 구체적인 상황들을 설명한다. 준비물이나 과제 등의 필요성 및 구체적 내용 등도 다룬다.

치료프로그램 내용을 구성하여 제시하는 방식은 구조화의 정도에 따라 회기형, 모듈형, 원리형의 세 가지 형태로 나뉜다. **회기형**은 프로그램을 회기에 따라 세밀하게 서술하는 것이다. 회기형 매뉴얼은 수업 교안을 작성하는 것과 유사하게 만들어진다. 도입, 전개, 주요 내용, 마무리 등이 소요시간과 함께 자세하게 서술되고, 치료자가 해야 할 말이나 사용할 예시 등이 자세하게 명시되어 있다. 따라서 회기형 매뉴얼이 있는 경우, 초심자도 그대로 따라하면 되기 때문에 진행이 손쉽다는 장점이 있다. 그러나 회기형 매뉴얼은 치료의 중요 원칙인 반응성(responsivity)을 가지고 융통성 있게 프로그램을 운영하는 것에 잘 맞지 않는다. 대상자들의 구성이나 반응과 상관없이 정해진 대로 진행해야 하므로 일방적인 교육에 머무르게 되기 쉽다. 또한 대상자들의 의문점에 대해 답을 하거나, 특정한 주제에서 터져 나온 감정이나 문제점을 다루는 매우 치료적인 활동들이 오히려 허용되기 어렵다. 따라서 심리교육 프로그램이나 훈련 과정에서 일부 사용될 수 있고 초보자들이 선호하는 방식이기는 하나, 전반적인 치료프로그램 매뉴얼로는 덜 적합한 구성 방식이다.

모듈형 매뉴얼은 최근 치료프로그램에서 많이 활용하는 방식이다. 모듈식 접근이란 회기형 매뉴얼이 각 회기에서 다룰 내용들을 일괄적으로 한정 지어 놓고 획일적으로 적용함에 따른 부작용을 개선한 방식으로, 모듈별로 주제를 정해 놓지만 그 주제 안에서 적용되는 프로그램들에 융통성을 부여한 것을 말한다. 기존의 회기형 매뉴얼의 경우, 일견 매뉴얼 내에서는 통일성이 있어 보이지만 실제 활용하는 장면에서는 그 매뉴얼에서 언급하고 있는 대상자와 특정 프로그램에 실제 참여한 사람들의 지적 수준, 동기수준 등이 다르거나 치료자의 사전 경험 등이 다른 경우에, 마치 맞지 않는 옷을 입혀야 하는 것처럼 부적절한 내용들이 다루어져야만 하는 단점이 있었다. 따라서 프로그램을 통해 다루어야 할 주제들을 우선 명시한 뒤, 그 주제에서 필수적으로 다루어야 할 내용과 집단 또는 대상자의 특징에 따라 융통성 있게 적용할 수 있는 내용을 함께 제시하고, 실제 치료자가 이를 선택해서 진행할 수 있도록 만드는 방식이 보다 유용함이 제시되었고 이러한 방식으로 제작되는 것이 모듈형 매뉴얼이다. 모듈형 매뉴얼은 해당 모듈에 활용할 수 있는 다양한 기법 및 활용 가능한 소주제들을 제시하고, 대개 실제 진행시간보다 더 많은 기법이나 주제를 제시하여 치료자가 선택할 수 있는 가능성을 높인다. 또한 제시된 소주제들은 꼭 다루어야 할 필수적 요소와 상황에 따라 선택할 수 있는 추가적 요소로 구분하여 치료자가 집단의 특성, 시간 구성 등에 따라 각 소주제를 선택할 수 있지만 정말 중요한 요소는 빠뜨리지 않을 수 있도록 안내한다.

마지막으로, **원리형** 매뉴얼은 주로 전문가를 대상으로 치료의 원리와 논리에 대하여 자세히 설명하는 것을 주 내용으로 하는 형태이다. 원리형 매뉴얼은 치료자가 해야 할 구체적인 말(멘트, 대사)을 제시하기보다 내담자의 특성과 해당 문제가 발생, 지속되는 이유, 그것을 해결하는 방법에 대한 논리적인 해설 등을 제공한다. 관련 개념이나 이론을 배경으로 기법을 설명하되, 그 기법을 개발하고 사용하는 이유와 목적 등을 정확히 이해할 수 있도록 서술하는 방식을 택한다. 따라서 원리형 매뉴얼은 치료자가 정확하게 방향을 잡고 자신의 내담자에 따라 융통성 있게 치료 원리에 따른 개입을 제공할 수 있다는 큰 장점이 있으나, 초보 상담자의 경우 어떻게 시작하고 진행해야 하는지에 대해 매우 막연하게 여겨지거나 중요한 내용을 다루지 못하고 분위기나 내담자의 이야기에 끌려가는 상황도 발생할 수 있다. 우리나라보다 심리치료자의 자격을 높게 정하는 서구의 매뉴얼에서 더 많이 발견되는 형태이기도 하다.

2. 인적 환경

1) 대상자

인원은 폐쇄형인 경우 5~10명 정도, 개방형인 경우 4~15명 정도로 구성하는 것이 가능하다. 지나치게 많으면 충분한 나눔이 어렵고 일방적인 교육으로 흘러가기 쉬우므로 좋지 않다.

대상자들은 가능한 한 동질적인 집단이 좋다. 동질적이라는 조건에는 연령, 교육수준, 범죄의 유형(소아 대상/성인 대상), 죄질의 정도 및 판결정도(집행유예/장기복역) 등이 포함된다. 이러한 조건이 비슷할 때 서로 공감하기 좋을 뿐 아니라 치료자가 모듈을 선택하기에 용이하다. 그러나 고향이나 거주지가 가까운 것, 공범 등의 요소는 오히려 포함되지 않는 것이 낫다. 치료자에 따라서는 이질적인 집단이 문제가 되지 않거나 오히려 선호된다는 경우도 있다(Marshall, Marshall, Serran, & Fernadez, 2013). 동질적인 집단의 경우 비슷한 문제점이 있거나 동일한 영역에서의 학습이 결핍되어 있어서, 서로 도움을 주는 것에 한계가 있다는 것이다. 따라서 치료자의 역량에 따라서는 어떠한 차이점도 치료적으로 활용할 수 있다. 다만, 반사회적인 성향을 가진 사람들이나 범행을 지속적으로 부인하는 사람의 숫자는 제한하는 것이 좋다. 사전 평가를 통해 정신병질이나 치료 동기를 검토하여 이들의 숫자가 2~3명을 넘지 않도록 조절해야 한다. 이는 집단의 분위기를 치료에 우호적으로 유지하고, 치료자가 한두 명을 통제하기 위해 치료 내에서의 전반적인 주의력을 빼앗기지 않기 위함이다. 정신병질 성향이 높은 사람의 경우 그 수준에 따라 아예 제외하거나 별도의 프로그램(예: 법무부, 2018)의 특별 프로그램에 배치하는 방법을 선택할 수 있다. 범행을 부인하는 사람들의 경우 그들을 위한 별도의 집단을 구성하거나(Marshall, Marshall, Fernandez, Malcolm, & Moulden, 2008) 예비 프로그램을 통해 미리 동기를 높여 놓을 필요가 있다. 어떤 치료 모듈에서는 이들을 아예 제외를 하는 경우도 있다. 그러나 이보다는 가능한 한 이들을 포함시켜서 치료하는 것이 사회를 위해서는 더욱 필요하기 때문에 다른 보완책들을 마련하는 고민들이 이루어진다. 한 가지 방법은 한 집단 안에 부인하는 사람들이 너무 많이 들어가지 않도록 사전검사를 통해 제한하는 것이다. 범행을 인정하는 사람(admitter)들이 많으면 집단 압력(group pressure)을 통해 이들에게 접근하기가 더 쉬워지기 때문이다. 캐나다의 경우 연방 시스템의 도움이 있다. 성범죄자들이 자신이 문제를 부인할 경우 이들은 프로그램에 참여하지 않는 다른 기관으로 보내지는데, 다른 기관은 훨씬 엄격할 뿐 아니라 범죄자들 사이에서 성범죄자들은 불쾌한 경험을 하게 된다. 부인하는 사람들만을 위한 프로그램도 있는데, 그 경우는 초반 회기에서 왜 성범죄자들이 부인을 하는가에 대한 설명을 하고 참가자들과 그 주제로 토론을 하며 이후 참가자들이 자신의 생각을 바꿀 수 있는 기회를 준다. 이후 회기에서는 재발 방지에 대한 프로그램과 자신의 사례와 비슷한 다른 사람의 사례를 통해 위와 비슷한 프로그램을 진행한다. 부인하는 사람들을 위한 6개의 요소로 된 치료 전 프로그램을 운영하기도 한다. 첫째, 과거의 부인에 대해 이야기하고 그 이점에 대해 이야기하며 판단을 존중한 후, 이제는 그 이점이 더 이상 소용없음을 말하여 이들이 체면을 유지할 수 있도록 해 준다. 둘째, 변화의 가능성에 대한 낙관적인 태도를 불러일으킨다. 셋째, 부인의 목적에 대해 이야기하고 이것을 성범죄자들이 변화할 수 있는 방법으로 재개념화(reframe)한다. 넷째, 재개념화를 반복하여 각자에게 충분히 적용한다. 다섯째, 피해자에 대한 공감을 소개한다. 마지막으로, 기존의 관점에 대한 도전을 할 것에 대해 동의를 받은 후 점차 도전을 시작해 나간다. 따라서 집단의 구성이 행정편의에 의해서만 이루어지는 것이 아니라, 치료자의 의견이 적극적으로 반영되어 구성 자체에서부터 치료적인 환경이 이루어지도록 해야 한다.

지적장애가 있는 경우는 프로그램에 함께 참여하기 어려운 경우가 많다. 인원수가 많은 경우 별도의 집단을 구성하는 것이 바람직하다. 이는 지적장애가 있는 성범죄자들이 프로그램에서 잘 이해를 못하고 전체의 시간을 많이 차지하게 되는 등의 어려움도 있을 뿐 아니라, 치료집단 내에서 소외되거나 피해를 입는 등의 문제도 발생할 수 있기 때문이다. 따라서 가능하면 지적장애자를 위한 별도의 프로그램(정미영, 박지순, 최은영, 공마리아, 이장규, 2015)을 활용하여 치료집단을 구성하거나 개인치료의 방식을 취하는 것이 낫다.

청소년 집단의 경우, 공범이나 같은 지역사회에서 이미 알고 있는 대상자들이 함께 집단에 포함되는 경우가 많다. 이러한 경우 그들 사이의 위계가 형성되어 치료 내에서 지속적으로 말조심을 하거나 새로 사귄 청소년들끼리 다시 비행집단을 형성하려는 움직임이 발생되기도 한다. 또한 지역사회의 피해자에 대한 정보를 서로 노출할 수도 있다. 따라서 별도 집단구성이 가능한 경우 사전 검토를 통해 공범을 분리하거나 서로 아는 대상자들을 적절히 갈라놓는 고려가 필요하다. 또한 치료시간 이외의 연락이나 교류를 엄격히 금지할 필요가 있다.

2) 치료 팀의 구성

치료 팀을 구성하기 위한 고려사항으로는 치료 팀 구성원의 성별, 숫자, 전공 및 경력, 직무 등을 살펴보아야 한다.

성별은 대개 남녀 치료자가 한 쌍으로 들어가는 것이 가장 이상적으로 여겨진다. 남녀 치료자가 진행하면 마치 부모와 같은 심리적 분위기를 형성하여 권위 있는 사람으로서의 가족이 재구성되는 느낌이 들고 치료 팀도 균형 잡힌 시각을 얻을 수 있기 때문이다. 종종 치료 워크숍 등에 참여하는 초심자나 관련 부서 직원들은 여성이 진행하는 것에 대한 의문을 표하기도 하지만, 성범죄자 심리치료의 진행자는 특정 성별을 대변하는 것이 아니라 인간 대 인간으로서의 만남으로 치료를 진행하는 것이므로, 여성 치료자가 혼자 진행하거나 여성 주 치료자와 여성 보조치료자가 함께 진행하는 것도 전혀 이상하지 않다. 다만, 대상자들이 종종 초반에 여성 치료자를 '여자'로 생각하여 공격적인 질문을 하거나, 반대로 성적인 이야기를 꺼내는 것을 조심스러워하는 경우가 있으나, 이는 치료자가 그러한 분위기를 깨뜨리고 진솔한 관계로 전환될 수 있도록 진행할 필요가 있다.

치료자의 비율이 너무 많거나 적지 않도록 조절할 필요가 있다. 예를 들어, 대상자는 5명인데 치료자, 보조치료자, 법무부 직원, 수련생이 함께 들어가면 대상자들이 압도되는 경향이 있다. 반대로 7~8명 이상 숫자로 집단이 구성되고 치료자가 혼자 진행하게 되면 대상자 관찰에 사각지대가 발생할 가능성이 있으므로 보조치료자가 요구된다.

기관 내부인과 외부인이 치료를 진행할 때는 각기 다른 장단점이 있다. 외부인이 치료를 진행하는 경우는 대상자들이 좀 더 편하게 생각하고 비밀이 잘 지켜질 것이라 생각하여 자신들의 이야기를 좀 더 쉽게 꺼내는 경향이 있다. 또한 전문성에 대해 보다 높은 기대를 하며, 자신들이 외부에 전달하고 싶은 이야기를 호소하고자 하는 경향이 있다. 반면, 시설이나 법적인 절차에 대해 잘 모를 것이라 생각하여 구체적인 이야기를 생략하거나 과장된 이야기를 호소하는 경우도 있다. 외부에서 구금시설에 들어가는 경우에는 성범죄자들이 다른 범죄자들에게 무시를 받는 경향이 있다던가, 죄명에 대해 잘 이야기하지 않는 경향이 있다는 등의 성향을 미리 이해하고 오리엔테이션을 받을 필요가 있다. 기관 내부인이 치료를 진행할 때는 우선 역할의 혼돈을 주의해야 한다. 특히 관리자 역할과 치료자 역할을 둘 다 맡게 되는 경우는 피하는 것이 좋다. 치료시간에서의 공감이나 지지적인 역할을 치료시간 이외에 규정위반 상황에서 기대하게 되거나, 반대로 치료시간에 관리자에게 감시받는 듯한 느낌을 받는 것은 두 상황 모두에서 역할혼돈을 야기한다. 따라서 자신이 담당하지 않는 사람들로 서로 바꾸어서 치료를 하거나, 관리자인지 모르는 상태에서 치료를 진행하는 것이 좋다. 관리자 역할이 없는 치료 업무 담당자의 경우에도 대상자들은 기관 내 사람에게는 다소 말을 조심하는 경향이 있다. 자신에게 불리한 내용이 전달될 것에 대한 걱정이 있으므로, 비밀보장의 원칙과 한계에 대해 미리 잘 안내할 필요가 있다. 또한 치료시간이 법적인 문제에 대한 지나친 토론의 장 또는 국가(주로 사법체계)에 대한 비판과 성토 및 변호의 장이 되지 않도록 신경 쓸 필요가 있다.

치료자의 자격에 대해서는 일괄적으로 정하기가 어려운 점이 있다. 특히 우리나라와 같이 심리치료자의 자격이 법제화가 되어 있지 않고 전문가가 부족한 상황에서는 서구에서와 같은 자격을 규정할 경우, 현실적으로 치료자를 구하기 어려운 문제도 발생할 것이다. 그러나 성범죄자 치료의 어려움과 중요성을 고려한다면, 심리치료 분야의 석사학위 이상의 학력과 전국 규모의 인정받는 심리치료 관련 학회 1급 자격증을 소지할 것이 최소한의 요건으로 필요하다. 성범죄자의 심리치료는 재범률 감소라는 명확하게 기대하는 효과가 있으며, 이를 이루어내기 위해서 치료시간 내에 최대한의 전문성을 발휘하여 밀도 있는 치료를 해내야 하는 작업이기 때문이다. 그리고 대부분의 치료비용을 국민의 세금으로 지불하게 된다는 점에서 충분한 효과를 낼 수 있을 정도의 적절한 훈련을 받은 사람이 진행해야 할 뿐 아니라, 이에 걸맞는 적절한 수준의 비용이 지불되어야 할 것이다. 따라서 심리치료 분야의 자격증 이외에도 성범죄자 심리치료에 대한 훈련 및 슈퍼비전의 경험이 반드시 필요하다.

3) 치료자의 특성

(1) 상담자-내담자 관계

치료의 기법과 과정에서 치료적 관계는 핵심적으로 중요한 요소이다. 좋은 관계가 형성되지 않고는 적절한 치료가 이루어질 수 없다. 좋은 관계는 시간이 흐름에 따라 점차 형성되고 발전되어가며 관계의 깊이에 따라 적용할 수 있는 치료기법도 달라질 수 있다.

성범죄자의 치료에서 쉽게 취하게 되는 태도가 '**직면적 스타일**(confrontational style)'이다. 그러나 연구들은 직면하는 스타일의 치료가 별로 효과가 없을 뿐 아니라 오히려 부정적인 효과를 나타낸다고 말하고 있다. 직면적인 스타일을 사용하는 사람들은 대개 성범죄자들에 대한 부정적인 가정을 가지고 있으며, 좀 더 권위적으로 행동하거나 심지어는 공격적인 태도를 보이는 것이 필요하다고 믿는 경향이 있다. 이런 상황이 되면 참여자들은 '성범죄자'라는 낙인을 받아들일 수밖에 없는 취약하고 무력한 느낌을 받는다. 그러나 그 결과는 참여자가 치료에서 중도탈락하거나 수료하더라고 아무런 효과를 얻지 못하는 것으로 나타난다. 치료시간에만 순응하는 척하고 실제로는 아무런 도움도 얻지 못하는 결과를 낳기도 한다. 자존감이 낮은 참여자들은 억지로 복종해야만 하는 상황에서 괴로움을 겪으면서 자존감이 더 낮아지게 된다. 더욱 문제가 되는 것은 직면적인 모습을 보이는 치료자들은 대개 내담자들의 욕구보다 '자신의 욕구에 더 충실한' 모습을 보이기 쉽고, 종종 치료자의 적대감을 합리화하여 표현하는 경우가 많다는 것이다(Garland & Dougher, 1991).

Marshall(1996)은 '치료에 대한 긍정적 접근'을 이야기하면서, 긍정적인 접근이 보다 치료의 효과를 최대화할 수 있다고 이야기하였다. Mann(1998) 역시 일반적인 재발 방지(relapse prevention)의 접근이 '회피적 목적(avoidance goal)'을 설정해 놓는 것이므로, 보다 긍정적인 것을 목적으로 하여 목표 상황이 분명하게 하는 '접근적 목적(approach goal)'보다 성취도가 저하된다는 주장을 하였다. 이는 다시 말하면, 왜 범죄를 저질렀는지 원인을 알아 그것을 피하는 것보다, 범죄가 가능한 상황에서 어떻게 범죄를 저지르지 않게 되었는가를 알아 그것을 연습하는 것이 더 효과적이라는 것이다. Moos와 Schaefer(1986)의 연구에서도 직면적 스타일을 사용한 집단이 긍정적 접근을 사용한 집단에 비해 집단 응집력, 독립성, 질서와 조직화, 치료자에 대한 지지도가 낮았고, 자존감, 공감, 인지왜곡, 주장성 등의 치료 전후의 대부분의 척도 비교에서도 직면적 스타일의 효과가 적었다. 심지어 Miller와 Sovereign(1989)의 연구에서는 직면적 스타일과 지지적인 도전을 하는 스타일을 비교한 결과, 일 년 후 지지적 도전 집단에서는 치료 효과가 나타난 반면, 직면적 스타일에서는 치료 효과가 나타나지 않았을 뿐 아니라 음주량이 오히려 늘어나는 결과를 보였다. 즉, 직면적 스타일은 '반(反) 치료적'인 방법으로 나타났다.

성범죄자에 대한 치료적 태도에 대한 연구는 비교적 최근에 이루어지고 있는데, 일찍이 Alexander 등(1976)은 이미 일반적인 심리치료 효과의 60%가 치료자 요인에 의한 것이라는 결과를 보고하였다. 치료자의 긍정적 요인으로 밝혀진 것들은 다음 〈표 10-1〉과 같다. 치료자는 치료 참여자들이 자기 자신을 스스로 성범죄자, 강간범, 성추행범, 노출광 또는 더 심한 욕으로 표현하는 것을 제지하는 것이 좋다. 오히려 '성폭행을 범했던 사람'으로 지칭하는 것이 잠재적인 변화의 가능성을 더 촉진한다. 공격성이나 방어적인 태도가 높은 경우에는 반영적인 태도가 주도적인 태도보다 더 긍정적인 결과를 가져온다는 것도 기억하는 것이 좋다.

표 10-1 성범죄자 심리치료자의 긍정적 요인

공감하는	존중하는	따뜻하고 친절한
진실하고 진지한	보상하고 격려하는	주도적이거나 반영적인
자신감 있는	관심 있어 하는	직면하지 않고 도전하는
적절히 자기 노출하는	유머를 적절히 사용하는	명료하게 의사소통하는
적극적인 참여를 격려하는	친사회적 태도를 격려하는	개방형 질문을 사용하는
좌절이나 어려움을 적절하게 다룰 줄 아는		각 이슈에 적절히 시간 배분을 하는

(2) 남성 그룹 특유의 지도방법

이 책에서 다루고 있는 성범죄자는 남성들을 대상으로 하고 있다. 범죄를 저지른 남성 집단치료는 여성이나 혼성 집단치료와 분위기가 매우 다르다. 따라서 범죄 관련 남성들만의 집단치료를 진행할 때에 대상자들에게 잘 전달되도록 하기 위해 다음과 같은 형태로 이야기를 하는 것이 필요하다.

초반에는 직접적인 직면을 피하는 것이 좋다. 범죄자 집단의 남성들은 특히 초반에는 대개 방어적인 모습을 띤다. 방어를 하기 위한 행동의 예로 피해자나 다른 사람을 비난함으로써 자존감을 유지하려고 하는 특징이 있다. 누군가를 낮추는 것을 자신이 높아지는 것으로 여기는 것이다. 또한 즉각적인 지적은 비난으로 받아들인다. 자존감이 낮을수록 자신에 대한 지적을 받아들이지 못한다. 비난한다고 생각하고 변명을 하거나 공격을 하는 태도를 보이기도 한다. 따라서 일단 라포 형성을 목적으로 '일반적인' 성범죄자들이 어떠하다고 이야기하고, 분위기가 형성될 때까지 기다리는 것이 좋다. 나중에라도 라포가 형성되면 즉각적 직면이 가능해진다.

직면을 해야 할 때는 수용적인 태도로 하되 경멸하는 분위기는 피해야 한다. 직면과 치료 효과는 부적 상관(Marshall, 2001)이 있다. 따라서 수용을 통해 털어놓을 수 있도록 하는 것이 중요하다. 문제는 '타이밍'이다. 수용을 하다가 언젠가는 자신을 돌아볼 수 있도록 하고, 행동이나 태도를 수정해 주어야 하기 때문이다. 적절한 타이밍은 대개 부인과 방어가 약해지는 시점이다.

스스로의 생각을 과도하게 강하게 주장하고 있을 때는 좀 더 기다리는 것이 좋다. 자신의 생각 또는 주장에 대해 스스로도 의구심을 품거나 확신이 약해지는 시점을 파악하는 것이 중요하다. '어떻게 그런 말(생각)을 할 수 있느냐'는 태도보다는 '그 말(생각)이 어떤 뜻이지요?'라는 질문으로 다른 사람은 다르게 받아들이거나 상처(위협)받을 수 있다는 것을 알려 준다.

도덕적인 지적 역시 라포를 해치는 결과를 가져온다. 성범죄자들은 특히 주변 사람으로부터 악한 사람이라는 비난을 많이 받기 때문에, 도덕적인 비난에 민감하다. 따라서 유사한 느낌을 받으면 바로 방어적인 태도를 취하기 쉽다. 그들의 '나쁜 행동'은 '기술 부족'으로 재개념화하는 것이 좋다. 사실상 학대나 반사회적 행동의 이면에는 사회적 의식 또는 의사소통 능력의 부족이 있다. 이들은 사회적인 비난의 대상이 된 경험이 많아서 집단 내에서라도 체면을 차릴 수 있도록 도와주어야 관계가 유지된다.

지나치게 남성적인 태도를 보이는 경우, 이것이 불안이나 자존감의 위협에 대처하는 행동이라는 것을 이해하고 본인에게도 그렇게 알려 주는 것이 필요하다. 남자들은 성장 과정에서 계집애 같다, 약하다, 덜떨어졌다, 무능하다, 부적절하다는 말로 인해 많은 상처를 받아 왔다. 그래서 남성들은 사회화 과정에서 이런 느낌에 극단적으로 민감하게 반응하곤 한다. 따라서 스스로를 대담하다, 초연하다, 유능하다, 권위적이다, 해박하다는 식으로 방어를 발전시키는 경향이 있다. 과도하게 남성적인 모습을 보이거나 그러한 주제를 통해 방어를 하기 시작하면, 실제 이슈가 무엇인지를 눈치채고 그것을 언급해야 한다. 예를 들어, 수치감을 표현한 직후 스포츠 이야기로 주제를 바꾼다면 이는 약한 모습을 노출한 후 당황하여 남성적인 태도를 보이고자 하는 방어일 수 있다. 부드러운 태도로 수치감이라는 주제를 다시 언급하고 다룰 수 있도록 한다.

체면을 지켜 주는 태도를 지키는 것이 좋다. 이들은 부정적인 태도를 억제하고 의사전달하는 법에 익숙하지 않고, 오히려 위협적인 태도를 취하는 것에 익숙하다. 진행자는 체면을 세워 주면서 중립적인 언급을 통해 의사를 전달하는 모델링을 제공해야 한다. 부정적인 내용을 전달하면 반드시 싸우게 된다거나 자신의 단점을 이야기하면 처음부터 확실하게 막아야 한다는 생각을 가지고 있는 경우, 자신의 체면이 손상될 것이 예측되면 치료자에게 매우 거부적인 태도를 취하게 된다. 이런 경우, 잠정적인 언어를 사용하는 것도 좋은 방법 중 하나이다. 예를 들면 다음과 같은 표현들이 있다. '좀 다른 말일 수 있지만……' '아마 우리가 실패에 대해 이야기하기 쉽지는 않겠지만……' '여러분들은 내가 틀렸다고 생각할 수 있지만……'과 같은 형식이다. 또는 일부만 인정하는 방법을 사용할 수도 있다. 성범죄자의 말을 일부 인정하되 일부는 인정하지 않는 것이다. 종종 초보 치료자는 성범죄자의 이야기에 동조하게 되었다고 생각하여 조심스러워하거나 선배 치료자를 의아하게 생각할 수도 있으나, 이는 '일부 불인정'이고 '차후 재언급'의 의미가 있다. 대개 이야기를 꺼낸 사람은 치료자의 수용여부를 민감하게 파악하여, 자신의 이야기가 모두 받아들여지지 않았음을 눈치채고, 다시 생각해 보게 된다. 반대로 나아진 부분에 대해서는 공개적으로 이야기하여 인정해 주는 것이 좋다. 체면을 차리게 해 줄 뿐 아니라 좋아진 부분에 대해 인정을 받으면 집단 내에서도 존중받는 느낌이 강해지고, 향후 치료에도 보다 적극적이 된다.

반드시 전달해야 할 이야기가 위협적이거나 직면을 해야 할 경우라면 공감과 함께 전달해야 한다. 그 사람의 주관적인 입장을 먼저 언급한 뒤, 다른 생각의 가능성을 제시한다. 예를 들면, '아, 당신은 보호한다고 생각했지만 그녀는 통제한다고 느낄 수 있었겠군요.' '미안하다고 생각하는 것은 좋은 태도이지만, 그게 시작이지요.' '거절이 정말 괴로웠을 때, 좋지 않은 결정을 한 거군요.'와 같은 식이다. 자신의 입장에서 이야기를 들어야 치료자의 이야기가 귀에 들어오게 된다. 다른 방법으로는 치료자가 직접 이야기하기보다 집단원들의 직면을 격려한다. 같은 입장에서의 이야기가 더 받아들이기 쉬울 뿐 아니라, 유사한 용어로 전달을 하기 때문이다.

마지막으로는 남자들끼리의 끈끈한 유대를 촉진하도록 집단의 분위기를 형성한다. 같은 입장에 있는 사람들끼리 모여서 서로 도움을 주고받는 집단이 되도록 하는 것이다. 남성들 간의 결집력, 멋진 우정, 서로 밀어주고 끌어주는 발전지향적인 모임 등의 분위기가 되도록 치료자가 서로 간의 상호작용을 격려하고 응집력(cohesion)이 생기도록 한다.

4) 행정 및 사법기관의 참여

성범죄자의 심리치료는 대개 사법기관에서 이루어지게 되므로, 행정 및 사법기관의 참여와 협력이 필수적이다. 치료자와 기관과의 의사소통이 충분하지 않으면 아무리 치료프로그램이 좋아도 그 치료적인 효과가 나타나지 않을 수 있다. 따라서 다음과 같은 협조가 필요하다.

(1) 범죄 관련 정보의 제공

치료자는 첫 번째 프로그램이 진행되기 전 어떠한 방식으로든 대상자의 범죄 관련 정보를 접할 수 있어야 한다. 예를 들면 다음의 내용들을 확인할 필요가 있다.

① 판결문
② 범죄사실 조회
③ 수사경력 조회
④ 판결전 조사서(실시한 경우)
⑤ 거주지 및 가족 관련 정보(주민등록등본 등)
⑥ 위험성 평가 결과(PCL-R, K-SORA 등)
⑦ 기타 참고가 될 만한 사항들(수용 등급, 교도소 내 업무 또는 작업 유형, 보호관찰 등급 및 순응도, 위치추적/약물치료 관련 정보 등)

앞과 같은 자료들을 통해 치료자는 프로그램에 참여하는 사람들의 유형이나 위험성, 욕구 등에 대한 정보를 얻을 수 있다. 예를 들면, 반사회성이나 정신병질에 해당하는 사람이 몇 명인지, 어느 정도의 성향을 가지고 있는지에 따라 집단 구성원을 조절하거나 다른 집단과 인원 배치를 바꿀 수 있다. 구성을 바꿀 수 없는 상황일지라도 공범 여부에 대한 정보, 나이나 교육수준, 지적 능력 및 피해자의 특징, 출소나 보호관찰 만료까지의 기간 등에 대한 정보를 알면 그것을 어떻게 치료적으로 활용할 것인지에 대해 계획을 세울 수 있게 된다. 또한 초기에 방어적인 모습을 보일 때, 대상자들의 이야기가 진실인지 아닌지도 알 수 있게 된다. 물론 알지 못하는 태도(not-knowing posture)로 그들의 문제를 있는 그대로 받아들여 파악하는 것도 때로 중요하지만, 반사회성이 높은 대상자가 있을 경우 치료자가 오히려 속아 넘어가게 되는 경우도 발생하기 때문이다. 따라서 최대한 많은 정보를 알고, 더 나은 개입을 위해 그 정보를 끊임없이 활용해야 한다.

(2) 치료자에게 권한 부여

치료자가 대상자에게 영향을 미칠 만한 요소가 있어야 한다. 법적, 제도적인 권한이 있다면 명시화하여야 하고, 담당자를 통해 그 사실이 전달되어야 한다. 또한 치료 결과나 치료자의 평가가 비공식적인 권한이나 처우에 영향을 미칠 수 있다면 치료자가 알 수 있어야 한다. 그래야 효과적으로 대상자들에게 동기를 부여하고 프로그램 진행을 유리한 입장에서 주도할 수 있게 된다. 성범죄자들은 대개 치료의 초반에는 치료에 대한 동기가 없다. 오히려 불만을 가지고 집단에 참여하게 된다. 또한 자신에게 이익이 되는 것과 불이익이 되는 것에 민감한 상태이다. 따라서 치료자가 대상자들에게 영향을 줄 수 있는 권한이 있다면, 그것이 치료에 순응하는 큰 동기로 작용하게 되는 것이다. 외적인 통제나 보상을 통해 초반에 대상자들의 동기를 유지시키고, 집중을 하게 한 후, 점차 자신의 삶을 더 낫게 만들어 가겠다는 내적인 동기가 유발되도록 목표의 전이를 이루어 가야 한다. 반대로 치료자가 전반적인 처우나 대상자들의 삶에 아무런 영향력이 없는 상태에서 해당 시간에만 만나는 경우라면 치료자의 힘이 상대적으로 감소한다. 그렇게 되면 초반의 라포 형성이나 치료자의 지도에 따르는 속도가 낮아질 가능성이 높아지는 것이다. 영향력을 행사할 수 있도록 하는 방법으로는 치료 관련 심사위원회에 담당치료자가 위원으로 참여하거나 비중 있는 의견제시를 할 수 있는 등의 조치가 있겠다. 때로는 치료자가 그러한 권한을 부담스러워하는 경우도 있다. 대상자의 처우에 중요한 영향을 미치는 결정을 치료자가 내렸을 때, 원한을 살까 두려워하는 경우도 있다. 그런 경우에는 위원회 등을 마련하여 책임을 분산시키되, 위원회의 결정에 중요한 영향을 미치는 정도로의 역할을 내세워 지나친 부담이나 결정으로 인한 책임 및 원한으로부터 보호할 필요가 있겠다.

치료자는 또한 대상자가 기관에 잘 적응하고, 기관에서의 개입에 잘 반응하도록 도와줄 필요가 있다. 그러기 위해서는 교정시설의 보안이나 작업장 등에 대해서도 어느 정도 알고 있어야 하고, 사회 내 처우라면 보호관찰, 전자감독, 수강명령 등에 대해 어느 정도 경험과 지식이 필요하다. 그리고 대상자가 그러한 조치들에 대해 지나친 반감을 갖지 않도록 도와주어야 하며, 그러한 반감이 대상자의 삶의 질 또는 정서적 안정에 영향을 미치는 정도라면 이를 다루어 줄 필요가 있다. 또한 사회 내 처우의 경우, 점검을 받으러 오는 날짜를 프로그램의 진행일과 겹치도록 하여 편의를 봐주거나 일부러 다르게 하여 관리를 강화하는 등의 조치를 할 수 있으므로 이러한 사항을 고려하여 일정을 정하도록 한다. 또한, 프로그램 도중에 발생한 독특한 일이나 결석, 치료날짜의 변경과 같은 정보는 담당자에게 전달되어야 하며, 각 대상자의 처우나 사동의 변화, 관리감독 상황의 변경, 거짓말탐지기 결과 등의 정보들은 담당자로부터 치료자에게 전달되어야 한다.

5) 치료자들 간의 교류

모든 심리치료가 많은 집중력과 치료자의 노력이 필요한 일이겠지만, 특히 성범죄자에 대한 치료는 한 사람이 감당할 수 없는 어렵고 복잡한 일이다. 성범죄자 심리치료는 정부와 사법기관이 밀접하게 연결되어 있는 반면, 민간기관의 지원이나 이해관계, 내담자 본인의 요구는 적은 편이다. 또한 새로운 기법의 개발이나 보급, 연구를 통한 발전이 국가 정책 및 법률에 따라 크게 영향을 받는다. 각국의 성범죄자 심리치료자들은 이러한 내용들을 서로 공유하고 교류하기 위해 학회나 협회를 조직하여 정보를 교환한다.

북미의 경우 **성학대자 치료협회**(Association for the Treatment of Sexual Abusers: ATSA)가 1984년에 조직되어 2019년 현재 20여 개국 3,000여 명의 성범죄자 치료자들이 교류를 하고 있다. 매년 가을 컨퍼런스를 통해 연구와 치료 기법을 공유하고 『성학대(Sexual Abuse)』라는 SSCI 학술지를 격월간으로 발행하고 있다. 유럽과 아프리카를 중심으로 설립된 IATSO(International Association for the Treatment of Sexual Offenders)는 1998년 조직되었고, 이들은 『Sexual Offender Treatment』라는 온라인 저널을 발간한다. 오세아니아 지역에서는 1996년에 ANZATSA(Australian and New Zealand Association for the Treatment of Sexual Abuse)가 조직되어 150여 명의 회원들이 지속적으로 교류를 하고 있다. 아시아의 경우, 각국에 성범죄자 치료가 보급이 되기는 하였으나 국제적인 협력을 이루지는 못하고 있으며, 한국에서도 2013년 캐나다의 Marshall 박사 초청강연을 계기로 한국 성범죄 치료 연구회(Korean Association for the Treatment of Sexual Abuse: KATSA)가 발족되었으나 아직 많은 활동을 보이지 못하고 있다. 한국심리학회 내의 분과학회나 한국상담학회 등의 기존 학회에서 학술대회 주제로 발표되거나 교정심리, 교정상담 등의 연구모임 또는 분과의 형태로 교류가 진행되고 있다.

제11장

다양한 성범죄자에 대한 치료

1. 지적장애 성범죄자

1) 지적장애와 성범죄

지적장애인은 사회적으로 부적절한 행동을 보이므로 자주 성범죄의 피해자 또는 가해자로 노출될 수 있다(전영실, 이승현, 권수진, 이현혜, 2010). 성학대 사건 중 40~50%는 지적장애가 있는 사람이 저질렀다는 보고가 있다(Sobsey & Doe, 1991). 범죄학에서는 낮은 지능이 위험요인이라는 시각이 있으며, 실제 범죄율이나 재범률이 높게 보고되고 있다(Stouthamer-Loeber et al., 2002). 사법기관에 의뢰된 지적장애 성범죄자의 재범률은 35~40%로 다른 성범죄자의 3.5배에 달한다고 보고되고 있다(Gross, 1985). 우리나라의 경우, 지적장애가 있는 성범죄자들은 다른 집단에 비해 남자를 대상으로 범행을 하는 경우와 14세 미만 소아를 대상으로 한 범행이 유의하게 많은 것으로 드러났고, 이에 대한 별도의 교육이 제안되었다(조성희, 정지숙, 김효은, 2008).

2) 지적장애 성범죄자 프로그램의 주요 내용

지적장애가 있는 성범죄자의 경우, 성에 대한 인지적 왜곡, 공감능력의 부족, 대인기술의 부족, 자기조절력의 부재 같은 인지적 결함이 있는 사람들이 취약해지기 쉬운 요인들이 성범죄 관련 변인들로 지목된다(이수정, 장은영, 양재원, 2015). 지적장애가 있는 성범죄자의 경우 정신장애나 물질관련 장애를 가진 성범죄자에 비해 성인보다 접근이 쉬운 소아를 범행대상으로 삼는 경향이 있다. 이는 성인과의 관계에서 성적 욕구를 해소하지 못하여 일어나는 현상으로, 소아기호증과 같은 성도착과는 원인이 다르다(신상헌 외, 2012). 따라서 일탈적인 성기호에 대한 치료보다는 적절한 교육과 반복적인 학습이 더 도움이 된다. 지적장애가 있는 성범죄자에 대한 개입 프로그램으로는 인지행동치료가 효과적이며, 성지식의 부재보다는 인지적 왜곡을 수정하는 교육적 프로그램이 가장 효과적인 것으로 보고되고 있다(이수정 외, 2015). 일본의 경우도 지적장애를 포함한 발달장애 또는 정신장애 등을 수반하는 경우에는 지도를 강화하고, 가족 프로그램 등을 추가하여 시행하고 있다(박상열, 강경래, 2008).

국내의 지적장애 성범죄자를 위한 프로그램은 국립법무병원에서 실시하는 하나의 프로그램이 있으며 그 효과 검증 연구도 실시된 바 있다(정미영, 박지순, 최은영, 공마리아, 이장규, 2015). 그러나 그 효과 검증이 지적장애자가 실시하기 어려운 자기보고식 검사로 이루어졌고, 대조군이 없이 9명의 실험군의 변화만으로 측정된 예비조사의 성격이 강하다는 한계가 있으며, 저자들은 다양한 콘텐츠를 활용하는 프로그램이 필요하다는 제언을 하고 있다(정미영 외, 2015). 지적장애 성범죄자들을 위한 개입프로그램을 개발하기 위해서는 당연히 지적장애인들의 특성을 이해하고, 이들의 학습 및 성 관련 특성을 프로그램 개발 과정에 반영하여야 한다. 지적장애인들은 지적능력의 심각한 제한으로 인해 일상생활을 하는 데 필요한 적응행동(adaptive behavior)의 결함을 보인다. 지적능력의 제한과 적응행동의 결함은 지적장애인들의 일상생활 상황에서 비장애인과는 다소 다른 독특한 사회·심리적 특성을 갖게 하고, 이는 다양한 분야에서 지적장애인의 성공적인 적응을 방해하기도 한다(송준만 외, 2016). 지적장애인은 인지적 측면을 포함하여 발달의 다양한 영역에서 지체를 보이는 것이 주요한 특징이기는 하나 신체발달에 있어서는 비장애인과 크게 다르지 않다. 비장애인들이 다양한 성적 발달과 성의식 수준을 보여 주는 것처럼 지적장애인 역시 성적인 관심이 매우 높은 사람부터 낮은 수준까지 넓은 스펙트럼의 성적 관심과 욕구, 생식능력을 보여 주고 있다(Walker-Hirsch, 2007). 지적장애인도 비장애인과 똑같은 감정의 복합체를 가지고 있으며, 성적 발달의 속도 역시 비장애인과 비슷한 성숙 속도를 보여 주고, 이에 따른 성적 욕구와 기대를 나타내고 있다(이해경, 김혜원, 2009). 지적장애 성범죄자의 경우 일부 학령기 중학교에서 제공되는 성교육 프로그램을 받았을 수 있으나, 학교 프로그램에서는 대개 신체발달, 생식기관의 위생적 관리, 임신과 출산, 이성관계 및 성학대 예방에 대한 내용을 주로 가르치고 있다(김유리, 2009; 이해경, 김혜원, 2009). 따라서 성범죄에 이르기까지의 문제행동을 수정하기 위해서는 기존의 교재 이상의 특화된 접근이 필요하다.

3) 지적장애 성범죄자 프로그램의 방법

지적장애인의 학습 특성을 살펴보면, 주의집중 시간이 짧고 한 번에 집중할 수 있는 정보의 양이 상대적으로 적은 편이다. 따라서 잘 정리된 정보를 간결하고 분명하게 학생이 집중하기 쉬운 방식으로 제공해 줄 때 학습이 유리해진다(송준만 외, 2016). 지적장애인의 경우 단일한 감각 양식의 정보를 제공하기보다는 다양한 감각 양상을 활용하여 학습이 이루어질 수 있도록 하는 것이 효과적이다. 따라서 지적장애인이 알아야 할 성과 관련된 교육 내용을 선정하고, 이를 간결하고 분명하게 정리하여 시각과 청각적 정보를 함께 제공할 수 있는 동영상과 같은 시청각 매체를 활용하는 것이 좋다(정진옥, 2000). 시청각 매체를 활용하여 다양한 시각 자료를 실제적이고 효과적인 방식으로 제시할 수 있고, 지적장애인이 이해할 수 있는 양이나 수준으로 짧게 제시하는 것도 가능하다. 교수매체를 적절하게 활용하면 학생이 성교육 프로그램에 보다 역동적으로 참여할 수 있고, 짧고 재미있는 방식으로 교육 내용을 반복적으로 제시, 연습할 수 있는 기회를 만들 수 있다는 점이 좋다(송준만 외, 2016; 정진옥, 2000). 시청각 자료와 함께 지적장애인이 학습한 바를 직접 실연해 보는 기회를 가질 수 있도록 인형극이나 역할극 활동을 활용하는 것도 좋다. 지적장애인은 언어 기반의 학습과 함께 실제 또는 모의체험을 통한 연습이 꼭 필요하기 때문이다(송준만 외, 2016). 역할극 실연을 하면서 지적장애 학습자가 성교육 프로그램에서 배운 바를 직접 행동해 보면서 참여하거나 질문에 응답하게 함으로써 학습의 효과성을 높일 수 있다. 반복적인 형태의 모의체험을 강화할 수 있는 방식으로 디지털 매체의 활용은 상당히 효과적이다. 모의 상황의 제시가 다채롭고, 지적장애인의 반응에 대해 즉각적인 피드백이 가능하며, 학습자의 학습을 반복 강화할 수 있기 때문이다. 디지털 매체를 활용한 역할극 등의 실연 방법은 지적장애인의 개인 학습 프로파일(learner profiles)에 맞게 선택하고 개별화된 접근이 이루어질 수 있도록 하는 것이 좋다(Mercer & Mercer, 2005).

종합해 보면, 지적장애 성범죄자 대상을 위해서는 다음과 같은 특성을 갖춘 개입 프로그램이 필요하다.

① 잘 정의되고 구체적인 행동으로 묘사된 학습 내용을 바탕으로 한 프로그램
② 잘못 학습된 성인지 및 행동을 수정하고, 새로운 적응적 행동을 형성하는 프로그램
③ 다양한 감각을 활용하되, 주의를 유지할 수 있도록 짧고 흥미로운 내용

으로 구성된 프로그램

④ 반복적인 제시를 통해 행동을 익힐 수 있는 프로그램

⑤ 행동시연을 통해 학습한 내용을 체득할 수 있는 프로그램

2. 청소년 성범죄자

1) 청소년 성범죄자들에 대한 오해

청소년 성범죄자들에 대해서 흔히 갖게 되는 오해가 있다(Perry & Orchard, 1992). 우선 청소년 성범죄자들에 대해 흔히 갖게 되는 오해에 대해 살펴보고 진실을 알아보도록 하자.

오해 1. 대부분의 청소년 성폭력은 단지 성에 대해 배우려는 시도일 뿐이다. 진실은, 청소년의 성에 대해 배우려는 시도나 성적인 실험은 성폭력과는 다르다. 성에 대해 배우려는 시도로서의 성적인 행동은 상호 동의된 또래 간의 성적인 실험이다. 반면, 성폭력은 서로 동의된 행동이 아니고 양편의 성적인 욕구가 그 동기가 아니다. 또한 대개 평균 3~5세 정도 어린 아동에게 행해지게 된다.

오해 2. 모든 성범죄자는 남성이다. 진실은, 성범죄자는 남성일 수도 있고 여성일 수도 있다. 사회적으로 남성만이 성폭력을 가하는 것이라는 신념이 있어서 여성의 성폭력은 실제보다 평가절하되고 있다.

오해 3. (미국의 경우 백인이고) 중산층의 청소년으로 평균 이상의 지적인 능력을 가진 청소년들은 성폭력을 저지르지 않는다. 진실은, 청소년 성범죄자는 모든 인종, 사회계층, 지능에서 나타난다.

오해 4. 대부분의 피해자는 성범죄자가 모르는 사람이다. 진실은, 많은 성

범죄자는 피해자가 생각하기에 믿을 만한 사람이다. 가족이나 이웃, 베이비시터 등

오해 5. 성폭력은 성숙하게 되면 점차 없어지는 것이다. 진실은, 성인 성범죄자의 50%는 청소년기에 시작되었고, 오히려 나이를 먹음에 따라 더 심각해지는 경우도 많다. 청소년기에 일탈된 성행동을 보이는 사람은 이후 습관적으로 일탈된 성적 선호를 보일 가능성이 크고 재범행을 하기 쉽다. 이는 성범죄자에 대한 치료가 완전한 치료라기보다 심각한 행동문제를 조절하는 것으로 생각해야 하고, 장기적인 유지와 재발 방지에 관심을 두어야 하는 것을 의미한다.

오해 6. 만약 어떤 청소년이 '성범죄자'라는 낙인이 찍히게 되면 그 자체가 재범행을 일으키기 쉽게 한다. 진실은, '성범죄자'라는 낙인에 관심을 기울이는 사람들은 낙인이 미칠 영향을 재범행으로 인해 생기는 문제보다 더 크게 생각하는 경향이 있다. 어떤 연구에 의하면(Abel, 1984), 청소년 성범죄자는 일생 동안 평균 380명의 피해자를 만들어 낸다고 한다. 이러한 사회적인 위험에 비하면, 성범죄자를 규명함으로써 잠재적인 피해자를 줄이는 것은 매우 중요한 일이다.

오해 7. 성폭력은 순전히 성적인 욕구에 의해서 생겨난다. 진실은, 성폭력은 근본적으로는 성적인 동기로 생기는 것은 아니다. 이는 다른 사람에 대한 통제나 공격성이 성적인 형태로 나타나는 것이다.

오해 8. 성폭력은 갑자기, 통제할 수 없는 욕구에 의해 생겨난다. 진실은, 성폭력은 계획된 행동인 경우가 더 많다. 성범죄자들은 의도적으로 대상을 선택하고 가해상황을 마련한다.

오해 9. 청소년에 의한 성폭력은 성인에 의한 성폭력에 비해 상처나 충격이 크지 않다. 진실은, 어떤 종류의 성폭행이든 피해자의 감정과 신체에 엄청난 충격이 있는 것은 마찬가지이다.

오해 10. 문제가 된 성폭력 사건이 그 청소년의 첫 번째 범행일 것이다. 진

실은, 대개 성폭력 가해 청소년들은 한 명에게 반복적으로, 또는 여러 명에게 성폭력을 가한 경험이 있다. 이전의 사건이 발견되지 않았거나 '성적인 실험' 정도로 지나쳤을 가능성이 있다. Ross 등의 연구(1988)에 의하면 성범죄자들이 처음 범행을 시작한 것은 평균 15세라고 보고한 반면, 치료를 처음 받은 것은 33세라고 한다.

2) 청소년 성범죄자의 특성

청소년 성범죄자들은 성인 성범죄자들에 비해 일탈적인 성 취향이 습관화되어 고질적인 성범죄를 저지르기보다는 발달적인 문제와 연관이 되어 있는 경우가 많다. 따라서 신체적, 사회적 변화와 성적 발달에 대한 반응과 대처의 측면을 참고하여 이해하려 노력해야 한다.

(1) 청소년기의 발달적 특성

흔히 청소년 성범죄자라 하면 청소년기와 아동기를 포함하여 이야기하게 된다. 법적으로는 18세 이하를 말하게 된다. 그러나 심리학적으로는 사춘기(puberty) 이전의 아이들과 이후의 청소년들 간에는 많은 차이가 있다. 아동의 경우 성적인 반응을 보이는 어린이(sexually reactive children)라는 용어를 주로 사용하는 반면, 청소년의 경우는 성학대를 저지르는 청소년(sexually abusive adolescent)이라는 용어를 사용하는 경향이 있다. 사춘기의 이차 성징이 나타나기 전에는 성적인 자극을 경험한 것을 모방하거나 호기심에 따른 행동, 또는 호기심의 범위를 넘어가는 행동을 하기도 하지만, 성행위에 한계가 있고 실제적인 생식기능도 없기 때문에, 행위의 동기나 본질에 다소 다른 면이 있기 때문이다. 따라서 성인 성범죄자가 다양한 특징이 있는 것을 고려하듯이 청소년 성범죄자도 다양한 특징을 고려해야 함과 동시에 발달적인 특성까지도 고려해야 한다. 청소년은 성인과는 다른 세계에 살고 있다. 그들은 성인과는 달리 가족과 지역사회 체계에서 행동에 대한 제약을 받기도 하고 다른 기대와 의무에 따라 생활하고 있는 존재일 수 있다.

청소년과 성인 성범죄자의 가장 큰 특징은 이들이 아직 발달 중에 있다는 것이다. 대인관계와 삶에 대한 태도, 믿음, 가치, 관심사, 공감능력, 가족 간의 관계 등의 다양한 주제에 대해서 아직 확립된 상태가 아니기 때문에 흐트러지기도 쉽지만 개입에 반응하여 바로잡기도 쉬울 수 있다. 따라서 이들에 대한 접근에는 교육적인 요소도 많이 포함하는 것이 좋다(Rich, 2009). 신경생리학적인 연구들에 의하면 뇌의 발달도 16세 전후까지 지속되는데, 특히 행동의 조절과 관련된 부분인 전두엽의 발달이 청소년기에 진행된다. 따라서 청소년기의 불안정한 정서나 행동 조절의 실패는 뇌의 성숙에 따라 개선될 가능성이 성인에 비해서 높다고 할 것이다. 계획이나 충동조절을 담당하는 배외측 영역(dorsolateral area), 경험으로부터 학습하고 의사결정에서 보상과 위험행동 간의 균형을 조절하는 능력을 담당하는 내복측 영역(ventromedial area) 등이 청소년기에 주로 발달하는 영역인 것을 감안하면(Steinberg, 2003), 적절한 치료와 교육, 훈련은 많은 변화를 기대하게 할 것이다.

청소년기에 발달하는 또 다른 능력 중 하나는 추상적인 생각과 더불어 심상을 떠올리고, 정신적인 작업을 하며, 상위인지능력을 활용할 수 있게 된다는 것이다. Fonagy(2001)는 이것을 정신화(mentalization)라 불렀는데, 이것은 다른 사람의 행동 뒤에 있는 의미를 파악하고, 그것에 이름을 붙이거나 자신에게 어떤 의미가 있는지를 해석하는 능력까지를 포함한다고 설명하였다. Fonagy, Target 그리고 Steele(1997)에 의하면 비행을 저지르는 청소년들은 몇 가지 이유로 이러한 정신화의 과정에서 어려움이 있다. 첫째, 정신화가 자신에 대한 인식과 연결되어 있기 때문에, 자성능력이나 자신에 대한 정체감의 통합이 잘 이루어지지 않은 경우 책임감 있는 행동을 하기 어려워진다. 둘째, 정신화 능력이 낮으면 자신의 행동에 대한 결과를 예측하거나 피해자에게 미치는 영향을 인지하기가 어렵다. 셋째, 낮은 정신화 능력으로 인해 실제 또는 잠재적 피해자를 평가절하하거나 인간적으로 대하지 못하게 된다. 마지막으로, 사회적 이상이나 가치를 잘 이해하지 못하고 쉽게 해체되어 이기적인 방식의 반사회적 태도를 받아들이게 되기 쉽다.

(2) 청소년기 성범죄와 성인 성범죄의 연관성

청소년 성범죄자와 성인 성범죄자는 공통점이 있다. 대개 가정폭력이나 해체, 학대, 방임과 같은 불안정하고 파괴적인 아동기 경험이 있고, 대인관계에서도 부적절한 애착형성이 시사될 만큼 어려운 경험들이 많다. 이에 더불어 청소년 성범죄에 관심을 가지는 중요한 원인 중 하나는 반복적으로 성범죄를 하는 사람의 경우 많은 피해자를 양산하는데, 그중 다수가 청소년기부터 범죄를 저질렀다는 인식이 있기 때문이다. 약 30~60%의 성인 성범죄자들이 청소년기에서부터 성적으로 부적절한 행동이나 학대적인 관계를 경험했다는 연구가 있다(Abel, Osborn, & Twigg, 1993; Burton, 2000). DSM-5의 반사회적 성격장애나 정신병질(psychopathy)은 18세 이후에 진단이 가능하다. 그러나 18세의 구분은 다소 인위적이고, 17세와 19세 사이에 현저한 변화가 있는 것은 아니다. 따라서 아동기에도 행동문제가 있으면 3세부터 품행장애 진단을 내릴 수 있고, 이는 15세 이전에 발병할 것을 규정하고 있다. 그러나 이러한 연구를 고찰할 때는 연계성이나 포함관계를 잘 살펴야 한다. 정신병질의 경우 일부 유전적인 영향을 주장하는 사람도 있으나, 정신병질이 전적으로 유전자에 의해 결정되는 것은 아니다. 위험요인을 높이는 것이라 해석하는 것이 발달적으로는 더 적절해 보인다(Rich, 2006).

실제로 청소년기의 문제행동은 유전적 기질뿐 아니라 가정과 학교를 비롯한 내적, 외적 스트레스에 대한 반응으로 보는 것이 보다 지배적이다. 청소년 성범죄자의 대부분이 성인 성범죄자가 된다는 것은 실제보다 과장된 해석이다. 청소년 성범죄자의 재범률은 7~15% 정도로 보고되고 있고(Alexander, 1999; Nisbet, Winson, & Smallbone, 2004), 청소년기에 성범죄를 저지르고 처벌을 받은 경우 이후 성범죄보다 다른 범죄의 재범을 하게 될 가능성이 높다는 보고도 있다. 따라서 이들이 전체 집단에 비해서는 고위험 집단일 가능성이 있지만, 잠재적인 성인 성범죄자로 보기는 어렵다.

3) 동기에 따른 청소년 성범죄자들의 유형

앞서 설명하였듯이 청소년 성범죄자들은 다양한 특성이 있는 이질적인 집단으로, 성적으로 부적절한 행동을 했다는 공통점으로 인해 한 집단으로 묶여 있는 상태이다. 따라서 청소년 성범죄자들이 왜 그러한 행동을 했는지에 따라 분류를 하고, 그에 따라 개입하기 위해 다음의 유형을 살펴보자(Bera, 1985; O'Brien, & Bera, 1986).

순진한 실험 유형(Naive experimenter)은 대개 나이가 어리고(11~14세) 행동화하는 문제(acting out)의 과거력이 적다. 성적으로는 순진하고 자기보다 2~6세 어린아이와 폭력이나 협박을 사용하지 않고 성적으로 실험적인 행동을 한두 차례 한 정도이다.

미사회화된 아동 착취형(undersoicalized child exploiter)은 만성적인 사회적 고립이나 유능성의 결여를 보이는 경우이다. 이들의 학대행위는 만성적이고 조작(manipulation), 보상, 다른 유혹들이 포함되는 경향이 있다. 이들의 동기는 주로 자기가 중요하다는 느낌을 갖거나 친밀감을 느끼고자 하는 것이기 쉽다.

유사-사회화된 아동 착취형(pseudo-socialized child exploiter)은 사회기술이 좋고 행동화의 과거력이 거의 없으며 자신감이 있는 모습을 보인다. 이들은 이미 어떤 형태로든 학대를 받았을 가능성이 있다. 이들의 학대는 오랫동안 지속될 가능성이 있다. 대개 착취를 통한 성적인 쾌락을 동기로 하며 자신의 범행을 합리화하여 죄책감이나 후회를 잘 느끼지 못하는 경향이 있다.

성적 공격형(sexual aggressive)은 대개 학대적이고 혼란스러운 가정에서 자라난 경우이다. 오랜 기간의 반사회적 행동, 충동조절 실패, 약물남용과 같은 과거력이 있다. 성적인 공격에 대개 폭력도 포함된다. 지배를 통한 권력의 경험, 분노의 표출, 피해자를 모욕하고자 하는 동기에 의해 범행을 저지른다.

성적 강박충동형(sexual compulsive)의 가족은 대개 정서적으로 억압적이고 경직되게 융합(enmesh)되어 있다. 이들의 범행은 반복적이고 충동적인 성격을 띠는데, 비접촉형(hands-off, 훔쳐보기나 노출)인 경우가 많다. 대개 불안을 감소시키기 위한 동기로 행동을 하는 경향이 있다.

혼란-충동형(disturbed impulsive)은 심리적 질환의 병력이 있는 경향이 많고 가족 역기능이 심하고 약물남용, 학습문제들을 동반하는 경향이 있다. 이들의 범행은 충동적이고 현실검증력의 장애를 반영한다.

집단영향형(group-influenced)은 이전의 비행 과거력이 없고 또래집단과 함께 공격에 어울린 비교적 어린 십대인 경우가 많다. 또래 압력이나 인정의 욕구로 인한 동기를 갖는 경우가 많다.

4) 청소년 성범죄자 치료프로그램의 방향

앞에서 살펴본 것을 토대로 청소년 성범죄자 치료프로그램의 방향을 살펴보면 다음과 같다.

우선, 청소년의 발달 단계를 고려한 프로그램을 구성하여야 한다. 사춘기 이전의 아동들은 주로 순진한 실험 유형이 많을 수 있고, 적절한 성 관련 학습이 적을 수 있으므로 교육적인 내용이 더 많이 포함되고, 환경에 대한 개입이 필요할 것이다. 상대적으로 후기인 16세 이후인 경우에는 정신화를 비롯한 인지능력을 발달시키고 훈련하는 것과 더불어 삶에 대한 태도나 가치를 다루는 내용이 더 많이 포함되어야 할 것이다. 성인은 성적인 일탈성의 정도나 반사회적 성향의 정도에 따라 고착된 형태가 다양하다면, 청소년의 경우 나이와 환경에 따라 그 특징과 범죄성의 정도가 달라진다는 것을 참고하여야 할 것이다.

둘째, 위험요인과 보호요인을 포함한 면밀한 평가와 계획을 세워야 할 것이다. 현재 나타난 문제가 과연 '성적인' 것인지 또는 삶에 대한 다른 부적응이 일시적으로 성적인 형태로 나타난 것인지를 구분하는 것은 해당 청소년에 대한 개인적인 역사와 현재의 가족, 또래, 학교, 지역사회 환경 등에 대한 면밀한 평가를 바탕으로 이루어져야 한다. 다양한 원인과 위험요인에 대한 가능성을 열어 놓고 해당 청소년에 대해 알고자 하는 자세로 평가해야 하며, 내적 자원과 주변 환경을 포함한 전반적인 보호요인을 찾아 연결하는 계획을 세우는 것이 필요하다. 예를 들면, 지능은 향후 적응을 예측할 수 있는 중요한 변인 중 하나이다. 이는 청소년이 아직 독립적인 존재가 아니고 환경의 영향을 많이 받는 중간자적인 입장에 있기 때문에 더욱 그러하다.

셋째, 통합적인 이해와 개입이 필요하다. 청소년 성범죄자의 다양성은 위에 언급한 다양한 가능성을 고려한 평가와 더불어 그들에게 적용될 수 있는 다양한 방법의 개입을 필요로 한다. Rich(2009)는 청소년 성범죄자를 위한 개입에 다양한 이론과 원리가 포함되어야 한다고 주장한다. 지지치료와 통찰치료, 인지행동치료와 정신역동치료, 구조화된 치료와 비구조화된 치료, 지시적인 치료와 비지시적인 치료, 상호작용이나 지식의 전달과 같은 다양한 요소가 포함되어서 각 사람에게 맞추어 제공되는 것이 필요한 것이다. 그렇게 하기 위해서는 이론이나 기법 자체보다 촉진적인 자세로 이들을 이끄는 치료자의 태도가 더 중요하다(Rogers & Wood, 1974).

3. 범죄를 부인하는 성범죄자

범죄를 부인하는 성범죄자는 치료프로그램에서 매우 곤혹스러운 존재이다. 그래서 많은 치료프로그램에서는 범죄를 부인하는 사람은 아예 제외하기도 한다(Happel & Auffrey, 1995). 그러나 Maletzky(1996)와 같은 사람은 "범죄를 부인하는 것은 자연스럽다. 그러나 부인하는 사람에 대한 치료를 부인하는 것은 범죄이다."라고 말하면서 이들에 대한 치료가 중요함을 오히려 강조했다. 범죄를 부인하는 사람에 대한 치료를 시작한 초기에는 범행에 대한 부인을 무너뜨리려는 시도를 했다(O'Donohue & Letourneau, 1993). 이들은 인지 재구조화와 교육적인 내용이 담긴 7회기 프로그램으로 65%의 부인하던 사람이 인정하는 사람으로 바뀌었다고 보고하였다. 그러나 위에 언급한 범죄유발요인 관련 연구 이후 접근법에 변화가 생겼다. 범죄를 부인하는 것은 치료에 협조를 하지 않는 것처럼 보이지만, 연구에 의하면 오히려 이것은 범죄유발요인은 아니다(Hanson & Bussière, 1998; Hanson & Morton-Bourgon, 2005). Hanson(2003)은 "자신의 행동에 대해 변명하는 것은 그것이 괜찮은 일이라 생각하고 다시 반복하는 것보다는 훨씬 나은 태도이다."라고 언급하기까지 하였다. 따라서 이 책의 앞에서도 소개한 RPS의 프로그램에서는 범죄를 부인하는 성범죄자를 위한 프로그램을 별도로 개발하여 운영하였고, 여기에서는 RPS의 범죄를 부인하는 성범죄자를 위한 프로그램을 살펴보겠다.

RPS의 부인하는 성범죄자를 위한 프로그램은 필요에 의해 만들어졌다. 부인하는 사람들이 늘어나면서 만기까지 교정시설에 있다 보니, 새롭게 프로그램을 받아야 할 사람의 자리를 차지하고 있게 되는 상황이 발생한 것이다. 이에 RPS에서는 이들의 범행 부인에 대해서는 묵인하고 범죄유발요인만을 다루는 프로그램을 개발하여 실시하기에 이른 것이다. 이 프로그램의 내용은 통합 프로그램의 주요 프로그램과 거의 일치하는데, 철저하게 재범유발요인을 다루었다. 이들이 잘못 고소되었다면 왜 그런 일이 벌어졌고, 이후의 삶은 어떻게 살아야 이런 일을 다시 당하지 않겠는가에 대해 이야기를 하면서 이들의 입장을 수용하고 이해하는 태도를 취하였다.

부인하는 사람들은 프로그램 초반에는 프로그램의 의도를 믿지 않고 의심어린 눈초리를 보내곤 한다. 또한 협조하지 않는 태도로 짐짓 관심 없는 척하거나 웃고 떠드는 등의 행동을 하여 프로그램을 방해하곤 한다. 따라서 초반에는 동기강화 접근과 구조화가 필요하다. 초반의 시작은 주요 프로그램과 유사하게 치료에 대해 설명하고, 비밀보장의 원리에 대해 이야기하고 자존감을 높여 주는 개입을 시도한다. 자신의 긍정적인 점을 발견하고, 서로 칭찬해 주고 긍정적인 진술을 하도록 돕는다. 과거의 이야기 역시 비슷하게 진행한다. 다만 범행과 시간적으로 가까운 이야기나 범행 자체에 대해서는 대상자들이 개념화하고 구조화한 대로 듣는다. 그리고 다음에 다시 이런 식으로 잘못 고소되지 않으려면 어떤 요소들을 고려해야 하는지를 묻고 생각하도록 한다. 정서적인 불안정, 성관계를 쉽게 갖는 것(특히 술을 마신 후), 컴퓨터로 포르노를 보는 것, 미성년자와 지도 감독 없이 만나는 것 등등의 이야기가 언급된다. 치료자는 이러한 상황을 피할 수 있도록 하는 전략을 함께 짠다. 관계의 문제에서는 애착 유형을 살피고, 신뢰, 의사소통, 동등성 등을 포함한 건강한 관계와 건강한 성행동에 대해 다룬다. 또한 질투, 외로움, 거절에 대처하기 등의 주제를 이야기하며 이전의 대인관계를 점검한다. 스트레스에 대한 대처방식과 정서조절법을 가르치고, 피해자에 대한 위해에 대해 이야기한다. 피해자에 대한 위해를 이야기할 때에는 이들이 공격받는 느낌을 갖지 않도록 주의하고, 피해자에게 다른 성범죄자가 접근하고 있다면 어떨 것 같은지에 대한 이야기를 하는 방식으로 이야기한다. 자기관리 계획에서는 좋은 삶 모델에 따라 두세 가지 영역에서 목표를 세우고 성취해 나갈 계획을 세운다. 여기에서도 역시 회피 목표보다는 접근 목표에 중점을 두고 진행한다.

RPS의 이 프로그램은 이후 재범연구에서 전체 범죄 재범률이 10%, 성범죄 재범률이 2.5%에 불과했다. 치료받지 않은 부인하는 성범죄자가 없어서 대조군은 설정하지 못하였으나, 일반적으로 범죄를 부인하지 않는 치료받은 집단의 재범률이 13%에 해당하는 것을 고려하면 매우 좋은 결과로 보인다 (Marshall et al., 2011).

4. 정신병질 성범죄자

정신병질 성범죄자는 공감이나 후회가 없이 무모하고 억제되지 않은 이기적인 성격을 가진, 지속적인 반사회성을 특징으로 하는 사람들이다(Patrick, Fowles, & Krueger, 2009). Hare(2003)는 이들을 PCL-R(Psychopathy Checklist-revised)을 통해 측정하면서 대인관계(입심 좋음/피상적 매력, 과도한 자존감, 병적인 거짓말, 남을 잘 속임/조종함), 정서성(후회 또는 죄책감 결여, 얕은 감정, 냉담/공감능력의 결여, 자신의 행동에 대한 책임감을 못 느낌), 생활양식(자극욕구/쉽게 지루해함, 기생적인 생활방식, 현실적이고 장기적인 목표의 부재, 충동성, 무책임성), 반사회성(행동통제력 부족, 어릴 때 문제행동, 청소년 비행, 조건부 가석방 또는 유예의 취소, 다양한 범죄력)의 네 가지 요인으로 구성됨을 밝혔다. PCL−R은 0점에서 40점까지의 분포로, 서구에서는 30점 이상이면 정신병질이라고 보고, 우리나라에서는 25점(조은경, 이수정, 2008) 또는 26점(이수정, 고려진, 김재경, 2009)을 기준으로 제시하고 있다. PCL-R은 성범죄자들의 재범을 예측하는 가장 강력한 도구이기도 하다(Hanson & Morton-Bourgon, 2004).

일반적으로는 정신병질자는 치료될 수 없다고 알려져 있으므로(Cleckley, 1941; Hare, 1991), 정신병질인 경우 대개 치료에 회의적인 태도를 취하는 것도 무리는 아니다. Hildebrand, De Ruiter, 그리고 De Vogel(2004)과 같은 사람들은 정신병질자가 치료에 매우 저항적이고 파괴적이어서 치료에 많은 부정적인 영향을 줄 것이라고 경고한 바 있다. Hart와 Hare(1997)는 집단치료나 통찰 중심적 치료는 정신병질자들이 조종하고, 속이는 기술을 확장하는 데 오히려 도움이 될 것이라고 이야기를 하여 더욱 심리치료의 대상이 아닌 것으로 여겨졌다. Seto와 Barbaree(1999)도 교정시설에서 치료받은 224명의 성범죄자를 추적조사하다가 치료 종결 시 좋은 모습을 보여 준 사람들은 32개월 시점 재범률이 낮을 것이라는 가설을 검증하였다. 그런데 놀랍게도 PCL-R에서 15점 이상을 받은 사람들의 경우 치료자의 평가가 좋은 경우가 그렇지 않은 경우보다 더 재범을 많이 한 것으로 나타났다. 이들은 그 결과를 바탕으로 두 가지 가설을 세웠다. 하나는 정신병질자가 치료자를 조종하거나 속였다는 가설이고, 다른 하나는 치료가 정신병질자들을 악화시켰다는 것이었다. 두 번째 가설은 이후 언론에 보도되면서 심리치료의 한계와 정신병질의 심각성에 대해 많은 논란을 불러일으켰다. 그러나 Barbaree(2005)는 자신의 연구에 대하여 6년 후에 추가적인 추적연구를 실시하고 다른 결론을 이야기하였다. 추적연구는 이전의 연구와 두 가지 점에서 달랐다. 하나는 추적기간이 2.5년에서 5년 이상으로 증가하였다는 것이고, 다른 하나는 캐나다 교정국에서 얻었던 재범자료에 경찰청 자료를 포함시켜서 재범자료를 더 철저하게 모았다는 것이다. 그 결과 Barbaree(2005)는 자신과 Seto의 이전 분석에서 나타났던 결과가 달라졌음을 발견하였다. 집단의 PCL-R 중간값인 15점을 기준으로 15점보다 정신병질 성향이 높은 사람들과 낮은 사람들의 재범률에는 차이가 있었으나, 치료에서의 반응과 정신병질 성향이 높은 사람들의 재범률과는 상관이 나타나지 않은 것이다. 또한 5년 이상 추적을 하자 정신병질이 있는 사람들이 초기 2.5년간에 빠른 재범을 보였지만 이후 재범 추이가 현저하게 완화되는 경향이 있는 것도 확인되었다.

Langton(2003) 역시 악화 가설과 다른 결과를 보고하였다. 그는 Seto와 Barbaree(1999)의 자료에 더 많은 사례를 추가한 476명을 추적한 박사학위 논문을 통해 재범률을 조사하였다. Barbaree(2005)와 같은 경찰청 자료를 포함시켰고, 정신병질 집단의 점수를 중간값이 아닌 25점으로 나누었다. 또한 치료에 대한 반응 척도도 보다 개선하였고, 약 6년간을 추적조사하였다. 여러 가지 개선된 설계를 통해 분석한 결과, [그림 11-1]과 같은 재범 생존곡선이 얻어졌다. 통계적으로 의미 있는 차이는 정신병질이 있으면서 치료에서의 반응이 좋지 않았던 집단(가장 재범을 많이 한 집단)이 정신병질이 없는 두 집단보다 재범을 많이 한 것만 드러났다. 정신병질이 있고 치료 반응이 좋은

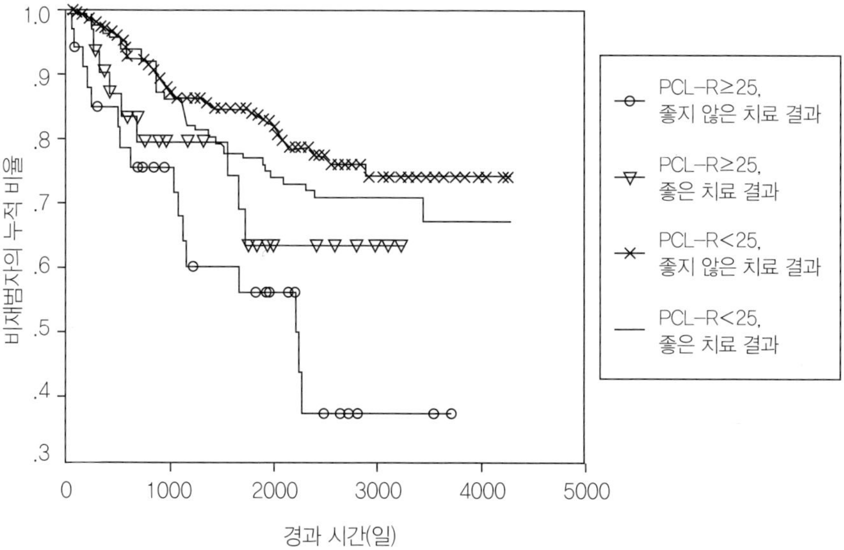

[그림 11-1] 정신병질과 치료 반응에 따른 재범률 생존분석(Langton et al., 2006)

집단은 나머지 세 집단과 통계적으로 차이가 없는 것으로 드러났다.

Barbaree 등(2006)은 이후 PCL-R 점수 25점 이상의 치료받은 성범죄자 61명을 5.6년간 추적조사하였다. 이들의 재범률은 14.75%로, 위험성 평가도구인 RRASSOR을 통해 예측되는 재범률과 비슷하거나 더 낮은 수치를 보이는 것을 확인하였고, 정신병질에 대한 심리치료가 이들을 악화시키므로 치료를 하지 말아야 한다는 가설은 근거가 없는 것으로 재차 확인하였다. 그러나 이 연구는 표본이 작고, 치료받는 사람들의 재범률은 통상적으로 위험성 예측도구의 재범예측률보다 낮게 나온다는 점에서 효과에 의문을 갖게 하였다.

Looman, Abracen, Serin과 Marquis(2005)의 연구들도 비슷한 과정을 거쳤다. 이 연구에서는 102명의 치료받은 사람 중 5년간의 추적기간에서 PCL-R이 25점 이상인 정신병질자의 중범죄 재범(40%)이 정신병질자가 아닌 사람의 재범(19.3%)보다 훨씬 많음을 보고하였다. 그러나 통제집단이 없다는 점과 성범죄가 아닌 중범죄를 측정하였다는 것이 연구의 한계점이었다. Looman(2006)은 이전 연구의 사례를 포함한 275명을 재차 분석하였고, 성범죄에 대한 재범률을 조사한 결과 8.4%로 조사되었다. Looman과 Abracen(2006)은 Looman, Abracen, Serin과 Marquis(2005)의 자료를 재차 분석하였는데, PCL-R의 세부 문항 중 1번(입심 좋음), 2번(과도한 자존감), 10번(자기통제 결여), 14번(충동성) 문항이 성범죄 재범률과 관련이 높았고, 이 문항들에서 낮은 점수를 얻은 사람들은 다른 문항이 높더라도 정신병질 점수가 낮은 사람들과 유사한 재범률을 보이는 것을 보고하여, 성범죄 재범과 연관이 높은 정신병질의 요인들을 찾아내었다. 이 외에도 Salekin(2002)은 정신병질자를 대상으로 한 42개의 논문을 개관하고 60% 이상의 연구에서 긍정적인 효과가 있었음을 보고하였다.

Doren과 Yeats(2008)는 정신병질이 있는 성범죄자들에 대한 연구물 중 방법론적으로 문제가 없는 것으로 여겨지는 10개의 문헌을 개관하고 다음과 같이 두 가지로 정리하였다. 첫째, 성범죄를 포함한 중범죄의 경우, 치료와 관계없이 정신병질자들의 재범률은 높았다. 둘째, 성범죄의 경우 치료의 효과에 대해서는 긍정적인 문헌과 부정적인 문헌이 공존하므로 지속적인 반복연구가 필요하다. 가장 최근에 Sewall과 Olver(2019)는 캐나다의 치료받은 성범죄자 302명에 대한 17.6년의 추적연구를 통해 정신병질이 있는 사람들은 그렇지 않은 사람들에 비해 치료를 끝마치지 못하고 탈락하는 비율이 높음을 보고하였다(30% 대 6%). 그러나 재범률에 영향을 미치는 것은 탈락률보다는 초기의 위험성 평가와 PCL-R 점수를 통제한 상태에서의 치료 내 변화점수였다. 생존분석 결과의 경우 치료에서 변화가 있었던 것으로 판단되는 고위험 정신병질자들은 변화가 없었던 고위험 정신병질자들에 비해 낮은 재범 경로를 밟는 것으로 나타났다.

정신병질이 있는 사람들에 대한 치료는 지속적으로 논란이 되고 있다. 현재까지의 연구로는 악화되었다는 가설은 대체로 반대되는 증거가 나왔고, 치료가 재범률을 줄이는지 치료하기 전과 같은지에 대한 논란 정도로 정리된다. 향후 치료의 구성요소 및 전달 방법 등에 대한 보다 구체적인 연구들이 이 분야의 효과와 효율성을 높여줄 것으로 기대한다.

5. 인터넷 성범죄자

인터넷 기반 성범죄는 우리나라에서는 주로 디지털 성범죄라고 지칭하고 있다. 외국에서는 인터넷 성범죄(internet offending), 온라인 성범죄(online sexual offender) 또는 이미지 기반 성학대(Image-Based Sexual Abuse: IBSA)라고 지칭한다.

인터넷 성범죄자의 유형은 크게 네 가지로 나눌 수 있다. 첫째, **소비형**으로, 아동 포르노(child pornography) 또는 아동 성착취물(Child Sexual Exploitation Material: CSEM)을 소비하는 사람들이다. 이들은 불법인 줄 알거나 때로는 인식하지 못한 상태에서 아동 대상의 사진, 동영상 등을 다운로드받고 저장하며, 자신이 수집한 자료들을 누군가와 공유하기도 한다. Paquette, Fortin과 Perkins(2020)는 이들을 다시 분류하였다. CSEM을 몰래 조심스럽게 보기만 하여 거의 법망에 걸리지 않는 사람들로 종종 자신의 초기 성적인 경험이나 정서적인 결핍감을 달래주는 CSEM에 끌리는 사람들인 검색형, 호기심이나 충동성에 따라 우연히 접하게 되었고 이전에 다른 성적인 문제나 이상행동이 없었던 상황형, 아동에 대한 성적인 환상이 있고 실제 아동성범죄자들보다 더 많은 성적 공상이 있으며 성적인 강박이 있어서 부정적인 정서에 CSEM을 통해 대처하는 유형인 수집형 등으로 구분하였다.

둘째, **교류형**으로, 인터넷을 매개로 아동·청소년과 채팅을 하거나 교류를 나누다가 실제 만남으로 이어지고 성적인 행위를 하기도 하는 사람들이다. 이들은 처음부터 성적인 목적으로 교류를 시작하기도 하지만 실제 사랑에 빠졌다고 생각하거나 지속적인 관계를 유지하고자 하는 사람들도 있다. Briggs, Simon과 Simonsen(2011)은 이들을 아이들을 실제로 만나기 위한 수단으로 온라인을 활용하는 접촉추구형(contact-driven)과, 실제 만나려는 의도는 없고 온라인상에서의 성적인 이야기만을 원하는 공상추구형(fantasy-driven)으로 나누었다. 접촉추구형은 온라인상으로 친분을 쌓아 아동·청소년과의 만남을 유도하는데, 공상추구형에 비해 미혼이고, 무직이 많고, 더 어리고 교육수준이 낮다는 특징이 있는 반면, 공상추구형은 소아기호 성향이 더 강하다고 밝혔다. Tener, Wolak과 Finkelhor(2015)는 온라인에 익숙하고 여러 개의 아이디나 계정을 사용하며 피해자에게 접촉하기 전에 이미 다양한 정보를 파악하고 접근하는 전문가형, 이미 알고 있던 피해자 한두 명과 온라인을 통해 지속적으로 접촉하지만 정서적인 애착은 형성하지 않는 냉소형, 자신의 실제 인적사항을 사용하여 피해자들과 온라인으로 만나 서서히 관계를 형성해 나가며 사랑이나 애착, 애정을 느끼면서 실제 만남을 추구해 가는 애정형, 실제 인적사항을 사용하여 피해자들과 온라인으로 만나 서서히 관계를 형성해 나가지만 성관계에만 관심이 있어서 미성년자를 성적인 만족을 위해 만나고자 하는 성관계형으로 나누었다.

셋째, **배포형**으로, 이미지 기반 성학대물을 생산하거나 배포하는 사람들이다. 이들은 소장 목적으로 피해자 몰래 사진이나 동영상을 찍기도 하고, 애정관계에 있던 사람과의 사진 또는 성관계 영상 등을 찍기도 한다. 그러다가 금전적인 이유 또는 관계가 끝난 이후 복수의 목적 등으로 소장하고 있던 이미지를 유포하여 경제적·심리적 이득을 얻는다. 소장 목적으로 불법촬영을 하는 사람은 관음증으로 인해 치마 속을 촬영하거나 화장실 등에 소형 카메라를 설치하여 수집하고, 나중에 그 영상을 보며 자위를 하는 등의 행위를 통해 성적 만족을 얻는다. 애정관계에서 파트너의 나체나 성관계 영상을 몰래 또는 동의하에 찍는 사람들은 그 당시에는 유포 등의 문제가 발생하지 않으나 관계가 틀어지거나 버림받았다는 느낌이 들면 분노를 이기지 못하고 협박이나 복수의 수단으로 유포하는 경우가 있다. 주로 리벤지 포르노라는 용어로 알려져 있다. 두 가지 유형 모두 P2P 사이트 등 금전적인 이득이나 사회관계망에서의 지위를 얻기 위한 목적으로 자신들이 가지고 있던 이미지들을 판매하거나 업로드하여 유포의 문제를 일으키기도 한다.

넷째, **착취형**으로, 적극적인 성착취 및 협박, 인신매매에 준하는 반사회적인 행위를 하는 사람들이다. 이들은 종종 경제적인 이유로 범행을 하며, 그 과정에서 심리적인 우월감이나 성적인 만족을 부차적으로 취하기도 한다. 우리나라에는 박사방, n번방 등으로 알려진 사건이 대표적이며, 일차적인 이유가 금전적인 이득인 경우가 많다. 범행의 과정에서 공갈, 협박, 금전요구, 사기, 납치, 폭행 등의 다양한 범죄가 동원되며, 피해자에 대한 공감이나 죄책감이 결여된 채 가학적인 행위를 하는 경향이 있다.

인터넷 성범죄자들의 재범률은 일반적인 성범죄자에 비해 다소 낮게 보고된다. 일반적인 아동성범죄자들의 재범률이 5년 추적 시 13%(Harris & Hanson, 2004) 정도인 반면, CSEM을 소비하는 사람들의 재범률은 1.5~6년 추적 시 CSEM 관련 재범이 3.4%, 아동을 접촉한 재범률이 2.0%로 나타났다(Seto et al., 2011). 따라서 이들은 저위험군으로 추정되기 때문에 RNR 원칙(Andrews & Bonta, 2010)에 따라 지나치게 많은 치료는 오히려 부정적인 효과를 야기할 수도 있으므로 대개 상대적으로 짧은 치료를 진행한다. 그러나 일부 착취형과 같이 위험성이 높은 사람들도 있으므로, 구체적인 판단은 개별 사례에 따라 다르게 진행해야 한다. 영국의 경우 SOTP 프로그램을 변형하여 70회기의 i-SOTP(internet SOTP) 프로그램을 개발(Middleton, 2008)하여 활용하였다. i-SOTP의 경우 집단치료는 변화에의 동기(4회기), 범행에서의 욕구(8회기), 피해자 이해와 책임 수용(3~4회기), 정서적 자기조절과 관계기술(13회기), 인터넷과 성범죄(4회기), 재범방지와 새로운 인생목표(3회기)로 구성되어 있고, 유사한 내용을 개인치료로도 제공한다. 영국 법무부 홈페이지에 따르면 최근에는 중위험군 이상의 성범죄자들을 위해 개발한 Horizon 프로그램을 인터넷 성범죄자용으로 수정한 iHorizon 프로그램을 불법 영상물을 다운로드, 소지, 배포한 사람들을 대상으로 시행하고 있다.

제12장
우리나라의 성범죄자 심리치료 프로그램

1. 성범죄자 치료 제도

성범죄자 치료는 대부분 사법체계와 연결되어서 국가의 명령에 따라 진행된다. 따라서 법제도에서 규정한 시간과 방식에 따라 운영된다. 우선, 우리나라에서 실시되는 성범죄자 심리치료의 유형과 법적인 근거에 대해 살펴보고자 한다. 크게 나누면 교정시설 내에서 진행되는 경우와 사회 내에서 진행되는 경우가 있다.

1) 사회 내 처우

(1) 보호관찰 수강명령 및 이수명령

보호관찰이란, 범죄인을 구금하는 대신 일정한 의무를 조건으로 자유로운 사회생활을 허용하면서 국가공무원인 보호관찰관이 직접 또는 민간자원 봉사자인 범죄예방위원의 협조를 받아 지도 감독 및 원호를 함으로써 성행을 교정해 건전한 사회복귀를 촉진하고 재범을 방지하기 위한 형사제도를 말한다(법부무 범죄예방정책국). 수강명령이란 정신적 · 심리적 원인이나 잘못된 문제인식과 행동습관으로 인해 동종의 범행을 반복하게 될 우려가 큰 마약, 음주운전, 가정폭력, 성폭력 등의 범죄인에 대해 일정한 시간 동안 교육과 치료를 받도록 함으로써 성행을 개선하여 적극적으로 재범을 방지하고자 하는 제도이다. 법무부에서는 수강 집행의 전문성 및 효율화 제고를 위해 광역 단위 기관에 '수강집행센터'를 설치, 수강 집행 기능을 통합하고 임상심리사, 정신보건 사회복지사, 전문상담사 등 자체인력을 통해 성폭력 · 가정폭력 · 약물 · 알코올 치료프로그램을 전담 집행하고 있다. 성폭력의 경우 성 관련 인지왜곡과 일탈적 성적 기호의 수정, 피해자에 대한 공감능력 향상, 대처기술 및 사회적응능력 학습에 대한 내용으로 수강명령을 집행하도록 규정되어 있다.

아동 · 청소년의 성보호에 관한 법률(약칭: 청소년성보호법)

제21조(형벌과 수강명령 등의 병과) ① 법원은 아동 · 청소년대상 성범죄를 범한 「소년법」 제2조의 소년에 대하여 형의 선고를 유예하는 경우에는 반드시 보호관찰을 명하여야 한다.

② 법원은 아동 · 청소년대상 성범죄를 범한 자에 대하여 유죄판결을 선고하거나 약식명령을 고지하는 경우에는 500시간의 범위에서 재범예방에 필요한 수강명령 또는 성폭력 치료프로그램의 이수명령(이하 "이수명령"이라 한다)을 병과(併科)하여야 한다. 다만, 수강명령 또는 이수명령을 부과할 수 없는 특별한 사정이 있는 경우에는 그러하지 아니하다. 〈개정 2018. 1. 16.〉

③ 아동 · 청소년대상 성범죄를 범한 자에 대하여 제2항의 수강명령은 형의 집행을 유예할 경우에 그 집행유예기간 내에서 병과하고, 이수명령은 벌금 이상의 형을 선고하거나 약식명령을 고지할 경우에 병과한다. 다만, 이수명령은 아동 · 청소년대상 성범죄자가 「특정 범죄자에 대한 보호관찰 및 전자장치 부착 등에 관한 법률」 제9조의2 제1항 제4호에 따른 성폭력 치료프로그램의 이수명령을 부과받은 경우에는 병과하지 아니한다. 〈개정 2018. 1. 16.〉

④ 법원이 아동 · 청소년대상 성범죄를 범한 사람에 대하여 형의 집행을 유예하는 경우에는 제2항에 따른 수강명령 외에 그 집행유예기간 내에서 보호관찰 또는 사회봉사 중 하나 이상의 처분을 병과할 수 있다.

⑤ 제2항에 따른 수강명령 또는 이수명령은 형의 집행을 유예할 경우에는 그 집행유예기간 내에, 벌금형을 선고할 경우에는 형 확정일부터 6개월 이내에, 징역형 이상의 실형(實刑)을 선고할 경우에는 형기 내에 각각 집행한다. 다만, 수강명령 또는 이수명령은 아동 · 청소년대상 성범죄를 범한 사람이 「성폭력범죄의 처벌 등에 관한 특례법」 제16조에 따른 수강명령 또는 이수명령을 부과받은 경우에는 병과하지 아니한다.

⑥ 제2항에 따른 수강명령 또는 이수명령이 형의 집행유예 또는 벌금형과 병과된 경우에는 보호관찰소의 장이 집행하고, 징역형 이상의 실형과 병과된 경우에는 교정시설의 장이 집행한다. 다만, 징역형 이상의 실형과 병과된 수강명령 또는 이수명령을 모두 이행하기 전에 석방 또는 가석방되거나 미결구금일수 산입 등의 사유로 형을 집행할 수 없게 된 경우에는 보호관찰소의 장이 남은 수강명령 또는 이수명령을 집행한다.

⑦ 제2항에 따른 수강명령 또는 이수명령은 다음 각 호의 내용으로 한다.

1. 일탈적 이상행동의 진단 · 상담
2. 성에 대한 건전한 이해를 위한 교육
3. 그 밖에 성범죄를 범한 사람의 재범예방을 위하여 필요한 사항

⑧ 보호관찰소의 장 또는 교정시설의 장은 제2항에 따른 수강명령 또는 이수명령 집행의 전부 또는 일부를 여성가족부장관에게 위탁할 수 있다.

⑨ 보호관찰, 사회봉사, 수강명령 및 이수명령에 관하여 이 법에 규정한 사항 외의 사항에 대하여는 「보호관찰 등에 관한 법률」을 준용한다.

제44조(가해아동 · 청소년의 처리) ① 10세 이상 14세 미만의 아동 · 청소년이 제2조 제2호 나목 및 다목의 죄와 제7조의 죄를 범한 경우에 수사기관은 신속히 수사하고, 그 사건을 관할 법원 소년부에 송치하여야 한다.

② 14세 이상 16세 미만의 아동 · 청소년이 제1항의 죄를 범하여 그 사건이 관할 법원 소년부로 송치된 경우 송치받은 법원 소년부 판사는 그 아동 · 청소년에게 다음 각 호의 어느 하나에 해당하는 보호처분을 할 수 있다.

1. 「소년법」 제32조 제1항 각 호의 보호처분
2. 「청소년 보호법」 제35조의 청소년 보호 · 재활센터에 선도보호를 위탁하는 보호처분

③ 사법경찰관은 제1항에 따른 가해아동 · 청소년을 발견한 경우 특별한 사정이 없으면 그 사실을 가해아동 · 청소년의 법정대리인 등에게 통지하여야 한다.

④ 판사는 제1항 및 제2항에 따라 관할 법원 소년부에 송치된 가해아동 · 청소년에 대하여 「소년법」 제32조 제1항 제4호 또는 제5호의 처분을 하는 경우 재범예방에 필요한 수강명령을 하여야 한다.

⑤ 검사는 가해아동 · 청소년에 대하여 소년부 송치 여부를 검토한 결과 소년부 송치가 적절하지 아니한 경우 가해아동 · 청소년으로 하여금 재범예방에 필요한 교육과정이나 상담과정을 마치게 하여야 한다.

⑥ 제5항에 따른 교육과정이나 상담과정에 관하여 필요한 사항은 대통령령으로 정한다.

성폭력범죄의 처벌 등에 관한 특례법

제16조(형벌과 수강명령 등의 병과) ① 법원이 성폭력범죄를 범한 사람에 대하여 형의 선고를 유예하는 경우에는 1년 동안 보호관찰을 받을 것을 명할 수 있다. 다만, 성폭력범죄를 범한 「소년법」 제2조에 따른 소년에 대하여 형의 선고를 유예하는 경우에는 반드시 보호관찰을 명하여야 한다.

② 법원이 성폭력범죄를 범한 사람에 대하여 유죄판결(선고유예는 제외한다)을 선고하거나 약식명령을 고지하는 경우에는 500시간의 범위에서 재범예방에 필요한 수강명령 또는 성폭력 치료프로그램의 이수명령(이하 "이수명령"이라 한다)을 병과하여야 한다. 다만, 수강명령 또는 이수명령을 부과할 수 없는 특별한 사정이 있는 경우에는 그러하지 아니하다. 〈개정 2016. 12. 20.〉

③ 성폭력범죄를 범한 자에 대하여 제2항의 수강명령은 형의 집행을 유예할 경우에 그 집행유예기간 내에서 병과하고, 이수명령은 벌금 이상의 형을 선고하거나 약식명령을 고지할 경우에 병과한다. 다만, 이수명령은 성폭력범죄자가 「특정 범죄자에 대한 보호관찰 및 전자장치 부착 등에 관한 법률」 제9조의2 제1항 제4호에 따른 이수명령을 부과받은 경우에는 병과하지 아니한다. 〈개정 2016. 12. 20.〉

⑦ 제2항에 따른 수강명령 또는 이수명령은 다음 각 호의 내용으로 한다.

1. 일탈적 이상행동의 진단 · 상담
2. 성에 대한 건전한 이해를 위한 교육
3. 그 밖에 성폭력범죄를 범한 사람의 재범예방을 위하여 필요한 사항

(2) 치료명령

① 위치추적 전자감시 대상자

위치추적 전자감시(일명 전자발찌) 대상자는 「특정 범죄자에 대한 보호관찰 및 전자장치 부착 등에 관한 법률」에 따라 준수사항으로 치료프로그램을 받아야 한다. 이에 해당하는 법률 조항은 다음과 같다.

특정 범죄자에 대한 보호관찰 및 전자장치 부착 등에 관한 법률

제9조의2(준수사항) ① 법원은 제9조 제1항에 따라 부착명령을 선고하는 경우 부착기간의 범위에서 준수기간을 정하여 다음 각 호의 준수사항 중 하나 이상을 부과할 수 있다. 다만, 제4호의 준수사항은 500시간의 범위에서 그 기간을 정하여야 한다. 〈개정 2010.4.15.〉

4. 특정범죄 치료프로그램의 이수
5. 그 밖에 부착명령을 선고받는 사람의 재범방지와 성행교정을 위하여 필요한 사항

특정 범죄자에 대한 보호관찰 및 전자장치 부착 등에 관한 법률 시행령

제13조(상담치료 등의 집행) ① 법무부 장관은 다음 각 호의 시설 또는 단체를 지정하여 법 제15조 제2항의 치료 및 상담치료 등을 실시하게 할 수 있다. 〈개정 2009. 7. 30., 2010. 12. 29., 2017. 5. 29.〉

1. 「정신건강증진 및 정신질환자 복지서비스 지원에 관한 법률」 제3조 제4호에 따른 정신건강증진시설
2. 「성폭력방지 및 피해자보호 등에 관한 법률」 제10조에 따른 성폭력피해상담소,

같은 법 제27조에 따른 전담의료기관
3. 특정 범죄자를 치료하고 특정 범죄자 교정프로그램을 개발 · 실시한 경험이 있는 민간 단체 또는 기관
② 법무부 장관은 제1항의 치료 및 상담치료 등에 대하여 예산의 범위에서 비용의 전부 또는 일부를 지급할 수 있다.
③ 법무부 장관은 제1항의 치료 및 상담치료에 필요한 프로그램의 개발과 전문인력의 양성을 위하여 노력하여야 한다.
④ 법무부 장관은 제1항에 따른 지정을 받은 시설 또는 단체가 치료 및 상담치료 등을 실시하기에 부적당한 경우 그 지정을 취소할 수 있다. 〈신설 2010. 7. 12.〉

② 성충동 약물치료 대상자

성충동 약물치료 대상자 역시 심리치료를 병과받아서 이수해야 한다. 「성폭력범죄자의 성충동 약물치료에 관한 법률」 제2조에 의하면 성충동 약물치료는 약물투여 및 심리치료 등의 방법으로 명시되어 있고, 시행령 제5조에는 인지행동치료 등 심리치료 프로그램이라고 기록한 후, 그 내용을 1. 인지 왜곡과 일탈적 성적 기호의 수정, 2. 치료 동기의 향상, 3. 피해자에 대한 공감능력 증진, 4. 사회적응 능력 배양, 5. 일탈적 성행동의 재발 방지, 6. 그 밖에 성폭력범죄의 재범 방지를 위하여 필요한 사항이라고 비교적 자세하게 기록되어 있다. 또한 심리치료 프로그램을 월 1회 이상 실시하도록 규정하고 있다.

성폭력범죄자의 성충동 약물치료에 관한 법률
제2조(정의) 이 법에서 사용하는 용어의 뜻은 다음과 같다. 〈개정 2011. 8. 4., 2012. 12. 18., 2016. 1. 19., 2017. 10. 31., 2017. 12. 19.〉
1. "성도착증 환자"란 「치료감호 등에 관한 법률」 제2조 제1항 제3호에 해당하는 사람 및 정신건강의학과 전문의의 감정에 의하여 성적 이상 습벽으로 인하여 자신의 행위를 스스로 통제할 수 없다고 판명된 사람을 말한다.

2. (생략)

3. "성충동 약물치료"(이하 "약물치료"라 한다)란 비정상적인 성적 충동이나 욕구를 억제하기 위한 조치로서 성도착증 환자에게 약물 투여 및 심리치료 등의 방법으로 도착적인 성기능을 일정기간 동안 약화 또는 정상화하는 치료를 말한다.

제10조(준수사항) ① 치료명령을 받은 사람은 치료기간 동안 「보호관찰 등에 관한 법률」 제32조 제2항 각 호(제4호는 제외한다)의 준수사항과 다음 각 호의 준수사항을 이행하여야 한다.

3. 보호관찰관의 지시에 따라 인지행동 치료 등 심리치료 프로그램을 성실히 이수할 것

성폭력범죄자의 성충동 약물치료에 관한 법률 시행령

제5조(인지행동 치료 등 심리치료 프로그램) ① 법 제10조 제1항 제3호에 따른 인지행동 치료 등 심리치료 프로그램(이하 "심리치료 프로그램"이라 한다)은 다음 각 호의 내용을 포함하여야 한다.

1. 인지 왜곡과 일탈적 성적 기호(嗜好)의 수정
2. 치료 동기의 향상
3. 피해자에 대한 공감능력 증진
4. 사회적응 능력 배양
5. 일탈적 성행동의 재발 방지
6. 그 밖에 성폭력범죄의 재범 방지를 위하여 필요한 사항

② 심리치료 프로그램은 성충동 약물치료(이하 "약물치료"라 한다) 기간 동안 월 1회 이상 실시되어야 한다.

③ 법무부 장관은 심리치료 프로그램의 개발과 전문 집행 인력의 양성을 위하여 노력하여야 한다.

2) 시설 내 처우

(1) 치료감호제도

치료감호란 심신장애 상태, 마약류 · 알코올이나 그 밖의 약물중독 상태, 정신성적(精神性的) 장애가 있는 상태 등에서 범죄행위를 한 자로서 재범(再犯)의 위험성이 있고 특수한 교육 · 개선 및 치료가 필요하다고 인정되는 자에 대하여 적절한 보호와 치료를 함으로써 재범을 방지하고 사회복귀를 촉진하는 것을 말한다. 「치료감호법」 제2조 제3항에 의하면 소아성기호증, 성적가학증 등 성적 습벽이 있으며 성범죄를 저질러서 금고 이상의 형을 받은 사람은 치료감호를 받도록 되어 있다. 치료감호는 최장 15년까지 연장될 수 있으며, 우리나라의 치료감호 기관은 공주 치료감호소로서 국립법무병원이라고도 부른다. 사실상 성범죄자 중 가장 일탈성이 강하고, 장애에 해당할 만큼 성도착적 문제가 심한 사람들을 대상으로 하는 곳이기 때문에, 심리치료와 관련하여 가장 많은 프로그램이 개발, 시행되고 있다. 한때 인성치료재활센터라는 이름으로 치료감호소 내에 성범죄자 심리치료를 전담하는 기관이 있었으나, 현재는 전반적인 치료의 일부로 재편되었다. 치료감호소는 다른 교도소와 달리 노역을 하지 않고 정신과 병원과 유사하게 자체적으로 편성한 치료프로그램들을 운영한다.

치료감호 등에 관한 법률(약칭: 치료감호법)

제1조(목적) 이 법은 심신장애 상태, 마약류 · 알코올이나 그 밖의 약물중독 상태, 정신성적(精神性的) 장애가 있는 상태 등에서 범죄행위를 한 자로서 재범(再犯)의 위험성이 있고 특수한 교육 · 개선 및 치료가 필요하다고 인정되는 자에 대하여 적절한 보호와 치료를 함으로써 재범을 방지하고 사회복귀를 촉진하는 것을 목적으로 한다.

제2조(치료감호대상자) ① 이 법에서 "치료감호대상자"란 다음 각 호의 어느 하나에 해당하는 자로서 치료감호시설에서 치료를 받을 필요가 있고 재범의 위험성이 있는 자

를 말한다. 〈개정 2014. 12. 30.〉

3. 소아성기호증(小兒性嗜好症), 성적가학증(性的加虐症) 등 성적 성벽(性癖)이 있는 정신성적 장애인으로서 금고 이상의 형에 해당하는 성폭력범죄를 지은 자

제16조(치료감호의 내용) ① 치료감호를 선고받은 자(이하 "피치료감호자"라 한다)에 대하여는 치료감호시설에 수용하여 치료를 위한 조치를 한다.

② 피치료감호자를 치료감호시설에 수용하는 기간은 다음 각 호의 구분에 따른 기간을 초과할 수 없다.

1. 제2조 제1항 제1호 및 제3호에 해당하는 자: 15년

④ 그 밖에 치료명령의 집행에 관하여 필요한 사항은 대통령령으로 정한다.

(2) 교정시설 내 프로그램

성범죄자의 대부분은 교정시설에서 복역을 한다. 일부 성적 일탈성이 강한 사람들은 위에 언급한 치료감호를 받지만 대개는 교도소로 가게 되며, 법무부 홈페이지에 의하면 2017년 성폭력 재소자는 5,480명으로 나타난다. 성범죄자들은 교도소 내에서 범죄의 유형에 따라 최대 500시간까지의 치료프로그램을 이수해야 한다. 특히 아동청소년 대상의 성범죄자는 많은 시간의 심리치료를 받아야 한다. 법무부는 2016년 심리치료과를 신설하여 성폭력, 아동학대, 동기 없는 범죄 등의 범죄자들에 대한 전문적이고 체계적인 교육 및 치료를 담당하도록 하였다. 지방교정청은 사회복귀과, 교도소는 보안과에서 수용자 심리치료 및 성폭력 사범 이수명령을 담당하고 있다.

성폭력범죄의 처벌 등에 관한 특례법

제16조(형벌과 수강명령 등의 병과)

② 법원이 성폭력범죄를 범한 사람에 대하여 유죄판결(선고유예는 제외한다)을 선고하거나 약식명령을 고지하는 경우에는 500시간의 범위에서 재범예방에 필요한 수강

명령 또는 성폭력 치료프로그램의 이수명령(이하 "이수명령"이라 한다)을 병과하여야 한다.

⑤ 제2항에 따른 수강명령 또는 이수명령은 형의 집행을 유예할 경우에는 그 집행유예기간 내에, 벌금형을 선고하거나 약식명령을 고지할 경우에는 형 확정일부터 6개월 이내에, 징역형 이상의 실형(實刑)을 선고할 경우에는 형기 내에 각각 집행한다.

⑥ 제2항에 따른 수강명령 또는 이수명령이 벌금형 또는 형의 집행유예와 병과된 경우에는 보호관찰소의 장이 집행하고, 징역형 이상의 실형과 병과된 경우에는 교정시설의 장이 집행한다. 다만, 징역형 이상의 실형과 병과된 이수명령을 모두 이행하기 전에 석방 또는 가석방되거나 미결구금일수 산입 등의 사유로 형을 집행할 수 없게 된 경우에는 보호관찰소의 장이 남은 이수명령을 집행한다.

⑦ 제2항에 따른 수강명령 또는 이수명령은 다음 각 호의 내용으로 한다.

1. 일탈적 이상행동의 진단 · 상담
2. 성에 대한 건전한 이해를 위한 교육
3. 그 밖에 성폭력범죄를 범한 사람의 재범예방을 위하여 필요한 사항

아동 · 청소년의 성보호에 관한 법률(청소년성보호법)

제21조(형벌과 수강명령 등의 병과)

② 법원은 아동 · 청소년대상 성범죄를 범한 자에 대하여 유죄판결을 선고하거나 약식명령을 고지하는 경우에는 500시간의 범위에서 재범예방에 필요한 수강명령 또는 성폭력 치료프로그램의 이수명령(이하 "이수명령"이라 한다)을 병과(倂科)하여야 한다.

③ 아동 · 청소년대상 성범죄를 범한 자에 대하여 제2항의 수강명령은 형의 집행을 유예할 경우에 그 집행유예기간 내에서 병과하고, 이수명령은 벌금 이상의 형을 선고하거나 약식명령을 고지할 경우에 병과한다.

⑤ 제2항에 따른 수강명령 또는 이수명령은 형의 집행을 유예할 경우에는 그 집행유예기간 내에, 벌금형을 선고할 경우에는 형 확정일부터 6개월 이내에, 징역형 이상의 실형(實刑)을 선고할 경우에는 형기 내에 각각 집행한다.

⑥ 제2항에 따른 수강명령 또는 이수명령이 형의 집행유예 또는 벌금형과 병과된 경우에는 보호관찰소의 장이 집행하고, 징역형 이상의 실형과 병과된 경우에는 교정시설의

장이 집행한다. 다만, 징역형 이상의 실형과 병과된 수강명령 또는 이수명령을 모두 이행하기 전에 석방 또는 가석방되거나 미결구금일수 산입 등의 사유로 형을 집행할 수 없게 된 경우에는 보호관찰소의 장이 남은 수강명령 또는 이수명령을 집행한다.

⑦ 제2항에 따른 수강명령 또는 이수명령은 다음 각 호의 내용으로 한다.

1. 일탈적 이상행동의 진단 · 상담
2. 성에 대한 건전한 이해를 위한 교육
3. 그 밖에 성범죄를 범한 사람의 재범예방을 위하여 필요한 사항

법무부와 그 소속기관 직제 시행규칙

제8조(교정본부)

⑩ 심리치료과장은 다음 각 호의 사항을 분장한다. 〈신설 2016. 9. 5.〉

1. 수용자에 대한 심리치료에 관한 기본계획의 수립 · 시행
2. 수용자에 대한 심리치료 관련 법령의 제정 · 개정 및 제도의 연구 · 개발
3. 소속기관의 심리치료 업무 운영에 대한 평가 및 지도 · 감독
4. 수용자 심리치료에 관한 전문교육 및 심리상담 프로그램 연구 · 개발
5. 성폭력사범에 대한 치료프로그램의 이수명령 집행에 관한 사항
6. 아동학대사범에 대한 치료프로그램의 이수명령 집행에 관한 사항
7. 약물 · 행위 중독 관련 수용자 교육 · 상담에 관한 사항
8. 관심대상 수용자, 사형확정자 등 전문 상담에 관한 사항

2. 우리나라의 성범죄자 치료프로그램

1) 청소년 성범죄자 치료프로그램

(1) 인간존중 프로그램

우리나라에서 본격적인 성범죄자 심리치료가 시작된 것은 2003년 청소년

보호위원회에서 연세대학교 의과대학에 성폭력 가해 청소년에 대한 치료프로그램의 개발 및 시행을 의뢰한 것으로 볼 수 있겠다. 이 프로그램은 2년간의 시범실시를 거쳐 2005년 매뉴얼을 발간하였고, 이후 2010년 지적제한 청소년용이 개발되어 보급되었다. 이 프로그램의 대상은 성폭력 가해 청소년으로 프로그램의 개발과 운영은 현재 여성가족부에서 하고 있으나, 구체적인 대상은 주로 법무부의 수강명령을 받는 청소년들이다. 프로그램의 형태는 폐쇄형이다. 주 진행자와 공동 진행자가 약 10명의 청소년을 대상으로 2시간씩 15회기를 진행하여 총 30시간을 진행하는 것으로 구성되어 있다. 프로그램의 목적은 궁극적으로 성폭력 가해 청소년들의 재범방지이고, 구체적으로는 이들의 정신의학적, 심리학적 특성에 대한 사전 분석을 통해 성범죄에 대한 취약성을 파악하고, 이러한 과정에서 나타나는 이들의 성범죄에 대한 취약성을 경감시킴으로써 또 다른 성범죄에 노출되지 않게 하는 것이다. 전반적으로는 인지행동적 접근에 기반을 두고 있으며, 성폭력과 관련된 인지적인 편견과 왜곡의 수정, 피해자에 대한 공감, 자존감 향상, 대인관계 증진, 재발방지 등을 주된 요소로 하고 있다. 처음 개발을 시작한 주무부처인 청소년보호위원회는 이후 국가청소년위원회를 거쳐 보건복지가족부로 통합되었다가, 현재는 여성가족부로 이관되었고, 지속적으로 프로그램을 운영하고 있다.

이 프로그램은 철저한 초기 평가와 사전-사후 검사를 통한 효과성 평가를 통해 그 효과를 입증하려 노력하였고, 자기보고식 척도 및 재범률에 대한 조사에서도 긍정적인 결과를 보여 주었다(송원영, 신의진, 오경자, 2008; 송원영, 노일석, 신의진, 2013). 또한 지속적으로 전문가 양성 프로그램을 실시하고 보수교육을 통해 강사의 질을 유지하려 노력하고 있다는 점에서 우리나라 성범죄자 심리치료의 시작과 틀을 잘 유지하고 있는 프로그램이라 할 수 있겠다.

(2) 미성년 성범죄자, 청소년 및 가족 프로그램

2010년, 여성가족부에서는 여성 · 아동폭력피해중앙지원단과 서울여자대학교 산학협력단(박경, 김선희, 김혜은, 최영아, 2010)을 통해 미성년 성범죄자 치료 및 적응성 사회행동 발달프로그램 개발을 진행하였다. 대상은 아동·청소년 대상 미성년 성범죄자(아동용, 청소년용 구분)로서 폐쇄형 집단으로 구성되어 있다. 각 회기는 90분이며 주된 내용은 성교육 프로그램(8회기), 공감증대를 위한 집단 미술치료 프로그램(11회기), 정서지원 프로그램(8회기), 사회적 유능성 증진 프로그램(8회기) 등이다. 프로그램의 목적은 성, 성적 존재인 인간, 성폭력에 대한 올바른 이해를 통해 자신의 성폭력 가해 행동에 대한 문제점을 깨닫고 반성하도록 교육하여 재범을 예방한다는 것이다. 이들은 인지행동적 기법과 미술치료, 동작치료 등을 활용했고, CDI(아동및 청소년용 우울척도), BDHI(아동 및 청소년용 공격성척도), 자기효능감척도, 사회적 문제해결척도 등을 활용하여 강간통념(왜곡된 지각), 공감능력 부족, 불안, 우울, 정서적인 어려움, 사회적 유능성 부족과 같은 요인들을 해결하려 하였다. 개발진은 각 프로그램의 일부 회기만을 선택적으로 뽑아서 사용하는 것을 피하도록 권유하였다. 이 프로그램은 인지행동적 기법 외에도 특히 정서적인 부분을 다루는 데 있어서는 비언어적인 기법인 미술치료 및 동작치료 등을 도입하여 미성년의 발달적 특성을 고려한 자기표현의 기회를 극대화 할 수 있도록 구성하였다는 특징이 있다.

같은 해인 2010년, 성범죄 고위험 청소년과 부모를 위한 예방 프로그램도 개발되었다. 이 역시 여성·아동폭력피해중앙지원단 및 서울대학교 산학협력단(신민섭, 장현아, 김신희, 도레미, 2010)에서 진행하였고, 초등학교 연령 대상으로 하되 주로 4~6학년 남아를 초점으로 하였다. 한 번에 6명 정도를 적정인원으로 하여 총 12회기로 구성하였으며, 12회기의 부모교육을 포함하고 있다. 회기의 길이는 청소년은 60분, 부모교육은 30분이다. 해바라기 아동센터 및 원스톱센터 등 아동청소년 성 관련 문제를 다루는 유관 전문기관에 보급하는 것을 목표로 하였다. 구체적인 프로그램의 목표는 왜곡된 성의식 치료, 정서를 인식하고 적응적인 방식으로 표현할 수 있도록 도움, 사회적 상황에서 부정적 정서를 조절하고 보다 바람직한 대안행동을 선택할 수 있도록 교육, 낮은 자존감이나 자아상 회복, 바람직한 사회적 행동 강화 등으로 명시하였다. 주된 치료방법은 인지행동치료로 개발진은 해바라기 센터에 의뢰된 대상자들을 통해 사전-사후로 지능검사, 불안(RCMAS), 우울(CDI), 사회기술 평가, 자존감 등을 측정하고 부모를 통해 성행동평가(CSBI), 행동평가(K-CBCL), 부모효능감척도 등을 실시하여 효과를 검증하였다. 이 프로그램은 아동용 성범죄 예방 프로그램이라는 점과 부모교육을 함께 제공할 수 있도록 만든 점에서 의미가 있다.

2) 성인 대상 사회 내 처우 프로그램

(1) 여성가족부 개발 프로그램

사회 내 처우인 수강명령 대상자를 위한 프로그램은 법무부에서 보호관찰소마다 각기 다르게 적용되고 있었다. 시행 초기에는 각 지역에서 적은 예산으로 협조 가능한 외부기관과 함께 진행하곤 하였다. 여성가족부에서는 보다 표준적인 프로그램을 개발하고 보급하고자 이화여대와 한국여성연구원, 한국성폭력상담소(변혜정, 현혜순, 정희진, 정유희, 2005)에 가해자 교정 프로그램 매뉴얼 개발을 의뢰하였고, 이후 한국여성상담센터를 통해 개정 매뉴얼을 다시 발간하였다(현혜순, 2010). 이 프로그램은 40시간의 수강명령을 받는 성범죄자를 대상으로 하였고, 8~10명의 대상자에게 15회기(개정판 20회기)의 프로그램을 진행하도록 하였다. 여성주의 관점과 인지행동치료의 관점을 혼합하여 적용한 이 프로그램은 양성평등 가치관 확립, 성폭력 개념 이해와 성폭력 재발 방지, 피해자 상처 공감을 통한 책임인정, 공감능력 향상 훈련을 통한 관계형성 기술 습득, 자존감 회복, 위험대처 기술의 습득을 구체적 목표로 하였다. 개정판의 경우, 프로그램 구성은 희망 고취(4회기), 성인식 수정(3회기), 인지 재구조화(3회기), 책임 인정하기(3회기), 위험 대처전략(4회기)

및 마무리 회기 등이다.

아동 · 청소년 대상 성범죄자 프로그램으로는 '새날 프로그램'으로 알려진 프로그램이 있다. 새날 프로그램은 법원으로부터 재범 예방 수강명령, 치료프로그램 이수명령부과자 및 교도소 내 아동, 청소년 대상 성범죄자, 벌금형을 선고받은 아동 · 청소년 대상 강제추행 범죄자 등을 대상으로 1일 8시간, 5일의 시행을 기반으로 만들어진 프로그램이다. 진행은 4~10명의 대상자를 폐쇄형 집단으로 운영하며 권역별로 운영한다. 프로그램 내용은 프로그램 소개 및 사건 이전과 이후의 나 알기(1회기), 사건에 대한 자기책임 인정과 자기사건의 정확한 원인 알기(2회기), 성폭력의 문제점과 나의 성폭력 원인 탐색하기(3회기), 피해자에 대한 공감능력 향상하기(4회기), 재발방지를 위한 계획수립과 사회 적응능력 향상(5회기)으로 구성되어 있다. 성매수자 및 알선업자 재범방지 교육 프로그램으로는 '비상 프로그램'이 있다. 내용은 청소년 인권, 성매수행위, 피해자에 대해 이해하기, 자신이 내면화하고 있는 성에 대한 인식과 통념 바로잡기, 피해 청소년에 대해 이해하고 공감하기, 재범방지를 위한 대처능력 향상하기, 자기관리능력 향상으로 재범방지 효과 극대화하기 등으로 운영방식은 새날 프로그램과 유사하다.

(2) 위치추적 전자장치 부착자를 위한 성범죄자 상담치료 프로그램

이 프로그램은 위치추적 전자장치 부착에 관한 법률이 시행되면서 법무부에 의해 개발되었다. 법이 시행되면서 성범죄자들에게 위치추적 전자장치를 부착함과 더불어 심리치료를 병과해야 했으므로, 법무부에서는 연세대학교와 건양대학교 산학협력단에 의뢰하여(송원영, 오경자, 2009) 보호관찰소 등에서 실시할 수 있는 프로그램을 개발하였다. 이 프로그램은 모듈형 접근을 본격적으로 도입하였다. 3부에 걸쳐 9개의 모듈에 46개의 기법을 포함하여서 주 1회로 실시할 경우 약 1년간 프로그램을 진행할 수 있도록 하였다. 9개의 모듈은 동기 증진, 성교육, 인지적 왜곡, 조망수용능력 증진, 재범방지, 자기조절,

대인관계능력 증진으로 구성하였다. 이 매뉴얼의 큰 특징 중 하나는 개방형 집단 프로그램 방식을 최초로 소개하였다는 것이다. 폐쇄형으로 운영할 수 있는 기본 프로그램을 제시함과 동시에 개방형으로 운영하는 것의 장단점을 소개한 후 개방형 집단을 통해 유지프로그램을 운영할 수 있도록 한 것이다. 또한 치료자 평가 척도(TRS)를 소개하여 자기보고식이 아닌 치료자의 평가 결과를 첨부할 수 있도록 구성하였다. 이후 법무부에서는 수강명령 프로그램을 보다 효율적으로 운영하기 위해 이 프로그램을 기초로 자체 T/F를 통해 수강명령 프로그램 표준안을 만들고 수강명령센터를 통해 보급하게 되었다.

(3) 성충동 약물치료 보호관찰 대상자 개인상담 프로그램

이 프로그램은 성충동 약물치료를 받은 보호관찰 대상자에게 연속적인 치료동기를 부여하여 사회 내에서 심리교정 및 재범방지 효과를 제고하기 위해 법무부에서 조성희 교수에게 의뢰하여 개발되었다. 연구자는 뉴질랜드의 Tony Ward 교수와 협력하여 좋은 삶 모델(GLM)에 기초한 개인치료 프로그램을 개발하였다. 전체는 11개의 단위로 구성되었으며 각각 생활(건강하고 적응적으로 기능하기), 지식(나와 세상을 알고 이해하기), 일(직업 찾기와 보람 있게 일하기), 놀이(내게 적합한 놀이와 취미 갖기), 자립(자유롭게 선택하고 자율적으로 살기), 내적 평화(내적 평화를 위한 감정 다스리기), 관계(동료애, 우정과 사랑, 나눔 갖기), 공동체(가족과 공동체의 일원되기), 영성(삶의 목적과 종교의 의미 알아가기), 행복(삶이 주는 행복 찾기와 체험하기), 창조성(변화, 도전, 도약하기)으로 나누어져 있다.

3) 치료감호소 개발 프로그램

(1) 성폭력범죄자 치료프로그램: 기본, 가족통합

치료감호소(국립법무병원)에서는 성범죄자 중 치료감호소에 수감된 사람들을 대상으로 운영할 프로그램을 위해 메타인지행동치료연구소에 프로그램 개발을 의뢰하였다. 연구진은 자체 프로그램을 개발하기보다 미국 California의 Coalinga State Hospital의 단계별 프로그램을 번안하여 적용하는 것이 더 효율적인 것으로 판단하여 주로 소아성기호증, 성적가학증 등 정신성적 장애가 있는 성폭력범죄자 치료를 목적으로 하는 5단계 프로그램으로 구성하였다. 5단계는, 첫째, 변화에 대한 숙고, 둘째, 준비 및 기술 습득, 셋째, 행동 및 기술 응용, 넷째, 기술의 공고화 및 이행, 다섯째, 보호관찰하에 지역사회 재융합을 통한 변화의 지속이다.

가족통합 프로그램은 치료감호법 개정으로 성범죄자치료재활센터에서 성범죄자의 지역사회 복귀 프로그램이 필요하여 개발되었다. 이화여자대학교에 연구를 의뢰하여 개발하였다(한인영, 박명숙, 2008). 이 프로그램에서는 성범죄자의 가족통합 및 지역사회 복귀를 위한 통합적 지원 프로그램을 주 1회씩 총 12회기로 구성하였으며 각 회기당 진행시간은 2시간이다. 내용은 성범죄자의 특성인 대인관계 기술 문제, 분노 및 스트레스 관리 기술 문제, 지역사회 적응의 어려움, 가족 문제 등의 개선에 초점을 두어 개발하였다. 프로그램 초기 단계는 집단 구성원을 알고, 성폭력에 대해 바르게 인식하는 것으로 시작하여 중기 단계는 가족 간의 분노 및 스트레스 관리법을 익히고, 가족분석을 통한 올바른 가족역할 수립과 의사소통 방법 습득을 통해 이상적인 가족 모델을 만드는 과정으로 구성하였다. 또한 후기 단계는 퇴소 후 지역사회에 성공적으로 복귀하기 위해 변화된 상황에 대한 적응 훈련, 지역주민과의 원활한 의사소통 및 상호작용 방법을 훈련하는 과정으로 구성하였다.

(2) 성충동 약물치료 대상자 프로그램: 핵심, 확장, 다중감각 프로그램

2013년 성충동 약물치료가 도입되면서, 이들을 대상으로 한 심리치료 과정이 필요하게 되었다. 초기 대상자는 대부분 치료감호소에 수감되어 있는 상태였으므로 치료감호소에서 이들에게 실시할 프로그램을 개발, 적용할 필요가 있었다. 이에 법무부에서는 건양대학교에 위탁하여 핵심, 확장, 다중감각 치료프로그램을 순차적으로 개발하게 되었다(송원영, 김재신, 이상훈, 이태준, 장형수, 2013; 송원영, 노일석, 이태준, 2011; 송원영, 노일석, 이태준, 2012).

핵심 프로그램은 본격적인 개방형(순환형) 반구조화 프로그램으로 구성하였다. 치료의 목표는 범죄유발요인(criminogenic factor)들을 위주로 구성하였고, 사례개념화적 접근을 통해 프로그램에 들어오는 대상자들 개개인에 대해 치료자가 개별적인 목표를 세우고, 각 사람마다 각기 다른 진도에 따라 10가지의 치료 목표들을 이루어나가는 형태를 취했다. 10개의 주제는 자기소개, 행복한 삶, 동기, 범죄 노출, 성관념, 일탈된 성, 성차별, 대인관계, 자기조절 및 스트레스 관리, 퇴소 계획으로 이루어져 있고 모듈형이어서 각 주제 안에 4~6개의 프로그램들이 소개되어 있다. 특히 초반의 주제들은 긍정심리학적 접근에서 시작된 좋은 삶 모델(good lives model)과 동기강화 프로그램으로 구성되어 있으며, 후반부에는 자기조절 모델을 포함시켜 전반적으로 탄탄한 구조를 가지고 있다. 또한 각 주제마다 성취도 기준을 마련하여 일정 수준 이상으로 목표를 성취해야 수료가 되는 구조를 택하였다. 이것은 최장 15년까지 치료를 받게 되는 치료감호소의 특성을 반영한 것으로, 매 6개월마다 치료진 회의를 통해 성과와 치료 진척도를 평가하는 체계를 확립하였다.

확장 프로그램은 핵심 프로그램을 보완하고, RNR 원칙에 따라 핵심 프로그램에서 다룰 수 없는 추가적인 요구(need)를 해결하기 위해 개발되었다. 확장 프로그램은 3가지로 구성되어 있다. 첫째, 행동치료 프로그램으로 15회기로 구성되었으며, 노출증, 소아기호증, 페티시즘 등의 일탈적인 성적 욕구를 가진 사람들의 문제를 해결하기 위해 개발되었다. 둘째, 정서조절 프로그램으로 영화치료, 심리극 등을 활용하여 26회기로 구성되었다. 오랜 고립생활이나 사회적 관계의 결핍으로 정서 경험이 부족한 사람들, 타인의 정서를 잘 인식하지 못하는 사람들을 대상으로 정서를 인식, 경험, 처리, 표현하는 기술을 알려주기 위해 개발되었다. 셋째, 자기관리 프로그램으로 스스로의 삶을 자기가 원하는 대로 조절하고 특정한 스트레스나 외적인 요인들에 의해 자신의 장기적 목표에 해가 되는 충동적인 행동을 하지 않는 것을 목표로 개발하였다. 따라서 분노를 비롯한 자신의 스트레스와 감정을 지나치게 억누르다가 부적응적이고 충동적으로 표출하는 사람 또는 스트레스를 전혀 참지 못하고 순간적으로 모조리 표출하거나 행동화(acting out)하는 사람이 프로그램의 주된 대상이며, 총 15회기로 구성되었다.

다중감각치료 프로그램은 성범죄자들을 대상으로 시각, 촉각, 청각, 후각 등의 다양한 감각을 활용하여 성범죄에 대한 행동치료를 실시하기 위해 개발된 프로그램이다. 특히 성 중독적 요소에 대한 개입을 통해 갈망을 줄이는 것을 목표로 12회기의 프로그램으로 개발하였고, 프로그램 전, 후 실시된 사전 사후 뇌파 측정 결과 유의미한 변화를 발견하여 좀 더 과학적인 접근을 실시하고 검증할 수 있음을 보였다(이동현 외, 2016).

(3) 지적장애 성범죄자 프로그램: 핵심, 확장

지적장애가 있는 경우 성범죄의 재범률이 더 높기 때문에, 지적장애가 있는 성범죄자를 대상으로 하는 치료프로그램이 필요하다. 법무부에서는 대구대학교에 의뢰하여 지적장애 성범죄자를 위한 심리치료 프로그램을 2년에 걸쳐 개발하였다(박지순, 최은영, 공마리아, 2013). 이 프로그램은 한 집단에 4~6명을 대상으로 90분간 진행하는 12회기 프로그램으로 구성되어 있다. 핵심 프로그램의 주된 내용은 오리엔테이션 및 준비, 자기의 성범죄 이해, 재범 위험성 관리, 친사회적 기술의 강화, 변화 다지기로서 지적장애자들에게 잘 전달되기 위해 개념 및 전달방식을 단순화, 시각화를 통한 심상의 구체화, 소크라테스식 문답법 활용, 역할극 활용 및 반복 연습을 하도록 하였다. 확장 프로그램은 정서 인식 및 표현 20회기, 친사회적 관계 20회기, 성충동 조절 10회기, 일탈적 성행동 10회기로 구성되었다.

4) 교도소 수용자 프로그램

(1) 외부 프로그램

교정시설에서의 성범죄자 심리치료 프로그램으로는 2006년 법무부에서 연세대학교 의과대학에 의뢰한 교정시설 내 성범죄자 교정교화 프로그램(신의진 외, 2006)이 있다. 이 프로그램은 인지행동치료를 기반으로 하여 15회기로 구성되었다. 프로그램의 내용은 자존감, 공감능력, 친밀감과 애착, 인지적 왜곡, 사고의 오류와 행동 싸이클, 희생자 명료화, 피해자 공감, 재발 방지 등이다. 이 프로그램에서는 BDI, STAI-T, STAI-S, 충동성 척도, 분노감 척도, 자존감 척도, 대인관계 반응성 척도, 강간통념 척도 등을 통해 효과를 측정하였다.

2009년 보건복지가족부에서는 교도소 재소자용 재범방지 교육프로그램으로 소위 솔트 프로그램을 개발하였다. 이 프로그램은 새날 프로그램을 기본으로 하여 교도소 재소자의 특성을 고려한 추가 과목을 포함하였고, 출소 1년 미만의 아동·청소년 대상 성범죄자인 성인을 대상으로 하는 90시간의 프로그램이다. 한 집단에 10~12명으로 구성하여, 회기당 5시간씩의 프로그램을 운영하도록 되어 있으며, 3~4명의 핵심 강사팀을 구성하여 진행한다. 아동·청소년 성폭력범죄자의 성에 대한 인식, 태도 변화를 통한 재범 절연 의지 확립, 아동·청소년 성폭력범죄자의 내면 치유를 통한 긍정적인 인생관 및 미래관 정립 지원, 아동·청소년 성폭력범죄자의 가족, 사회 관계 회복 및 사회 적응력 강화 지원을 목적으로 하며, 아동·청소년 성범죄자의 재범 방지, 재범 방지에 필요한 의사표현 능력, 관계형성 등 제반 능력 향상을 구체적 목표로 하였다. 새날(40시간) 프로그램의 2배가 넘는 시간이므로 새날 프로그램에서는 포함시킬 수 없었던 개별 상담시간을 포함하기도 한다.

(2) 성폭력사범 단계별 프로그램

법무부 교정국은 2011년 남부교도소 내에 교정심리치료센터를 개소하고 성범죄자에 대한 재범방지 교육을 본격적으로 시작하였다. 교정심리치료센터에 심리 및 상담 전공자들을 특채하고 T/F 및 자체 개발을 통해 4단계의 치료 프로그램을 구성하였다. 또한 20시간의 유지 프로그램을 별도로 개발하여 퇴소 직전에 실시하도록 하고 있다.

표 12-1 **교정시설 내 성폭력 사범 치료 프로그램**

구분		정규과정				추가과정
		기본교육	집중교육	심화교육	특별교육	유지과정
교육 대상	재범 위험성	저	중	고	최고	잔여형기 1년 이내
교육 시간		100시간 (40시간)	200시간 (80시간)	300시간	150시간	20시간
교육 인원		5~20인	5~20인	5~20인	소수	5~20인
교육 진행		외부단체, 전담직원	외부단체, 전담직원	전담직원	전담직원	전담직원
교육 기관		전 교정시설	집중과정 전담기관	심화과정 전담센터	전담심리치료 센터	11개 교정기관

교정시설에서는 STATIC-99와 HAGSOR 등의 위험성 평가 결과를 바탕으로 〈표 12-1〉과 같이 차등적인 치료프로그램을 운영하고 있다. 기본교육은 전 교정시설에서 성범죄자들을 대상으로 진행하는 프로그램으로, 100시간(2021년 이후 40시간)의 치료를 1~3개월 정도에 집행한다. 전담직원이 운영하기도 하지만 여성가족부와의 협력 등을 통해 외부 기관에서 진행하는 경우가 많다. 집중교육은 집중교육기관에서 진행하는 프로그램으로, 200시간(2021년 이후 80시간) 이하의 치료를 3개월 정도에 집행한다. 이는 일부 외부기관에서 운영하기도 하지만 주로 전담직원이 운영한다. 심화교육은 교정심리치료센터에서 진행하는 프로그램으로, 300시간의 명령시간을 6개월 정도에 집행한다. 교정심리센터의 전담직원이 운영하며, 교정심리치료센터는

2019년 현재 총 12개가 있으며, 이 중 청주에는 여자심리치료센터가 있다. 이와 별도로 여주에는 장애인 수형자 교육을 위한 치료센터가 있다. 특별교육 프로그램은 가장 높은 수준의 위험성이 있는 사람들로 반복적인 성범죄 또는 살인 등의 강력범죄에 연루되어 언론에도 보도될 정도의 재소자들에 대한 프로그램이다. 150시간의 추가 프로그램을 통해 고도의 심리치료를 적용하는 것을 목표로 한다. 각 프로그램은 10개의 모듈로 구성되어 있고, 각 모듈의 내용은, 동기강화/좋은 삶 이해(모듈 1), 자아 존중감(모듈 2), 자서전: 범죄 배경요인 검토(모듈 3), 감정이해(모듈 4), 대인관계(모듈 5), 건강한 성(모듈 6), 사건 유발요인(모듈 7), 공감(모듈 8), 자기관리: 일상생활 및 스트레스 관리(모듈 9), 좋은 삶 계획: 출소 후 삶, 미래일기(모듈 10)로 구성되어 있다.

표 12-2 교정시설 내 심리치료센터 현황(2021년)

지방청	서울지방교정청			대구지방교정청			대전지방교정청			광주지방교정청		
집중과정 전담기관 (12개소)	서울남부	안양	의정부	포항	밀양	진주	청주	청주女	천안	목포	군산1	군산2
심화과정 전담센터 (5개소)	서울남부			포항, 밀양			청주			군산		

(3) 기타 프로그램

법무부 교정심리치료센터에서는 2017년 여성 성범죄자를 위한 치료 프로그램도 개발하였다. 여성 성범죄자는 상대적으로 소수여서 모두 청주 여자교도소 내에 수용되어 있다. 일반적인 성범죄자 치료프로그램을 기반으로 여성에게 좀 더 맞는 정서와 관계에 대한 내용을 추가하여 개발한 프로그램이다.

형사정책연구원에서는 「성범죄자를 위한 치료프로그램 개발 및 제도화 방안」(윤정숙, Marshall, Sims-Knight, 이수정, 김일수, 2012)이라는 3권의 보고서를 통해 성범죄자 심리치료 프로그램을 개발, 제안하였다. 이 매뉴얼에서는 각각의 주제를 특정한 회기 수로 다루도록 하여 초보 치료자들에게 틀을 제공하였고, 보다 경험이 있는 치료자들은 보다 융통성 있게 진행하도록 하였다. 프로그램의 내용은 첫 회기에 구조화한 후, 좋은 삶 모델(good lives model), 손익분석, 자서전, 즉시적 범행유발요인, 자존감, 대처 및 감정관리, 공감, 인간관계, 건강한 성, 일탈적 성행동, 미래의 자기 개발 및 자기관리 등을 다룬다. 이후 간단한 재발방지 계획을 세우고 지지그룹(서포트 그룹)을 형성하며 향후 거주할 곳과 직업을 구하기 위한 계획을 세운다. 치료자가 이 분야에 처음인 경우에는 한 집단당 내담자를 6명 미만으로 할 것을 제안하고 보다 경험이 많은 치료자는 집단당 8~10명의 내담자를 둘 수 있도록 한다. 또한 보조치료자를 권장하고, 특히 남녀 치료자가 서로 존중하는 양성 관계를 보여주는 것을 권하고 있다.

지금까지 소개한 성범죄자 심리치료 프로그램 매뉴얼을 연도별로 정리하면 다음과 같다.

표 12-3 국내에서 개발된 성범죄자 심리치료 프로그램 목록

번호	발행년도	프로그램명	주무기관	연구기관(개발자)
1	2005	성폭력 가해 청소년을 위한 인간존중 프로그램(2007년 개정)	국가청소년위원회	연세대학교 의과대학
2	2005	성폭력 피해자 치유 · 가해자 교정 프로그램	여성가족부	이화여자대학교 한국성폭력상담소
3	2006	교정시설 내 성범죄자 교정교화 프로그램	법무부 교정국	연세대학교 의과대학
4	2008	성폭력범죄자 치료 프로그램	법무부 치료감호소	메타인지행동치료 연구소
5	2008	성범죄자의 가족통합 및 지역사회 복귀를 위한 통합적 지원 프로그램	법무부 보호법제과	이화여자대학교

6	2009	위치추적 전자장치 부착자를 위한 성범죄자 상담치료 프로그램	법무부 범죄예방정책국	연세대학교 건양대학교
7	2009	아동성범죄자 재범방지 프로그램 개발	법무부 인권국	경남대학교
8	2010	성범죄자 교정치료 프로그램	여성가족부	한국여성상담센터
9	2010	성범죄 고위험 청소년과 부모를 위한 예방 프로그램	여성가족부	여성 · 아동 폭력피해 중앙지원단, 서울대학교 산학협력단
10	2010	성범죄 미성년 가해자 치료 및 적응성 사회행동 발달 프로그램	여성가족부	여성 · 아동 폭력피해 중앙지원단, 서울여자대학교 산학협력단
11	2011	성범죄자 치료를 위한 핵심 프로그램	법무부 보호법제과	건양대학교
12	2012	치료감호소의 성충동 약물치료 대상자에 대한 확장 심리치료 프로그램	법무부 보호법제과	건양대학교
13	2012	성충동 약물치료 보호관찰대상자 개인상담 프로그램	법무부 서울보호관찰소	조성희 등
14	2013	지적장애를 가진 성범죄자를 위한 핵심 및 확장 심리치료 프로그램	법무부 국립법무병원	대구대학교
15	2013	성범죄자 다중감각치료 프로그램	법무부 국립법무병원	건양대학교
16	2013	성폭력사범 기본과정 프로그램	법무부 교정본부	법무부 교정본부
17	2014	성폭력사범 집중과정 프로그램	법무부 교정본부	법무부 교정본부
18	2016	성폭력사범 심화과정 프로그램	법무부 교정본부	법무부 교정본부
19	2017	여성 성폭력사범 프로그램	법무부 교정본부	법무부 교정본부
20	2018	성폭력사범 특별과정 프로그램	법무부 교정본부	법무부 교정본부

제13장

성범죄자 심리치료자의 교육

1. 성범죄자 치료자의 가치관

1) 성범죄자를 치료하는 이유

성범죄자들을 치료하는 사람들이 주변 사람들에게 자신의 일을 소개했을 때 흔히 듣는 반응 중 하나는 '도대체 그들을 왜 치료하는가?'라는 질문이다. 혹자는 '없애 버려야지.' '다시는 못하게 잘라 버려야지.' 등의 매우 분노에 찬 이야기들을 한다. 이러한 분노의 가장 큰 이유는 단연 피해자들이 겪는 심한 고통과 어려움 때문일 것이다(성폭력피해자들의 고통은 다른 시간에 다루고 있으므로 여기에서는 생략하겠다). 대부분의 성교육 자료에서는 성범죄자들이 검은 복면과 망토를 걸친 악마와 같은 존재로 표현되고 있어서 일반인들의 성범죄자들에 대한 강한 반발심과 두려움을 느낄 수 있다. 이러한 분노는 한편으로 성폭력의 부정적인 결과에 대해서는 일반인들의 인식이 높아졌다는 증거이기도 하다.

나날이 늘어가는 성폭력 문제의 해결을 위해 우리는 무엇을 할 수 있는가?

한류 드라마로 유명한 〈대장금〉이라는 드라마를 보면, 장금이라는 수라간(왕의 음식을 만드는 곳) 나인이 의술을 배워서 왕의 의녀로까지 성장하게 되는 과정이 우여곡절과 함께 나온다. 그런데 장금이가 독특한 치료로 인정을 받게 되는 것에는 몇 가지 요소가 있음을 발견할 수 있다. 첫째, 한의학에서 중요시하는 '섭생'의 문제를 잘 알고 있었다는 것이다. 식습관에 관심을 가짐으로써 건강을 해치기 전에 미리 예방하고, 문제가 생겼을 때는 그 원인을 평소의 습관에서 찾아보았다. 둘째, 사례 연구를 열심히 한 것이다. 왕이 상한증(감기의 일종)에 걸렸을 때 장금이는 주변에서 비슷한 증상을 가진 사람들을 모아 치료의 경험을 쌓은 후 그 방법을 그대로 적용하여 왕을 치료하였다. 셋째, 환자를 사랑하는 마음이다. 개인적인 집념이 강한 사람이었지만 자신의 원수가 병이 들었을 때 '병 앞에서 저는 다른 생각을 품지 않습니다.'라며 치료하여, 미워하던 사람일지언정 자신의 감정과 치료를 구분하여 인간을 존중하는 것을 보여 주었다.

이를 성범죄와 관련지어 생각해 보면, 첫 번째 식습관에 해당하는 것은 '예방'이다. 예방은 피해자의 측면과 가해자의 측면으로 나뉠 수 있다. 피해자를 통한 예방의 경우 성폭력에 대한 지식의 전달을 목적으로 한 교육이 많이 이루어져야 한다. 성폭력이 벌어지는 환경이나 상황에 대해 알고 만일의 사태가 발생했을 때 효율적으로 대처할 수 있도록 가르쳐야 한다. 그러기 위해서는 성폭력에 대한 분석과 연구가 있어야 하고 그것을 전달하기 위한 센터나 교과가 마련되어야 한다. 그러나 '열 순라가 한 도둑을 막지 못한다'고, 도둑이 생기지 않도록 하는, 즉 성범죄자를 줄이는 방법 역시 예방의 한 측면이 된다. 잠재적인 성범죄자가 그 행동을 발현하지 못하도록 하는 것이 일차적인 예방(primary prevention)의 하나로 중요하다. 두 번째의 장금이의 사례연구와 비슷한 개념은 '치료'이다. 피해자들을 위한 지원과 치료 체계가 잘 발달되어야 하고 그것을 위해 자원을 투자해야 한다. 여성들을 위한 쉼터나 아동들을 위한 학대 방지센터가 세워져야 하고, 이들의 부정적인 경험이 이후의 삶에 깊은 흉터로 남지 않도록 도와야 한다. 그러한 치료의 경험은 점차 이후의 다른 피해자들이 보다 효율적으로 자신에게 닥친 '불의의 재앙'을 이겨내도록 할 것이다. 세 번째의 '마음'에 해당하는 것이 죄는 미워하되 사람은 미워하지 말라는 것이다. 이는 성범죄자들의 반수 정도가 이미 이전에 피해자—특히 성폭행—로서의 경험이 있다는 것을 고려할 때 더욱 의미심장한 말이다. 이전에 입었던 피해가 해결되지 못하고 결국 커다란 흔적을 남겨 발달과정에서의 왜곡이 이루어지고 부적응과 범법행위로 이어지고 있는 것이다. 또한 이전에 피해자가 아니었던 나머지 반 역시 범법행위와 그에 이은 자존감의 저하, 자포자기와 같은 심정들이 있고 이것이 향후 재범의 위험요인으로 작용할 수 있다.

물론 이러한 결정론적인 관점이 그들의 행동을 모두 정당화시키는 것은 아니다. 자신의 행동에 책임지는 것은 물론 있어야 할 일이고, 그에 이어 그들의 행동을 교정하고 재발을 줄이는 것이 성폭행과 같이 재발률이 높은 범죄의 경우 특히 중요하기 때문이다.

Quinsey(Quinsey, Khanna, & Malcolm 1996)와 같은 사람은 성범죄자의 경우 치료프로그램이 효과가 없다는 보고와 함께 출소 이후 10년 동안 관리(supervision)를 받아야 한다는 제안을 했다. 재발률에 대한 장기 종단 연구들을 리뷰한 바에 의하면(Furby, Weinrott, & Blackshaw, 1989) 연구에 따라 5년간의 추적에서 약 20~30%가, 24년의 추적에서 48%가 재범을 저지른다. 그러나 치료와 관련된 연구에서는 치료받지 않은 집단에서 52%가 재범을 저지른 반면, 치료받은 집단에서는 27%만이 재범을 저질렀다는 보고가 있어서 치료는 상당한 수준의 효과가 있는 것으로 나타나고 있다(재발률은 자료 수집 방법이나 조사 환경에 따라 연구마다 차이가 있다). 그러나 이렇게 오랫동안 관리를 하는 것은 비효율적일 뿐 아니라 너무 많은 예산을 사용하게 되며 행동도 오히려 유지되지 못하는 '**과도한 교정 효과**(overjustification effect, Lepper, & Green, 1978)'를 불러일으킬 따름이다. 따라서 행동의 수정이 없는 수감이나 관리와는 다른 관점에서 문제를 파악하는 것이 필요하다.

성범죄자를 일종의 '괴물'로 파악하는 관점이 부적절하다는 것은 이들이 대부분의 시간 동안에는 성과 관련된 문제를 보이지 않는다는 사실에서도 나타난다. 캐나다에서는 20년 동안 무려 400명의 소년에게 성폭행을 저지른 사람이 붙잡힌 사례가 있었다. 학자들은 이 사람의 삶을 연구하기 위해 하루의 생활을 매우 자세히 일지에 적도록 요구하였는데(Marshall, 1996), 이 사람이 실제 성과 관련된 생각을 하거나 범행을 계획하는 시간은 하루의 8% 동안이었다는 것이다. 나머지 92%의 시간은 대부분 다른 사람들과 다름없는 생각을 하고 활동을 하며 생산적인 모습을 보이고 있었다는 것이 연구자들이 발견한 의외의 사실이었다. 이들은 그동안 치료자들이 너무 부정적인 모습과 결핍된 문제들에 관심을 가져왔고 이들의 장점이나 변화의 가능성에 대해서는 간과하고 있다는 것을 지적하며, 이들이 자신의 배경을 극복할 수 있도록 더 나은 상황에 있는 사람들이 도와야 한다고 역설하였다.

2) 자신의 성에 대한 가치관

치료프로그램이라 함은 그 용어 안에 이미 가치를 포함하고 있다. 정상이 아닌 또는 병리적인 상태를 정상적인 상태로 고쳐 놓는다는 것이 '치료'라는 말 안에 포함되어 있기 때문이다. 그렇다면 과연 무엇이 정상적인 성행위인가? 치료자는 일반인들보다 성에 대해 더욱 세분화된 인식을 하고 있어야 한다. 특히 자신의 성에 대한 관점이나 가치관에 대해 인식하고 있어야 한다. 이는 성에 대한 치료자의 가치관이 치료자가 영향을 미치는 대상자들에게 직접적으로 또는 은연중에 영향을 미칠 수밖에 없기 때문이다. 따라서 성범죄자 심리치료를 실시하는 사람들은 자기 자신이 성에 대해 어떤 가치관을 가지고 있는지에 대해 잘 알아야 한다. Kohlberg가 도덕성을 발달시키기 위해 도덕성 딜레마를 읽고 토론하는 것이 유용하다고 주장한 것처럼, 자신의 성에 대한 가치관을 알기 위해서는 성과 관련된 다양한 사례나 예시 등을 읽고 생각해 보고 토론하는 것이 도움이 된다. 토론할 수 있는 이야기의 예시가 다음에 제시되어 있다. 각 인물에 대한 생각을 서술하고 다른 사람과 이야기해 보는 것이 도움이 될 수 있다.

※ 아래 이야기를 읽고 다음의 사람들에 대해 어떻게 생각하는지 이야기해 봅시다.

옛날에 민희라는 여성이 있었습니다. 민희는 경철과 사랑에 빠진 사이였습니다. 경철은 강가에 살고 있었지요. 민희는 강의 반대편에 살고 있었습니다. 두 사람 사이에 있는 강에는 악어가 많이 살고 있었습니다. 민희는 강을 건너서 경철에게 가고 싶었습니다. 그런데 불행히도 홍수로 인해 다리가 무너져 버렸습니다. 그래서 민희는 뱃사공인 철진에게 강을 건너게 해 달라고 하였습니다. 철진은 민희에게 자신과 하룻밤을 자면 강을 건너게 해 주겠다고 이야기하였습니다. 민희는 그 자리에서 거절하였고, 그녀의 아픔을 달래기 위해 정수에게 가서 이야기하였습니다. 그러나 정수는 그런 상황에 끼어들고 싶어 하지 않았습니다. 민희는 유일한 대안인 철진의 말에 따르기로 결정하고 말았습니다. 철진은 민희와의 약속대로 하룻밤을 지낸 후에 민희를 경철에게 데려다 주었습니다. 민희가 경철에게 그 이야기를 하자 경철은 오히려 민희에게 화를 내고 버려두고 떠나버렸습니다. 마음이 아프고 괴로운 민희는 선표에게 자신의 근심과 어려운 이야기들을 했습니다. 선표는 민희의 이야기에 동정을 느끼고 철진을 찾아가 심하게 두들겨 패주었습니다. 민희는 철진이 그가 한 행동에 대한 댓가를 받는 것을 보고 매우 기뻐했습니다. 태양이 지평선 아래로 떨어져갈 때, 우리는 민희가 경철을 비웃는 소리를 들을 수 있었습니다.

1) 철진

2) 경철

3) 선표

4) 정수

5) 민희

또한 성관계가 가능한 상황이나 성행위에 대한 허용도에 대해서도 다음의 질문을 통해 생각해 볼 수 있다.

다음은 성관계를 어떤 경우에 할 수 있는지에 대한 예시입니다. 나의 기준은 다음의 성행위 허용도 중 어느 수준에 해당할까요? 둘 이상의 답도 가능합니다.

1) 성행위 자체가 죄악
2) 혼전순결 & 결혼 시 배우자와만
3) 혼전에는 사랑하면 & 결혼하면 배우자와만
4) 혼인과 상관없이 책임질 수 있으면
5) 혼인과 상관없이 사랑하면
6) 경우에 따라 사랑하지 않아도
7) 기회만 있으면
8) 기타 ____________________

• 왜 그렇게 생각하나요?

• 내가 이런 태도를 갖게 된 가장 큰 요인은?

• 내가 아는 사람들 중에 나와 비슷한 생각을 가진 사람은 어떤 사람들일까요(특징, 환경, 소속 등)?

2. 인간으로서의 치료자

1) 성폭력 상담자의 두려움

(1) 진행자로서의 부담감

프로그램 진행자 또는 치료자 역시 인간이기에 프로그램에 대한 여러 가지 두려움을 가질 수 있다. 법무부에서 업무를 맡고 있는 경우라면 대상자를 만나 보고 이야기를 해 보아서 '범죄자'에 대한 막연한 두려움은 상대적으로 적을 수 있지만, 대신 상담에 대한 두려움이 존재한다. 다음은 청소년 성범죄자를 위한 상담자 교육을 받은 사람들이 흔히 보고하는 '성범죄자 치료와 관련된 두려움'이다. 이를 참고하여 자신의 두려움을 미리 예상해 보는 것이 유용할 것이다.

① 곤란한 상황 대처

- 성범죄자가 억울하게 누명을 썼다고 주장할 경우, 피해를 입은 것이 나라고 주장할 경우 어떻게 해야 할까?
- 대상자가 자기 일을 잘 털어놓지 않으려 하는 것
- 표정 관리/ 용어선택을 어떻게 해야 할까?
- 대상자의 진술이 어느 정도 일치하는 것일까?

② 지식 부족

- 사건에 대한 법적 지식이 없어서 어찌할까?
- 성/ 성범죄자/ 성 발달에 대한 지식이 부족한데…….
- 비전문적이라는 인상을 주면 어쩌나
- 상담 시 대처 능력에 대한 지식 및 경험

- 아이들의 실제 성관계 수준이 어느 정도인지 모르겠다.
- 누구의 가치관에서 이야기를 수용해야 하는지?

③ 성범죄자에 대한 생각

- 성범죄자에 대한 편견, 선입견을 지니거나 악한 사람으로 보게 될까봐…….
- 성범죄자에 대한 이해, 수용이 부족할까?
- 성범죄자보다 피해자가 걱정되지는 않을까?
- 성범죄자가 죄의식을 못 느끼는 사람이라면 어쩌나…….
- 성범죄자가 죄의식을 갖거나 수치심을 갖고 있지 않을까, 또 그로 인해 나를 적대시하지 않을까?

④ 상담자 or 여성

- 상담자를 여자로 느끼며 감정이나 욕구를 드러낼 때 대처할 수 있을까?
- 어렸을 때 당한 성추행 경험에 따른 두려움
- 여자 상담자라고 깔보지 않을까?
- 피해자 입장에 동일시하여 전이감정이 심해지면 어쩌나?

⑤ 성범죄자에 대한 동조

- 내가 호기심이나 흥미로 성범죄자를 대하게 되지 않을까?
- 남자가 그럴 수도 있다고 동조하게 되지 않을까?

⑥ 기타

- 여자에 대해 두려움을 가진 성범죄자의 두려움을 없애는 방법
- 개선되지 않으면 어쩌나…….
- 슈퍼비전을 받을 기회가 많아야 할 텐데…….

(2) 성범죄자와의 집단 작업에 대한 두려움

성범죄자를 만나 치료프로그램을 운영하면 다양한 전이, 역전이를 경험하게 될 수 있다. 또한 성과 관련된 이야기가 진행됨에 따라 곤란한 표현이나 상황과 마주치게 될 수도 있다. 아래의 질문들에 대해 미리 생각해 본다면 실제 상황에서 발생하는 일들에 대해 좀 더 침착하게 대처할 수 있을 것이다.

① 나는 성에 대해서 이야기하는 데 거리낌이 없는가? 금기어나 금기시되는 내용들에 관해 어디까지 자연스럽게 말할 수 있는가?

② 성적인 논의가 진행될 때 나의 성적인 각성이나 느낌을 통제할 수 있는가? 성범죄자들 역시 회기 중에 성적인 각성을 느낄 수 있다는 사실을 인정할 수 있는가?

③ '건강한 성'에 대한 나의 정의는 무엇인가?

④ 성범죄자 치료에 관여하는 것에 대한 나의 가장 큰 걱정이나 두려움은 어떤 것인가?

⑤ 성범죄자가 자신의 행동을 자세하게 묘사하는 것을 듣고 있어야 한다면 나의 느낌은 어떠할까?

⑥ 내가 만약 다른 남자와 성관계를 하고 있는 남자 성범죄자와 이야기를 하고 있다면 나의 느낌은 어떠할까?

⑦ 내가 만약 어떤 성범죄자가 아동과 성관계를 하는 것에 대한 이야기를 들어야 한다면 나의 느낌은 어떠할까?

⑧ 내가 청소년 성범죄자와 함께 작업을 해야 한다면, 나 자신의 성에 대한 영역 중에 먼저 해결해야만 할 일은 무엇일까?

⑨ 성폭행에 대한 이야기를 듣는 도중 피해자에 대한 공감과 함께 슬픔, 분노, 공포, 무기력과 같은 느낌이 들면 이를 조절할 수 있는가?

⑩ 여성치료자와 함께 작업할 때, 자신 또는 성범죄자들의 성적인 느낌, 각성을 조절할 수 있는가? 또는 내가 여성치료자인 경우 자신에 대한 다른 남성치료자나 성범죄자들의 성적인 각성이 있을 수 있다는 가능성을 받아들일 수 있는가?

3. 성범죄자 심리치료자의 자격

1) 북미의 성범죄자 심리치료자

미국과 캐나다는 성학대자 치료협회(ATSA)라는 기관을 중심으로 유사한 정도의 전문가를 양성하며 활발하게 교류하고 있다. 미국에는 법정에서 요구하는 성범죄 심리치료를 제공하는 심리치료자가 2,350명이 등록된 것으로 산출된다. 이들은 대개 주에서 허가한 면허를 가지고 있는 심리학자나 상담사들로, 성범죄자 심리치료에 대한 추가적인 훈련을 받은 사람들이다. 각 주별로 규정을 마련하여 성범죄자 심리치료를 제공할 수 있는 사람들의 자격기준에 대한 최소한도의 요구조건을 명시하고 있다. 세부사항은 약간씩 다르지만 대략적으로 공통적인 요구수준을 뽑아 보면 다음과 같다.

성학대자 치료협회(ATSA)의 치료사 기준

1급 치료사(독립 치료사)

- 권한: 독립적인 치료 및 평가 가능
- 교육수준: 심리학을 비롯한 행동과학 관련 분야 석사 이상
- 자격증: 해당 주 면허 소지자이면서, 자격증이 활성화되어 있는 상태
- 성범죄자 심리치료에 특화된 교육 60시간 이상 이수
- 임상경험 2,000시간 증빙
  - 주에 따라 세부사항 제시(예: 대면치료 1,000시간, 평가 500시간, 관련 활동 500시간/ 청소년 대상 시간이 20%를 넘지 않을 것 등)
- 추천인 또는 보증인

2급 치료사(수련 치료사)

- 권한: 1급 치료사의 지도를 받아 치료 및 평가 실시. 1급에 필요한 임상경험을 쌓는 단계
- 교육수준: 심리학을 비롯한 행동과학 관련 분야 석사 이상
- 자격증: 해당 주 면허 소지자이면서, 자격증이 활성화되어 있는 상태
- 성범죄자 심리치료에 특화된 교육 15시간 이상 이수

교육이나 임상경험은 해당 주에서 인정하는 기관 및 치료자로 정해져 있으며, ATSA 또는 ATSA의 해당 주 지부, 또는 해당 주에서 자체적으로 결성한 협회[예를 들면, 캘리포니아의 경우 CCOSO(California Coalition on Sexual Offending)]에서의 교육 및 수련 경험을 인정한다. 플로리다주의 경우 60시간의 교육에 대해서도 명시하고 있는데, 이를 살펴보면 다음과 같다.

① 성도착의 원인
② 과학적 기반에 근거한 성인 및 청소년 성범죄자의 평가와 치료
③ 일반적이지 않은 성범죄자들에 대한 평가와 치료
④ 성적 각성에 대한 생화학적 측정

⑤ 최신 DSM 진단과 성범죄
⑥ 안전 계획/ 가족 안전 계획 세우기
⑦ 보고서 작성
⑧ 성범죄자 심리치료와 관련하여 발생할 수 있는 법적, 윤리적 이슈
⑨ 물질남용 관련 공존병리
⑩ 재범 방지

따라서 미국과 캐나다로 대표되는 북미의 성범죄자 치료자들은 심리학 관련 분야의 석사학위와 정신건강 관련 자격증을 보유하고 있으며, 성범죄자 치료에 특화된 교육을 60시간 이상 받은 후, 현장에서 약 2,000시간의 평가와 치료 수련을 받는 것이 기본적인 자격인 것으로 요약될 수 있겠다. 참고로 호주와 뉴질랜드의 경우 ANZATSA(Australia and New Zealand Association for the Treatment of Sexual Abuse)라는 협회가 활동하고 있으며 ATSA와도 활발히 교류하고 있어서 유사한 시스템과 체계를 가지고 있다.

2) 유럽의 성범죄자 심리치료자

유럽의 경우 북미의 ATSA에 해당하는 IATSO(International Association for the Treatment of Sexual Offender)라는 협회가 조직되어 있다. IATSO에서는 아래와 같이 성범죄자 심리치료자의 조건을 규정하고 있다.

행동심리학, 의학 등의 행동과학에서는 학위보다 성범죄나 성도착을 치료할 수 있는 역량이 중요한데, 이는 대개 임상 수련을 통해서 얻어지거나 의사, 심리학자, 임상치료사 등의 자격증을 통해 증명되는 경우가 많다. 성범죄, 성도착, 성적인 문제에 대한 진단과 치료 경험이 문서화된 증명서를 소지하고 있어야 한다. 이러한 점을 참고한 최소한도의 요구사항은 다음과 같다.

① 국가나 지역의 위원회 또는 기관에서 인정한 의학 석사 또는 임상분야 석사학위
② 의학, 심리학, 임상사회사업, 전문상담, 또는 결혼과 가족치료 분야의 실무를 수행할 수 있다는 역량을 증명하는 자격증
③ 수련이나 임상경험에 대한 지도, 지속적인 교육(CE)을 증명할 수 있는 문서
④ 심리치료를 제공할 수 있다는 역량과 훈련을 증빙하는 문서

이들의 조건은 북미와 비슷하다. 심리학, 의학 관련 분야의 석사학위 및 같은 분야의 자격증, 관련 교육 및 역량에 대한 증빙 등이 필요한 것이다.

제14장

치료의 효과와 측정

1. 성범죄자 심리치료 효과의 측정

1) 효과 측정의 필요성

심리치료가 과학적인 기반에서 진행되면 당연히 그 효과가 나타나야 할 것이고 측정할 수 있을 것이다. 특히 성범죄에 대한 심리치료는 다음과 같은 이유로 효과가 명확히 검증되어야 한다.

첫째, 성범죄자에 대한 심리치료의 필요성에 대해 확인하기 위해서이다. 성범죄라는 행동의 빈도를 줄이기 위해 심리학자뿐 아니라 경찰, 사법기관 및 정치, 문화, 미디어 등 다양한 분야에서 노력을 하고 있다. 성범죄는 강력범죄 중 하나로 발생에 따른 개인적, 사회적 손실이 너무 크기 때문이다. 이를 감소시키기 위한 많은 방법 중 심리치료를 지속적으로 실시하는 것은 성범죄를 감소시키는 데에 심리치료가 효과가 있다는 믿음 때문이다. 그리고 그 믿음은 막연한 기대가 아니라 자료에 근거해서 설명되어야 한다. 만약 심리치료가 효과가 없고 다른 방법이 더 효과가 있다면, 보다 효과 있는 방법을 통해 이를 줄이는 것이 대전제이기 때문이다.

둘째, 성범죄자 치료에 대한 비용을 지불하는 고객이 대부분 국가이고 국민이기 때문이다. 국민들은 안전을 담보받기 위해 세금을 통해 교정시설, 보호관찰소 등의 각종 사법기관에서 진행되는 성범죄자 심리치료의 비용을 지불하고 있다. 따라서 이들에게 심리치료의 효과에 대해 알릴 필요가 있다.

셋째, 보다 나은 심리치료로 발전시키기 위해서이다. 심리치료의 효과와 효능을 높이기 위해서는 다양한 연구의 설계와 검증이 필요하다. 성범죄자 심리치료의 경우 '재범'이라고 하는 치료의 성공과 실패를 가늠하는 비교적 확실한 기준이 존재하기 때문에, 이를 통해 더 나은 치료법을 개발하고 좋지 않은 치료적 개입은 줄여 나가야 할 것이다. 실제로 개입 이후에 오히려 재범률이 올라간 것이 발견된 방법들도 존재하였기 때문에(Aos, Phipps, Barnoski, & Lieb, 2001), 적절한 개입방법을 밝히고 더 발전시키기 위해 노력할 필요가 있다.

북미권을 비롯한 외국에서는 수십 년 전부터 성범죄자와 가정폭력 가해자들을 위한 심리치료 프로그램을 개발하기 시작하였다. 의학, 심리학, 사회복지학 등 밀접한 관련이 있는 전문가들과의 협업을 통해 다각적인 개입을 실시하고 그 효과에 대해 분석을 하였으며, 심리치료 개입의 일관성과 효율성을 제고하였다.

2) 성범죄자 심리치료의 효과에 대한 논쟁

(1) 치료 무용론

치료 무용론(nothing works)은 전통적인 심리치료 모델이 범죄자의 치료에서 효과가 없다고 보고한 Martinson(1974)의 연구에서 촉발되었다. 그는 심리치료나 재활적인 접근이 이후의 범죄 성향을 감소시키는 것에 도움이 되지 않는다고 보고하였다. 그는 심리치료가 효과가 없다면 그 이유는, 첫째, 치료의 효과를 측정할 만한 평가 방법이 개발되지 못했기 때문, 둘째, 프로그램이 적절하게 운영되지 않았기 때문, 셋째, 교육이나 심리치료는 범죄를 일으키는 강력한 성향을 극복할 만한 힘이 없기 때문일 것이라고 제시하였다. 이는 치료적인 접근에 큰 충격을 주었고, 치료적 접근에 대해 부정적인 영향을 미쳤다. 따라서 치료보다 구금이 더 효과적이라는 관점이 나타나서 교도소가 과밀해지는 것에 영향을 미치기도 하였다(Crow, 2001). 이 관점은 이후에, Martinson(1974)의 연구에 포함된 치료법이 당시의 주류가 아니라는 등의 방법론적인 비판을 받았다.

(2) 일부 유용론

일부 유용론(Something works)은 Gendreau와 Ross(1979)의 연구에 영향을 받았다. 이들은 1973년부터 1978년까지 진행된 95개의 실험설계 또는 유사실험설계에 의한 연구들을 개관하고, 그중 86%가 긍정적인 결과를 보였음을 보고하였다. 또한 범죄자와 치료자 간의 상호작용 효과가 있음을 보고하여 치료가 일부에게는 효과가 분명히 존재함을 주장하였다. 여기에 무용론을 주장하였던 Martinson(1979)도 치료의 효과가 일부 있다는 것을 인정하면서 무용론을 철회하였다. 이에 치료의 효과를 찾아내기 위한 보다 나은 연구법에 대한 관심이 증가하였다. 이어서 Lösel(1995)은 13개 연구에 대한 메타분석을 통해서 연구의 80%가 효과가 있고 효과 크기가 0.11에 달함을 밝혔다. Lipsey(1995) 역시 청소년 성범죄자들을 대상으로 한 메타분석에서 효과를 입증하였다. 이러한 연구들에 힘입어 치료의 효과에 대해서는 다시 긍정적인 기대가 빠르게 확산되었다.

(3) 치료 유용론

치료의 효과가 입증되기 시작하면서 어떤 치료의 어떤 방식이 보다 효과적인가에 대한 논의인 **치료 유용론**(what works)이 시작되었다. 특히 메타분석의 발전과 함께 효과의 크기가 계산되고 각각을 비교할 수 있는 자료가 나오게 되었다. 여기에 영향을 미친 것이 위험성-욕구-반응성을 기초로 한 **RNR(Risk-Need-Responsivity) 모델**이다(Andrew & Bonta, 2010, RNR 모델에 대한 자세한 설명은 5장 참조). 특히 욕구 부분에서 이들은 범죄유발요인과 범죄비유발요인을 구분하고 실제 범죄와 재범에 영향을 미치는 요소만을 치료의 목표로 삼아야 한다고 주장하였다. 이후 메타분석에서 가장 유용하다고 밝혀진 모델은 인지행동치료이며, 메타분석을 통해 재범률이 적게는 23~50%까지 감소한다는 것이 보고되었다(Hanson et al., 2009).

3) 효과 측정의 다양한 방법

(1) 무선통제 설계와 유사실험 설계

일반적으로 프로그램의 효과를 평가하기 위해서는 이론적으로는 **무선통제 설계**(Randomized Controlled Trial: RCT)가 가장 엄격하고 이상적이다. 무선통제집단을 둔다는 것은 같은 유형이나 같은 정도의 위험성이 있는 성범죄자들을 무선적으로 집단을 나누어, 일부는 처치(치료)를 하고 일부는 처치를 하지 않고 일정 시간 후에 효과를 보는 것을 말한다. 그런데 성범죄자 심리치료의 경우 법에 의해 치료가 집행되기 때문에 같은 조건의 무선통제집단을 두는 것은 현실적으로 거의 불가능하다. 또한 일부 성범죄자에게는 치료를 하지 않게 되는 것이 윤리적인 문제의 소지도 있어서 거의 사용되기 어렵다. 따라서 **유사실험 설계**(quasi-experiment)가 더 적합한 방법으로 활용될 수 있다. 유사실험 설계는 통제집단을 두지만 이들을 완벽하게 무선으로 나누지 못하고 최대한 유사한 집단으로 나누거나 기존의 집단 구분을 활용하여 비교하는 것이다. 따라서 치료에 영향을 미치는 요인들을 미세하게 나누거나 통제하기에는 다소 한계가 있다.

(2) 다양한 대조집단의 활용

효과를 측정하기 위한 무선통제집단의 대안으로 다양한 집단을 고려해 볼 수 있다.

첫째, 프로그램 수료자와 중도탈락자(drop-out) 또는 거부자(refuser)의 비교이다. 이들은 대체적으로 사전 자료가 존재하고 재범률만 추가적으로 조사하면 비교가 가능한 집단이다. 치료에 대한 사전 동기나 충동성, 순응성의 부족 등의 원인이 혼입될 수 있으나, 실제 현장에서는 중도탈락이나 거부자가 나오기 마련이므로 그들에 대한 예측을 할 수 있는 외적 타당도는 높은 연구 결과가 도출될 수 있다.

둘째, 성공적인 수료자(successful completer)와 성공적이지 않은 수료자(unsuccessful completer)의 비교이다. 치료에서 목표로 하는 준거가 명확할수록 수료자들이 그만큼의 진전을 보였는지 그렇지 않은지를 판단할 수 있게 된다. 이는 이들이 치료를 받아들이고 변화한 것인지에 대한 지표가 되므로 사후검사나 재범률 등을 추적조사하여 그 영향을 파악하고, 격차를 최소화하도록 개선하는 데 정보를 제공하게 된다.

셋째, 우연히 발생하게 되는 비교집단이다. 동등한 정도의 범죄인데 법령이나 사법부가 바뀌게 되어 서로 다른 판결을 받게 되는 경우, 판사가 다르거나 지역이 달라서 다른 유형의 치료를 받게 되는 경우, 같은 치료이지만 보다 개선된 상태의 프로그램을 받는 경우, 두 개 이상의 치료 팀이 연결되어 있어서 유사한 대상에게 다른 프로그램을 제공하게 되는 경우 등이 이에 해당한다.

넷째, 일반적인 재범률과 비교하는 것이다. 이는 **위험성 밴드 분석**(risk band analysis)이라고도 불린다. 치료 전에 실시한 검사에서의 재범 예측치, 또는 정적 위험성 척도에서의 재범 예측치와 치료를 받은 사람들의 재범 예측치를 비교했을 때, 같은 위험성이지만 재범률이 낮아졌다면 이는 치료 효과가 있는 것으로 추론할 수 있다.

다섯째, **대응비교집단**(matched comparison group)을 구성하는 것이다. 대응비교집단을 구성하기 위해서는 치료받은 집단의 참여자들의 특징을 치료받지 않은 집단(또는 비교하고자 하는 집단)과 비교하여 비슷한 속성을 갖게 하는 것이다. 이 방법에서는 어떤 속성을 대응의 조건으로 삼을 것인가가 중요한데, 대개는 인구통계학적인 특성과 범죄 관련 특성 및 범죄유발요인 중에서 재범에 영향을 미치는 요인들을 보험계리학적으로 산출하여 적용한다. 최근에 영국에서 실시한 교도소 내의 SOTP(Sex Offender Treatment Programme) 효과연구에서는 치료받은 2,562명과 치료받지 않은 13,219명의 자료를 비교하였는데(Mews, Di Bella, & Purver, 2017), 구속된 해, 출소한 해, 인종, 범죄 유형, 아동피해자 유무, 동성 피해자 유무, 각종 재범위험성 예측 도구의 점수(RM2000, OASys 등) 등 85개의 변인을 대응시켜 치료받은 사람들과 동일한 특성을 가진 대조집단을 만들고 재범률을 비교하는 방식을 취했다.

(3) 집단 내 치료 효과

집단 간의 재범률을 살펴보는 것이 가장 직관적이고도 치료의 효과를 잘 알려줄 수 있는 방법이지만 집단 내 치료 효과의 측정이 필요한 상황도 있다. 집단 내 치료 효과는 대개 범죄유발요인에 대한 감소 여부를 측정하는 경우가 많다. 이를 통해 적절한 치료적 개입의 요소를 규명하고 치료를 발전시킬 수 있다. 이때 주로 문제가 되는 것은 측정의 정확성 여부이다. 무엇을 변화시키고자 하는지에 대한 명확한 목표 설정이 이론에 의해 이루어져야 하고, 그것을 신뢰도와 타당도를 갖춘 측정방법으로 정확하게 측정해야 하는 것이다(Hanson & Thornton, 2000).

구체적인 측정 방법으로는 사전·사후 척도를 이용한 변화량 파악과 임상적 유의도 파악이 있다(윤정숙, Sims-Knight, & Knight, 2014). 사전·사후 척도를 이용한 변화량 파악은 사후에 측정한 점수가 일반적인 범위 내에 들어오는지 여부와 사후에 측정한 점수가 사전에 측정한 점수에 비해 통계적으로 유의한 수준으로 증가하거나 감소했는지를 검증하는 것이다. Marques 등(2005)은 성범죄자 치료프로그램을 수료한 190명을 대상으로 다면적 성 평가(MSI)와 음경확장측정을 비롯한 다양한 검사를 실시하고, 사후검사들의 점수를 합산하여 치료의 진척을 측정하는 총점을 만들었다. 이를 치료수용도(Got it!)척도라 이름 붙이고 재범과 연결시켜 분석한 결과, 재범자와 비재범자 간의 차이는 발견하지 못하였으나 중간점수를 기준으로 상위 집단과 하위 집단을 나누었을 때에는 재범률의 차이가 통계적으로 유의하게 나타남을 발견하였다. 임상적 유의도 파악은 내담자가 치료가 끝난 후 정상적 수준에 도달했는지와 관찰된 호전의 정도가 통계적으로 유의미한가를 파악하는 것이다. 임상적 유의도를 결정하는 방법으로는 Jacobson, Follette, Revenstorf(1984)가 개발한 방식이 쓰이고 있는데, 이 방식은 우선 기능 집단과 역기능 집단을 구분해 주는 분기점(cutoff point)을 설정한 후, 각 집단의 호전된 정도가 측정오차(measurement error) 구간보다 큰지를 확인하여 변화의 크기를 평가한다(윤정숙 외, 2014에서 재인용).

2. 성범죄자 치료의 효과

1) 재범률

최근의 치료 효과에 대한 관심은 근거기반실천(Evidence Based Practice: EBP), 무선통제연구(Randomized Controlled Trial: RCT), 경험으로 지지된 치료(Empirically Supported Treatment: EST) 등의 용어로 표현된다. 이러한 주요 용어들에 대한 정의를 내리고 서로 구분하여 정리해 보면 다음과 같다. 미국심리학회(APA)에서는 2006년, 다음과 같은 정의를 소개하였다. “근거기반실천이란, 내담자 각각에게 행할 심리치료를 정하는 의사결정 과정에서 연구를 통해 근거가 확보된 심리치료를, 임상으로 숙련된 치료자가, 환자의 필요, 가치와 선호 등의 맥락을 고려하여 내담자에게 사용하는 것이다(APA, 2006).” 이러한 ‘심리학에서의 근거기반실천(Evidence Based Practice in Psychology: EBPP)’의 개념은, 의학에서 최근 “각각의 환자를 돌보기 위한 의사결정에서 현재까지의 최선의 증거들을 모아 양심적이고 명확하고 현명하게 활용하는 것”이라고 제안한 근거기반의학(evidence-based medicine)의 개념(Craig, Irwig, & Stockler, 2001)과 유사하다. 심리학에서의 근거기반실천에서는 치료자의 임상 숙련도에 대한 심층적인 평가와 환자의 특성을 보다 폭넓게 고려하고자 하는 목적이 더욱 강조되고 있다. 근거기반실천은 궁극적으로는 근거를 기반으로 한 심리측정, 사례개념화, 치료관계와 개입을 통해 심리학적 치료의 효과를 증진시키고 공중보건의 질을 높이기 위해 제안된 개념이다(APA, 2006).

성범죄자 심리치료에서 효과의 근거로 활용하기 가장 좋은 개념은 **재범률**(recidivism rate, reoffending rate)이라 할 수 있다. 우리나라 대검찰청의 범죄분석에서는 재범률을 그 해에 범죄를 저지른 사람 중에 전과가 있는 사람의 숫자로 산출하여 범죄분석에 수록한다. 정확히 말하자면 이것은 재범자(전과자)의 비율이지 재범률의 개념이 아니다. 재범률이라 함은 범죄를 저지른 사람이 다시 범죄를 저지른 것을 의미하는 것이지, 범죄를 저지른 사람이 이전에 범죄를 저지른 적이 있는지를 말하는 것은 아니다. 정확한 의미의 재범을 측정하기 위해서는 국가적인 범죄 관리 시스템이 구축되고, 그에 대한 정보가 공유될 수 있어야 한다. 캐나다의 경우에는 국가 전체의 재범 관련 데이터가 공유되고 있을 뿐 아니라 허가를 받은 연구자들은 그 데이터에 온전히 접근할 수 있으므로 프로그램의 효과 및 재범에 대한 연구가 비교적 쉬운 편이다(Marshall, 2006). 반면, 미국과 같은 경우는 주별로 재범에 대한 기준과 분류체계가 다를 뿐 아니라 연방수사국에 일괄적으로 등록되지 않기 때문에 재범에 대한 집계가 어렵다. 한국의 경우는 사건발생 자체에 대한 기록은 상호검열이 가능하나 일부 정보만 공유되어 있고, 범행의 특징 등 상세정보는 경찰, 검찰, 법무부 등의 기관마다 자체 시스템을 가지고 있어서 구체적인 자료 수집에는 한계가 있다. 또한 재범은 경찰을 통해 법망에 들어오게 된 경우만 포함되므로 검거되지 않은 범죄의 경우는 집계가 되지 않는다. 신고하지 않아 덮어진 암수범죄의 비율도 높다. 다만, 신고된 범죄에 대해서는 92%의 검거율을 보이고 있어서(대검찰청, 2005) 신고사건에 대한 검거율은 상대적으로 높은 편이다.

앞서 언급한 바와 같이 우리나라의 경우 기관 간의 자료 공유 부족과 개인정보에 대한 인권 보호 등의 이유로 재범률 계산에 사용되는 수치들이 매우 제한적이다. 경찰에서는 오직 수사 기록만을 사용하는 경향이 있다. 수사 기록은 어떠한 이유로든 경찰에 입건이 되어 수사한 기록이므로 누락(omission)이 가장 적은 수치이다. 그러나 무죄인 경우도 조사를 받게 되면 기록이 남게 되므로 오경보(commission) 오류가 나타날 수 있다. 법원에서는 판결 기록을 사용할 수 있다. 이 경우 유죄 판결에 대한 비교적 정확한 자료를 얻을 수 있으나, 재범을 하고도 훈방되거나 기소유예 등으로 경찰 또는 검찰 단계에서 되돌아간 경우는 놓치게 된다. 교도소에서는 재복역률, 보호관찰소에서는 보호관찰에 대한 재등록을 살펴볼 수 있으나 다른 유형의 처분을 받는 경우는 확인하기 어렵다.

2) 주요 재범 조사 연구

미국 성학대 치료협회(ATSA)는 2001년에 각종 심리치료 프로그램의 효과에 대한 연구를 진행하였다(Aos, Phipps, Barnoski, & Lieb, 2001). 여기에 성범죄자와 관련하여 포함된 유일한 개입방법은 인지행동치료였고 각각 청소년과 성인 프로그램으로 나누어져 계산되었다. 청소년 성범죄자 치료프로그램의 경우 효과크기는 −.12였으나 표준오차가 .10으로 큰 편이어서 기관 간의 효과 편차가 큰 것으로 나타났다. 프로그램에 대한 정교화가 더 필요한 부분이라 하겠다. 이를 비용효과 면에서 계산해 보면, 청소년 한 사람당 치료비로 9,920달러가 소요되었는데 재범이 감소하여, 범죄로 인해 소모되는 감소한 만큼의 비용을 제하면, 한 사람당 3,119달러로 치료를 진행한 셈이 된다. 그런데 재범이 감소한 만큼 피해자의 숫자도 감소하므로, 감소한 잠재적인 피해자로 인해 절약되는 금액을 더하여 추산하여 보면, 한 사람을 치료하면 23,602달러의 이익을 보게 된다는 계산이 나온다. 치료프로그램에 1달러를 지출하면 3.38달러의 효과를 본다는 것이다. 성인을 대상으로 한 성범죄자 인지행동치료 프로그램의 경우 한 사람당 6,246달러의 비용이 소요된다. 청소년과 같은 방식으로 계산할 때 재범방지 효과만을 따져 보면 788달러를 지출하게 되는 것이나, 잠재적인 피해자로 인해 소모되는 금액을 계산하면 19,534달러의 이익이 생기게 된다. 이 경우 치료프로그램에 1달러를 지출하면 4.13달러의 이득이 계산된다.

표 14-1 성범죄자 인지행동치료 프로그램의 비용-효과 분석

구 분	포함된 연구 수	효과의 크기 (표준오차)	1인당 소요비용	이득(비용-지출)	
				하한점 (납세자이득)	상한점 (납세자이득 +피해자이득)
청소년 성범죄자 치료프로그램	5	−0.12(0.10)	$9,920	−$3,119	$23,602
성인 성범죄자 인지행동치료 프로그램	7	−0.11(0.05)	$6,246	−$778	$19,534

한편, Colorado 교도소에서의 치료프로그램은 생존분석을 사용하여 시간의 흐름에 따라 재범률이 어떻게 변화하는지를 살펴보았다(Lowden et al., 2003). 수형자들은 교도소 내에서 치료 공동체(therapeutic community)적 접근을 받았고, 그중에 인지행동치료 프로그램이 포함되어 있었다. 1단계(phase 1)에 참여한 사람들은 자신의 가해를 인정하고 이를 현재의 문제로 인식하여 토의하는데 참여한 사람들이고, 2단계에 참여한 사람들은 자신의 행동을 인정할 뿐

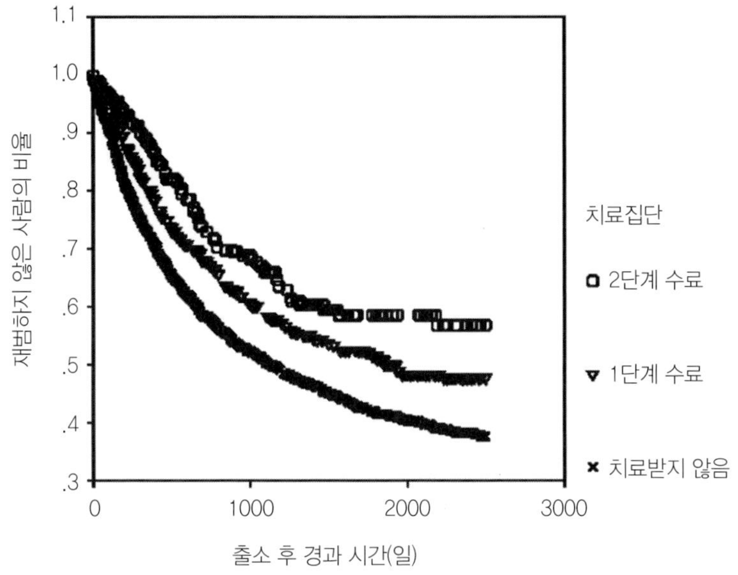

[그림 14-1] Colorado 교도소 프로그램의 효과 - 재범에 대한 생존분석

아니라 다른 수형자에 대해 안내자(brother)의 역할을 해 줄 수 있는 사람들을 말한다. [그림 14-1]에서 보는 바와 같이 2단계인 사람의 재범이 1단계보다, 다시 1단계는 프로그램을 받지 않은 사람들보다 재범까지의 기간이 길어지는 것을 알 수 있다. 수치상으로 살펴보면 치료를 받지 않은 사람의 재범까지의 중간값은 1,312일이었고, 1단계를 마친 사람은 1,531일, 2단계를 마친 사람은 1,715일이었다. 재범까지의 기간이 치료를 받지 않은 사람에 비해 2단계를 마친 사람에게서 평균 1년 이상 증가한 것이다.

반면, 최근의 연구 중에서도 재범률 조사에서 효과가 나타나지 않은 연구도 있다. 영국 교도소의 SOTP를 통해 17년간 치료받은 2,562명과 치료받지 않은 13,219명을 85개 변인으로 짝지은 집단을 구성하여 효과를 측정한 연구가 그것이다(Mews, Di Bella, & Purver, 2017). 평균 8.2년에 대한 추적연구 결과, 치료받은 집단의 성범죄 재범률은 10.0%, 치료받지 않은 집단의 성범죄 재범률은 8.0%로, 치료받은 집단의 재범률이 통계적으로 의미 있지는 않은 범위 내에서 오히려 더 높게 나타났다. 전체 범죄에 대한 재범률 역시 치료집단 39.4%, 비치료집단 38.9%로 나타났다. 영국 정부의 보고서에서는 치료가 효과가 없거나 미미하다고 결론 내렸으며, 향후 치료과정에 대한 연구나 특정 성향과의 상호작용, 체계적인 혼입변인의 가능성에 대한 추가적 연구 등을 지속할 것으로 밝혔다. 치료 효과가 미미했던 원인으로는 최근의 범죄유발요인이 충분이 포함되지 않은 오래된 매뉴얼, 지나치게 자세한 매뉴얼로 인한 반응성(responsivity)의 저하, 전체 교도소에 빠르게 프로그램을 보급하기 위해 치료자의 질을 충분히 통제하지 못했던 것 등을 꼽고 있다.

최근 Marshall(2020)은 자신이 일했던 캐나다의 록우드 심리서비스센터(RPS)에서 1991년부터 2001년까지 캐나다 교정국의 의뢰로 치료했던 579명에 대한 자료를 분석하여 다음과 같은 치료 효과의 비용 환산 결과를 보고하였다. 성범죄자 한 사람당 치료비는 2,500~3,000달러이므로 3,000달러로 환산하고, 전체 579명을 치료하였으므로 교정국이 센터에 지불한 치료비는 총 1,737,000달러(3,000달러×579명)였다. 캐나다의 재범률 평균치인 19.6%로 계

표 14-2 PRS 프로그램의 효과에 대한 경제적 효과

치료비			
1인당 3,000달러 × 579명=1,737,000달러			
재범 관련 지출			
구분	치료하지 않았을 경우 추정치(A)	치료받은 사람의 재범 결과(B)	재범 방지 효과 (A-B)
재범자	113명 (재범 평균치인 19.6%로 환산)	31명 (5.4%, 실제 조사 결과)	82명
재범자 조사, 재판 등 소요비용 추산	113명 × 200,000달러 = 22,600,000달러	31명 ×200,000달러 = 6,200,000달러	22,600,000-6,200,000 = 16,400,000달러
순 이득 (재범 방지 효과액 - 치료비 지출)			
16,400,000달러 - 1,737,000달러=14,663,000 달러			

산하면, 579명의 19.6%인 113명이 재범을 할 것으로 기대치가 산출된다. 하지만 579명 중 실제 재범을 한 숫자는 5.4%인 31명에 불과하였다. 따라서 113명에서 31명을 제외한 82명은 재범을 할 것으로 추정되었지만 치료의 효과로 인해 재범을 하지 않았다고 말할 수 있다. 캐나다에서 성범죄가 발생하면 조사하고 재판하는 등의 사회적 비용이 1인당 200,000달러가 드는 것으로 보고되었으므로, 재범을 하지 않은 82명으로 인해 절약된 사회적 비용은 16,400,000달러(82명×200,000달러)인 것으로 산출되었다. 여기에서 본래 치료에 지불되었던 1,737,000달러를 제하면 성범죄자의 재범 감소로 인한 경제적 효과로만 14,663,000달러가 계산된다.

3) 성범죄자 치료연구에 대한 메타분석

개별 연구들의 결과를 모아서 그 효과의 크기를 산출해 주는 새로운 방법인 메타분석 연구가 종종 발표되고 있으며, 이는 전반적인 결과와 흐름을 파악하는 데 매우 좋은 정보가 된다. 몇 개의 메타분석을 소개하면서 치료의 효과에 대해 살펴보도록 하겠다.

첫째, Lösel과 Schmucker(2005)는 미국, 캐나다, 독일, 영국 등 다양한 나라의 5가지 언어로 된 80개의 연구를 개관하여 22,181명의 성범죄자의 자료를 분석했다. 이 중 치료받은 성범죄자는 9,512명이었다. 평균 5.2년의 기간 동안 치료받은 범죄자의 평균 성범죄 재범률은 11.1%였고 통제 집단의 평균 성범죄 재범률은 17.5%였다. 폭력 범죄에 대한 재범률은 치료받은 집단 6.6% 대 치료받지 않은 집단 11.8%였고, 전체 범죄의 재범률은 32.5% 대 22.4%였다. 같은 연구자들(Schmucker & Lösel, 2015)은 10년 후에 다시 메타분석을 실시하였고, 3,000여 개의 문헌 중에서 29개를 선정하여 4,939명의 치료받은 성범죄자와 5,448명의 치료받지 않은 성범죄자를 비교하였다. 이 분석에서는 10년 전의 연구보다 효과의 크기는 작았지만 여전히 유의한 효과가 검증되었다. 치료받은 집단의 성범죄 재범률은 10.1%였고, 치료받지 않은 집단의 성범죄 재범률은 13.7%이어서 치료받은 집단이 치료받지 않은 집단의 26.3%만큼 재범률이 작게 나타났다. 포함된 치료법들에서는 인지행동치료와 다중체계치료를 사용한 연구들이 효과적이었고, 집단의 인원수가 적을수록, 보다 개인화된 치료일수록 더 높은 효과를 보였다.

둘째, Reitzel과 Carbonell(2006)은 청소년 성범죄자에 대한 33건의 연구를 통해 5,335명의 결과를 메타분석하였다. 평균 추적기간은 56개월이었다. 이들의 재범률에 대한 치료 효과 역시 통계적으로 유의했다. 치료받은 집단의 성범죄 재범률은 8.6%였고, 치료받지 않은 집단의 성범죄 재범률은 19.44%로 나타났다.

셋째, Hanson, Bourgon, Helmus와 Hodgson(2009)는 위험성-욕구-반응성(RNR)원칙과 관련하여 성범죄자를 심리치료한 연구들에 대해 메타분석을 실시하였다. 2008년까지 실시된 23건의 연구를 분석한 결과, 치료받은 성범죄자의 성범죄 재범률이 대조군보다 낮았다(10.9% 대 19.2%). 전체 범죄에 대한 재범률도 치료집단이 대조군보다 낮게 나타났다(31.8 % 대 48.3%).

마지막으로 소개할 가장 최근의 메타연구는 Soldino와 Carbonell-Vayá(2017)에 의해 이루어진 것으로 연구 시점에서 지난 10년간 발표된 연구만을 대상으로(2004~2014년) 메타분석을 진행하였다. 분석한 연구들에 포함된 대상자는 성범죄자 3,659명(개별 연구 평균 393명)과 대조군 3,022명이었고 평균 추적 기간은 2~12.33년(평균 5.86년)이었다. 연구 결과 성범죄자의 재범률은 13.12%로 나타났고, 대조군은 17.94%로 나타나서 통계적으로 유의미한 수준이었고, 17개의 연구 중 12개의 연구에서 치료집단은 통제집단보다 재범률이 낮았다.

전체적으로 볼 때 메타분석 연구들은 성범죄자 심리치료가 재범률을 낮추는 데 유의하게 영향을 미치고 있음을 보여 준다. 다음에서 각 메타연구들의 주요 결과를 표로 요약하여 제시하였다.

표 14-3 재범률을 통해 치료 효과를 추정한 메타연구 요약

연구	조사연구 수	추적 기간(년)	치료집단		대조집단	
			사례수	재범률	사례수	재범률
Lösel과 Schmucker(2005)	80	5.2	9,512	11.1%	12,669	17.5%
Schmucker와 Lösel(2015)	29	5.9	4,939	10.1%	5,448	13.7%
Reitzel과 Carbonell(2006)	33	4.6	3,730	8.6%	1,605	19.44%
Hanson, Bourgon, Helmus, & Hodgson(2009)	23	4.7	3,121	10.9%	3.625	19.2%
Soldino와 Carbonell-Vayá(2017)	17	5.9	3,659	13.12%	3,022	17.94%

4) 우리나라의 치료 효과 연구

우리나라는 재범률을 활용한 치료 효과 연구가 매우 적은 실정이다. 간단하게 살펴보면 다음과 같다. 우선, 청소년 성범죄자를 대상으로 보호관찰 장면에서 프로그램을 실시한 후 추적조사한 연구가 있다(송원영, 노일석, 신의진, 2013). 이 연구는 성범죄를 저지른 청소년 중 인지행동치료를 받은 집단 64명, 기존 프로그램 집단 82명, 수강명령을 받지 않은 보호관찰집단 50명을 대상으로 7년간 추적연구를 하였다. 성범죄 재범률은 각 집단에서 3명, 4명, 3명으로 비율이 너무 적어 분석이 적합하지 않았고, 전체 범죄에 대한 재범률에서는 인지행동치료집단에서 39.1%, 기존 프로그램 집단에서 53.7%, 비수강집단에서 62.0%의 재범률을 보여 의미 있는 차이가 나타났다.

둘째, 성인 보호관찰 대상자에게 좋은 삶 모델을 적용한 심리치료를 실시한 후 평균 610일 추적한 연구가 있다(정유희, 2014). 이 연구는 치료집단 128명, 기존 프로그램 집단 145명, 비수강 집단 146명을 대상으로 하였다. 연구 결과, 성범죄 재범률이 치료집단에서는 3.1%, 일반수강 집단에서는 20.7%, 비수강 집단에서는 16.4%로 나타나 치료의 효과가 큰 것으로 보고되었다.

셋째, 교정시설 내 성범죄자 심리치료 프로그램 효과성 평가를 위한 연구이다(윤정숙, 2020). 이 연구에서는 교정시설에서 기본, 집중, 심화 프로그램을 받은 6,028명과 치료를 받지 않은 1,586명을 대상으로 재입소 여부와 보호관찰 시작을 지표로 조사하였다. 그 결과, 3년 추적 시 심리치료를 받은 성범죄자 중 11.8%가, 받지 않은 성범죄자 중 14.3%가 성범죄 재범을 한 것으로 보고되었다.

우리나라의 경우 연구의 절대적인 숫자가 부족하고 현재까지 보고된 자료로는 외국의 자료만큼 충분한 효과를 확인하지는 못하고 있다. 그 이유로는 아직 추적연구를 할 만큼 오랫동안 치료가 진행되지 않아 낮은 기저율에도 불구하고 차이를 확인할 만큼의 추적이 어려웠던 것도 한 가지 이유가 되겠지만, 개인정보보호 등의 이유로 연구자가 치료 효과 연구에 필요한 재범률 데이터에 접근하기 어려운 것이 현실적으로 더 중요한 이유이다. 치료의 기법이나 치료의 질에 대한 고찰과 개선을 위해서도 재범률을 통한 성범죄자 심리치료 효과 확인은 중요하고 시급한 문제이다. 경찰의 수사기록과 법원의 판결 기록 등이 연구자에게 제공되거나 법무부 내부 직원이 정리 및 연구를 해서 기초적인 자료 분석과 치료 효과 분석이 가능하도록 해야 할 것이다.

참고문헌

김성(2010). 성중독자의 심리적 경험연구. 백석대학교 대학원 박사학위 청구논문.

김유리(2009). 지적장애 학생 성교육 프로그램에 대한 선행연구 분석. **특수교육**, 8(2), 219-237.

김형근(2011). **성중독 회복을 향한 첫걸음: 성중독 회복을 위한 55가지 제안**. 서울: 서울중독심리연구소.

박경, 김선희, 김혜은, 최영아(2010). **성범죄 미성년 가해자 치료 및 적응적 사회행동 발달 프로그램 개발**. 서울: 여성·아동폭력피해 중앙지원단.

박광배(2001). 재판의 공정성을 훼손할 가능성이 있는 신문의 범죄보도행태에 대한 내용분석. **한국심리학회지: 문화 및 사회문제**, 7(2), 107-135.

박상열, 강경래(2008). 일본의 성범죄자 처우 프로그램. **교정연구**, 39, 105-133.

박지순, 최은영, 공마리아(2013). DACUM 기법을 활용한 재활심리사의 직무분석. **재활심리연구**, 20(1), 19-37.

법무부(2013). 성폭력사범 기본과정 프로그램.

법무부(2014). 성폭력사범 집중과정 프로그램.

법무부(2016). 성폭력사범 심화과정 프로그램.

법무부(2018). 여성 성폭력사범 프로그램.

법무부(2018). 성폭력사범 특별과정 프로그램.

변혜정, 현혜순, 정희진, 정유희 (2005). 성폭력 피해자 치유 · 가해자교정 프로그램 매뉴얼. 한국여성민우회 성폭력상담소.

송원영, 신의진, 오경자(2008). 청소년 성폭력범죄자를 위한 인지행동치료의 개발 및 단기 효과 검증. 한국심리학회지: 임상, 27(2), 547-569.

송원영, 오경자(2009). 위치추적 전자장치 부착자를 위한 성범죄자 상담치료 프로그램 매뉴얼. 경기: 법무부.

송원영, 노일석, 이태준(2011). 성충동 약물치료대상 핵심 심리치료 프로그램 개발. 경기: 법무부.

송원영(2012). 가족응집력이 성범죄 청소년의 성중독에 미치는 영향. 한국심리학회지: 건강, 17(1), 217-227.

송원영, 노일석, 이태준(2012). 치료감호소의 성충동 약물치료 대상자에 대한 확장 심리치료 프로그램. 경기: 법무부 보호법제과.

송원영, 김재신, 이상훈, 이태준, 장형수(2013). 성범죄자 다중감각치료 프로그램 개발. 경기: 법무부, 국립법무병원.

송원영, 노일석, 신의진(2013). 청소년 성범죄자를 위한 인지행동치료의 장기 효과 검증. 한국심리학회지: 임상, 32(3), 667-682.

송준만, 강경숙, 김미선, 김은주, 김정효, 김현진, 이경순, 이금진, 이정은, 정귀순(2016). 지적장애아교육. 서울: 학지사.

신민섭, 장현아, 김신희, 도례미(2010). 성범죄 고위험 아동과 부모를 위한 예방 프로그램 개발. 서울: 여성 · 아동폭력피해 중앙지원단.

신상헌, 유미경, 김선범, 이진영, 이미지, 김대연(2012). 성도착증이 아닌 정신장애 성범죄자들의 형사적 특성, 대한법의학, 36(1), 68-73.

신의진, 이영준, 소형석, 엄소용, 김지연, 송원영, 이용배(2006). 교정시설내 성범죄자 교정교화 프로그램 개발 연구: 2006년 법무부 용역 연구보고서. 경기: 법무부.

윤정숙, 박정일, 여운철(2011). 성범죄자 재범방지를 위한 치료프로그램 개발연구. 한국형사정책연구원 연구총서.

윤정숙(2012). 교정시설내 성범죄자의 치료프로그램 참여에 대한 질적 연구. 교정담론, 6(1), 215-242.

윤정숙, 김민영, 이태헌(2020). 교정시설내 성범죄자 심리치료 프로그램 효과성 평가 연구. 서울: 한국형사정책연구원.

윤정숙, Sims-Knight, J., & Knight, R. (2014). 성범죄자를 위한 치료프로그램 개발 및 제도화방안(II) : 교정시설내 성범죄자 치료프로그램의 효과성 평가. 서울: 한국형사정책연구원.

윤정숙, William L. Marshall, Judith Sims-Knight, 이수정, 김일수(2012). 성범죄자를 위한 치료프로그램 개발 및 제도화방안(I). 형사정책연구원 연구총서 12-B-12, 1-442.

이동현, 김지은, 송채빈, 이현주, 송원영, 이태준, 이상훈, 태기식(2016). 성범죄자의 다중감각 치료에 대한 뇌파 활성도 변화. *Journal of Biomedical Engineering Research 37*. 119-125.

이수정, 고려진(2007). 성폭력 범죄자 재범방지 치료 처우 강화 방안: 미국 사례를 중심으로. 한국범죄학, 1(1), 109-143.

이수정, 고려진, 박혜란(2008). 한국 성범죄자 위험성 평가 도구 개발 및 타당도 연구. 형사정책연구 19(4), 1-37.

이수정, 고려진, 김재경(2009). 한국판 Psychopathy Checklist-Revised(PCL-R)의 구성타당도 연구. 한국심리학회지: 사회 및 성격, 23(3), 57-71.

이수정, 고려진(2012). 한국판 성적기호 평가도구(KASI) 실시요강. 맥스메디카.

이수정, 이선영(2013). 13세 미만 아동성폭력범의 정서인식력과 일탈적 성적 기호. 한국심리학회지: 사회 및 성격, 27(2), 51-68.

이수정, 장은영, 양재원(2015). 지적장애와 성범죄. 교정담론, 9(1), 125-166.

이윤용(2015). 성폭력범죄에 대한 국내외 정책동향 및 경찰정책 개선방안에 관한 연구. 대전대학교 대학원 박사학위논문.

이해경, 김혜원(2009). 교사들이 지각한 지적장애 청소년들의 성교육 요구와 성행동 경험: 초, 중, 고 비교를 중심으로. 청소년복지연구, 11(4), 25-50.

장은영, 이수정, 이장규(2014). QACSO(Questionnaire of Attitudes Consistent with Sexual Offending)의 타당화 연구. **한국심리학회지: 법, 5**(3), 137-166.

전영실, 이승현, 권수진, 이현혜(2010). 장애아동 · 청소년의 삶의 질 향상을 위한 지원방안 연구 II: 장애아동 · 청소년의 성문제 실태 및 대책 연구. **한국청소년정책연구원 연구보고서**, 1-257.

정미영, 박지순, 최은영, 공마리아, 이장규(2015). 지적장애를 가진 성범죄자 심리치료 프로그램 효과. **직업재활연구, 25**(1), 21-35.

정유희(2014). 좋은 삶 모형을 적용한 성인 성범죄자 치료 프로그램의 효과. 고려대학교 대학원 박사학위논문.

조성희, 정지숙, 김효은(2008). 정신감정이 의뢰된 성범죄자들의 재범 여부 및 진단에 따른 하위 유형의 심리특성 비교. **한국심리학회지: 사회 및 성격, 22**(4), 15-26.

조은경, 이수정(2008). **한국판 표준화. PCL-R 전문가 지침서**. 서울: 학지사 심리검사 연구소.

한인영, 박명숙(2008). **성폭력 가해자의 가족통합 및 지역사회 복귀를 위한 통합적 지원 프로그램**. 경기: 법무부.

현혜순(2010). **성폭력 가해자 교정 · 치료 효과성 분석 및 매뉴얼 개발**. 서울: 여성가족부.

대검찰청(2005). **범죄분석**.

대검찰청(2017). **범죄분석**. http://www.spo.go.kr/site/spo/crimeAnalysis.do

Abel, E. L. (1984). Opiates and sex. *Journal of Psychoactive Drugs, 16*(3), 205-216.

Abel, G. G., Gore, D. K., Holland, C. L., Camp, N., Becker, J. V., & Rathner, J. (1989). The measurement of the cognitive distortions of child molesters. *Annals of Sex Research, 2,* 135-153.

Abel, G. G., Jordan, A., Hand, C. G., Holland, L. A., & Phipps, A. (2001). Classification models of child molesters utilizing the Abel Assessment for child sexual abuse interest. *Child Abuse & Neglect, 25*(5), 703-718.

Abel, G. G., Osborn, C. A., & Twigg, D. A. (1993). Sexual assault through the life span: Adult offenders with juvenile histories. In H. E. Barbaree, W. L. Marshall, & S. M. Hudsong (Eds.), *The Juvenile sex offender* (pp. 104-117). New York: Guilford Press.

Alexander, J. F., Barton, C., Schiaro, R. S., & Parsons, B. V. (1976). Systems-behavioral intervention with families of delinquents: Therapist characteristics, family behavior, and outcome. *Journal of Consulting and Clinical Psychology, 44*(4), 656-664.

Alexander, M. A. (1999). Sexual offender treatment efficacy revisited. *Sexual Abuse: A Journal of Research and Treatment, 11,* 101-116.

Allen, C. (1969). *A Textbook of Psychosexual Disorders*. Oxford: Oxford University Press.

American Psychiatric Association (2013). *Diagnostic and Statistical Manual of Mental Disorders, Fifth Edition*. American Psychiatric Association.

Andrews D, Bonta J. (1988). *The psychology of criminal conduct*. Cincinnati, OH: Anderson

Andrews, D. A., & Bonta, J. (2010). Rehabilitating criminal justice policy and practice. *Psychology, Public Policy, and Law, 16*(1), 39-55.

Andrews, D. A., & Dowden, C. (2005). Managing correctional treatment for reduced recidivism: A meta-analytic review of programme integrity. *Legal and Criminological Psychology, 10*(2), 173-187.

Anthony, E. J. (1987). Risk, vulnerability, and resilience: An overview. In E. J. Anthony & B. J. Cohler (Eds.), The Guilford psychiatry series. *The invulnerable child* (pp. 3-48). Guilford Press.

Aos, S., Phipps, P., Barnoski, R., & Lieb, R. (2001). *The comparative costs of and benefits of programs to reduce crime*. Olympia: Washington State Policy Institute.

APA Presidential Task Force on Evidence-Based Practice (2006). Evidence-Based

Practice in Psychology.

Awad, G. A., Saunders, E., & Levene, J. (1984). A clinical study of male adolescent sexual offenders. *International Journal of Offender Therapy and Comparative Criminology, 28*, 105-116.

Babchishin, K. M., Merdian, H. L., Bartels, R., M., & Perkins, D. (2018). Child sexual exploitation materials offenders. *European Psychologist, 23,* pp. 130-143.

Ball, C. J., & Seghorn, T. K. (1999). Diagnosis and treatment of exhibitionism and other sexual compulsive disorders. *The sex offender: Theoretical advances, treating special populations and legal developments, 3*, 28-31.

Bancroft, J., & Marks, I. (1968). Treatment of sexual deviations: electric aversion therapy of sexual deviations. *Proceedings of the Royal Society of Medicine, 61*(8), 796-799.

Bandura, A. (1974). Behavior theory and the models of man. *American Psychologist, 29*(12), 859-869.

Bandura, A. (1977). Self-efficacy: Toward a unifying theory of behavioral change. *Psychological Review, 84*(2), 191-215.

Barbaree, H. E. (2005). Psychopathy, treatment behavior, and recidivism: an extended follow-up of Seto and Barbaree. *Journal of Interpersonal Violence. 20*(9), 1115-1131.

Barbaree, H. E., Langton, C. M., & Peacock, E. (2006). Sexual offender treatment for psychopaths: Is it harmful? In W. L. Marshall, Y. M. Fernandez, L. E. Marshall, & G. A. Serran (Eds.), *Sexual offender treatment: Controversial issues.* West Sussex, UK: Wiley.

Barefoot v. Estelle, 463 U.S. 880, 103 S. Ct. 3383, 77 L. Ed. 2d 1090 (1983). Brief for the American Psychiatric Association as Amicus Curiae in Support of Petitioner.

Barnett, G. D., & Mann, R. E. (2013). Empathy deficits and sexual offending: A model of obstacles to empathy. In Aggression and violent behavior.

Bartholomew, K., & Horowitz, L. M. (1991). Attachment styles among young adults: A test of a four-category model. *Journal of Personality and Social Psychology, 61*(2), 226-244.

Baumeister, R. F., Heatherton, T. F., & Tice, D. M. (1993). When ego threats lead to self-regulation failure: Negative consequences of high self-esteem. *Journal of Personality and Social Psychology, 64*(1), 141-156. https://doi.org/10.1037/0022-3514.64.1.141

Beck, A. T., Steer, R. A., & Brown, G. K. (1996). *BDI-II: Beck Depression Inventory Manual* (2nd ed.). San Antonio, TX: Psychological Corporation.

Beck, J. (1995). *Cognitive therapy basics and beyond.* New York: Guilford Press.

Bera. (1985). *A preliminary investigation of da typology of adolescent sex offenders and their family systems.* Unpublished master's thesis. University of Minessota.

Black, M. C., Basile, K. C., Breiding, M. J., Smith, S. G., Walters, M. L., Merrick, M. T., Chen, J., & Stevens, M. R. (2011). *National Intimate Partner and Sexual Violence Survey: 2010 Summary Report.*

Bonta, J., & Andrews, D. A. (2007). Risk-need-responsivity model for offender assessment and rehabilitation. *Rehabilitation*, *6*(1), 1-22.

Borduin, C., Schaeffer, C., & Heiblum, M. (2009). A randomized clinical trial of multisystemic therapy with juvenile sexual offenders: effects on youth social ecology and criminal activity. *Journal of Consulting and Clinical Psychololgy,* 77(1) 26-37.

Borelli, B., Sepwinall, D., Ernst, D., Bellg, A.J., Czajkowski, S., & Breger, R., et al. (2005). A new tool to assess treatment fidelity and evaluation of treatment fidelity across 10 years of health behavior research. *Journal of Consulting & Clinical Psychology, 73*, 852-860.

Bowlby, J. (1969). Attachment and loss v. 3 (Vol. 1). Random House. Furman, W., & Buhrmester, D. (2009). Methods and measures: The network of relationships inventory: Behavioral systems version. *International Journal of Behavioral Development, 33*, 470-478.

Briggs, P., Simon, W. T., & Simonsen, S. (2011). An exploratory study of Internet-initiated sexual offenses and the chat room sex offender: Has the Internet enabled a new typology of sex offender? *Sexual Abuse: Journal of Research and Treatment, 23*(1), 72-91.

Burt, M. R. (1980). Cultural myths and supports for rape. *Journal of Personality and Social Psychology, 38*(2), 217-230.

Burt, M. R. (1983). Justifying personal violence: A comparison of rapists and the general public. *Victimology, 8*(3-4), 131-150.

Burton, D. L. (2000). Were adolescent sexual offenders children with sexual behavior problems? *Sexual Abuse: A Journal of Research and Treatment, 12*, 37-48.

Camp, B. H., & Thyer, B. A. (1993). Treatment of adolescent sex offenders: A review of empirical research. *Journal of Applied Social Sciences, 17*(2), 191-206.

Campbell, J. D., & Lavallee, L. F. (1993). Who am I? The role of self-concept confusion in understanding the behavior of people with low self-esteem. *In Self-esteem* (pp. 3-20). Springer, Boston, MA.

Carnes, P. J. (1983). *Out of the Shadows: Understanding Sexual Addiction.* Chicago: CompCare Publications.

Carnes, P. J. (2001). *Out of the shadows: Understanding sexual addiction.* Hazelden Publishing.

Carnes, P. J. (2003). The anatomy of arousal: Three Internet portals. *Sexual and Relationship Therapy, 18*, 309-328.

Check, J. V., & Malamuth, N. M. (1983). Sex role stereotyping and reactions to depictions of stranger versus acquaintance rape. *Journal of Personality and Social Psychology, 45*(2), 344-356.

Cleckley, H. (1941). *The mask of sanity; an attempt to reinterpret the so-called psychopathic personality.* Oxford, England: Mosby.

Cooley, C. H. (1902). Looking-glass self. The production of reality: Essays and readings on social interaction, 6.

Cortoni, F., & Marshall, W. L. (1995). *Coping with Sex Inventory.* Unpublished manuscript, Queens University, Kingston, Ontario, Canada.

Craig, J., Irwig, L. M., & Stockler, M., (2001). Evidence-based medicine: Useful tools for decision making. *The Medical journal of Australia 174*(5), 248-253.

Crow. I. (2001) *The Treatment and Rehabilitation of Offenders.* London: Sage.

Davis, M. H. (1983). Measuring individual differences in empathy: Evidence for a multidimensional approach. *Journal of personality and social psychology, 44* (1), 113.

Dawes, R. M., Faust, D., & Meehl, P. E. (1989). Clinical versus actuarial judgment. *Science, 243*(4899), 1668-1674.

Dawes, R. M., Faust, D., & Meehl, P. E. (1993). Statistical prediction versus clinical prediction: Improving what works. *A handbook for data analysis in the behavioral sciences: Methodological issues* (pp. 351-367). Hillsdale, NJ: Erlbaum.

Dietz, P. E. (1983). Sex offenses: Behavioral aspects. In S. Kadish (Ed.), *Encyclopedia of crime and justice* (Vol. 4) (pp. 1485-1493). New York, NY: Free Press.

Doren, D. M., & Yeats, P. M. (2008). Effectiveness of Sex Offender Treatment for Psychopathic Sexual Offenders. *International Journal of Offender Therapy and Comparative Criminology 52*(2): 234-245.

Dowden, C. (1998). A meta-analytic examination of the risk, need and responsivity principles and their importance within the rehabilitation debate. Unpublished master's thesis, Carleton University, Ottawa, Canada.

Dunlap, K. (1932). *Habits: their making and unmaking.* Oxford, England: Liveright.

Ellis, E., & Sagarin, A. (1968). Nymphomania: A Study of the Oversexed Woman. Mayflower.

Endler, N. S., & Parker, J. D. A. (1989). Coping with frustrations to self-realization: Stress, anxiety, crises, and adjustment. In E. Krau (Ed.), *Self-realization, success, and adjustment* (pp. 153-164). New York, NY, England: Praeger Publishers.

English, K. (1998). The containment approach: An aggressive strategy for the community management of adult sex offenders. *Psychology, Public Policy, and Law, 4*(1-2), 218-235.

Eurostat (2016). Recorded offences by offence category-police data. https://ec.europa.eu/eurostat

Feild, H. S. (1978). Juror background characteristics and attitudes toward rape: Correlates of jurors' decisions in rape trials. *Law and Human Behavior, 2*(2), 73-93

Fernandez, Y. M., & Marshall, W. L. (2003). Sexual Abuse. *A Journal of Research and Treatment, 15*(1), 11-26.

Fernandez, Y. M., Marshall, W. L., Lightbody, S., & O' Sullivan, C. (1999). The child molester empathy measure. *Sexual Abuse: A Journal of Research and Treatment, 11,* 17-31.

Festinger, L. (1957). *A theory of cognitive dissonance (Vol. 2).* Stanford University Press.

Finkelhor, D. (1984). *Child sexual abuse.* New York.

Finkelhor, D., & Araji, S. (1986). Explanations of pedophilia: A four factor model. *The Journal of Sex Research, 22*(2), 145-161.

Fleming, J. S., & Courtney, B. E. (1984). The dimensionality of self-esteem: II. Hierarchical facet model for revised measurement scales. *Journal of Personality and Social Psychology, 46*(2), 404-421.

Fonagy, P. (2001). *Attachment theory and psychoanalysis.* New York: Other Press.

Fonagy, P., Target, M., & Steele, M. (1997). Morality, disruptive behavior, borderline personality disorder, crime and their relationships to security of attachment. In L. Atkinson & K. J. Zucker (Eds.), *Attachment and Psychopathology* (pp. 223-274). New York: Guilford.

Furby, L., Weinrott, M. R., & Blackshaw, L. (1989). Sex offender recidivism: A review. *Psychological Bulletin, 105*(1), 3-30.

Garland, R. J., & Dougher, M. J. (1991). Motivational intervention in the treatment of sex offenders. *Motivational interviewing: Preparing people to change addictive behavior,* 303-313.

Gendreau, P., & Ross, R. R. (1979). Effective correctional treatment. Bibliotherapy for cynics. *Crime and Delinquency, 25*, 463-489.

Gendreau, P., & Ross, R. R. (1987). Revivification of rehabilitation: Evidence from the 1980s. *Justice Quarterly, 4*(3), 349-407.

Gold, S. N., & Heffner, C. L. (1998). Sexual addiction: Many conceptions, minimal data. *Clinical Psychology Review, 18*(3), 367-381.

Gonçalves, L. C., Gerth, J., Rossegger, A., Noll, T., & Endrass, J. (2020). Predictive Validity of the Static-99 and Static-99R in Switzerland. *Annals of Sex Research, 32*(2), 203-219.

Goodman, A. (1998). *Sexual addiction: An integrated approach.* International Universities Press, Inc.

Gordon A., & Hover G. (1998). The Twin Rivers Sex Offender Treatment Program. In W. L. Marshall, Y. M, Fernandez, S. M. Hudson, & T. Ward (Eds.), *Sourcebook of Treatment Programs for Sexual Offenders.* Applied Clinical

Psychology. Springer, Boston, MA.

Grann, M., Belfrage, H., & Tengström, A. (2000). Actuarial assessment of risk for violence: Predictive validity of the VRAG and the historical part of the HCR-20. *Criminal Justice and Behavior, 27*(1), 97-114.

Greenberg, L. S., & Paivio, S. C. (1997). *The practicing professional. Working with emotions in psychotherapy*. Guilford Press.

Griffiths, M. D., & Dhuffar, M. K. (2014). Treatment of sexual addiction within the British National Health Service. *International Journal of Mental Health and Addiction, 12*(5), 561-571.

Gross, G. (1985). *Activities of a Developmental Disabilities Adult Offender Project.* Olympia, WA: Washington State Development Disabilities Planning Council.

Grossmann, K. E. & Grossmann, K. (1991). Attachment quality as an organizer of emotional and behavioral responses. In C. M. Parkes, J. Stevenson-Hinde, & P. Marris (Eds.), *Attachment across the life cycle*(pp. 93-114). New York: Routledge.

Groth, A. N., & Burgess, A. W. (1977). Rape: A sexual deviation. *American Journal of Orthopsychiatry, 47*(3), 400-406.

Groth, A. N., Hobson, W. F., & Gary, T. S. (1982). THE CHILD MOLESTER: *Journal of Social Work & Human Sexuality, 1*(1-2), 129-144.

Grove, W. M., & Meehl, P. E. (1996). Comparative efficiency of informal (subjective, impressionistic) and formal (mechanical, algorithmic) prediction procedures: The clinical-statistical controversy. *Psychology, public policy, and law, 2*(2), 293-323.

Grove, W. M., Zald, D. H., Lebow, B. S., Snitz, B. E., & Nelson, C. (2000). Clinical versus mechanical prediction: A meta-analysis. *Psychological Assessment, 12*(1), 19-30.

Guthrie, E. R. (1935). *Psychology of Learning.* Oxford, England: Harper.

Hamilton, M., & Yee, J. (1990). Rape Knowledge and Propensity to Rape. *Journal of Research in Personality, 24*, 111-122.

Hanson, R. K. (2003). Empathy deficits of sexual offenders: A conceptual model. *Journal of Sexual Aggression, 9*(1), 13-23.

Hanson, R. K., & Bussière, M. T. (1998). Predicting relapse: a meta-analysis of sexual offender recidivism studies. *Journal of consulting and clinical psychology, 66*(2), 348-362.

Hanson, R. K., & Harris, A. J. (2000). Where should we intervene? Dynamic predictors of sexual offense recidivism. *Criminal Justice and behavior, 27*(1), 6-35.

Hanson, R. K., & Morton-Bourgon, K. E. (2005). The Characteristics of Persistent Sexual Offenders: A Meta-Analysis of Recidivism Studies. *Journal of Consulting and Clinical Psychology, 73*(6), 1154-1163.

Hanson, R. K., & Morton-Bourgon, K. E. (2005). The Characteristics of Persistent Sexual Offenders: A Meta-Analysis of Recidivism Studies. *Journal of Consulting and Clinical Psychology, 73*(6), 1154-1163.

Hanson, R. K., & Morton-Bourgon, K. E. (2009). The accuracy of recidivism risk assessments for sexual offenders: A meta-analysis of 118 prediction studies. *Psychological Assessment, 21*(1), 1-21.

Hanson, R. K., & Thornton, D. (2000). Improving risk assessments for sex offenders: A comparison of three actuarial scales. *Law and Human Behavior, 24*(1), 119-136.

Hanson, R. K., Bourgon, G., Helmus, L., & Hodgson, S. (2009). The principles of effective correctional treatment also apply to sexual offenders: A meta-analysis. *Criminal Justice and behavior, 36*(9), 865-891.

Hanson, R. K., Gordon, A., Harris, A. J. R., Marques, J. K., Murphy, W., Quinsey, V. L., & Seto, M. C. (2002). Sexual Abuse: *A Journal of Research and Treatment,*

14(2), 169-194.

Happel, R. M., & Auffrey, J. J. (1995). Sex offender assessment: Interrupting the dance of denial. *American Journal of Forensic Psychology, 13*(2), 5-22.

Hare, R. D. (1991). *The Hare Psychopathy Checklist-Revised manual.* North Tonawanda, NY: Multi-Health Systems.

Hare, R. D. (2003). *The Hare Psychopathy Checklist-Revised manual* (2nd ed.). North Tonawanda, NY: Multi-Health Systems

Harkins, L., Flak, V. E., Beech, A. R., & Woodhams, J. (2012). Evaluation of a community-based sex offender treatment program using a good lives model approach. *Sexual Abuse, 24*(6), 519-543.

Harris, A., Hanson, K. (2004). *Sex Offender Recidivism: A Simple Question*. Public Safety and Emergency Preparedness Canada.

Hart, S. D., & Hare, R. D. (1997). Psychopathy: Assessment and association with criminal conduct. In D. M. Stoff, J. Breiling, & J. D. Maser (Eds.), *Handbook of antisocial behavior* (pp. 22-35). Hoboken, NJ, US: John Wiley & Sons Inc.

Harter, S. (1993). Causes and consequences of low self-esteem in children and adolescents. In Self-esteem (pp. 87-116). Springer, Boston, MA.

Heatherton, T. F., & Baumeister, R. F. (1991). Binge eating as escape from self-awareness. *Psychological Bulletin, 110*(1), 86-108.

Heppner, P., Wampold, B., Owen, J., Thompson, M., & Wang, K. (2015). *Research in counseling* (4th ed.). California, CA: Cengage Publishing.

Higgins, E. T. (1987). Self-discrepancy: a theory relating self and affect. *Psychological review, 94*(3), 319.

Hildebrand, M., De Ruiter, C., & De Vogel, V. (2004). Psychopathy and Sexual Deviance in Treated Rapists: Association with Sexual and Nonsexual Recidivism. *Sexual Abuse: A Journal of Research and Treatment, 16*(1), 1-24.

Hoffman, P. B. (1994). Twenty years of operational use of a risk prediction instrument: The United States Parole Commission's Salient Factor Score. *Journal of Criminal Justice, 22*, 477-494.

Hoge, R. D. (1999). An expanded role for psychological assessments in juvenile justice systems. *Criminal Justice and Behavior, 26*, 251-266.

Holmes, R. M., & Holmes, S. T. (1996). *Profiling violent crimes: An investigative tool* (2nd ed.). Sage Publications, Inc.

Horley, J. (1988). Cognitions of child sexual abusers. *Journal of Sex Research, 25*, 542-545.

Horley, J., & Quinsey, V. L. (1995). Child molesters' construal of themselves, other adults, and children. *Journal of Constructivist Psychology, 8*, 193-211.

Hosford, R. E. (1969). Behavioral counseling-A contemporary overview. *The Counseling Psychologist, 1*, 1-13.

Howells, K. (1978). The Sexual Attitudes of Aggressive Sexual Offenders. *British Journal of Criminology, 19*(2), 170-174.

Howells, K. (1979). Some meanings of children for paedophiles. In M. Cook & G. Wilson (Eds.), *Love and attraction* (pp. 43-61). Oxford: Pergamon.

Hudson S. M., Wales D. S., Ward T. (1998). Kia Marama. In W. L. Marshall, Y. M. Fernandez, S. M. Hudson, & T. Ward (Eds.), *Sourcebook of Treatment Programs for Sexual Offenders*. Applied Clinical Psychology. Springer, Boston, MA.

Hudson, S. M., Marshall, W. L., Wales, D., McDonald, E., Bakker, L. W., & McLean, A. (1993). Emotional recognition skills of sex offenders. *Annals of Sex Research, 6*(3), 199-211.

Isaac, S., & Michael, W. B. (1995). *Handbook in research and evaluation: A collection of principles, methods, and strategies useful in the planning, design, and evaluation of studies in education and the behavioral sciences* (3rd ed.). San Diego, CA, US: EdITS Publishers.

Isola E., & Mattei B. (2008). Treatment in sexual addiction. *Sexologies 17*(S) 595. https://doi.org/10.1016/S1158-1360(08)72775-0

James, W. (1890). *The principles of psychology*. New York: Holt.

Jones, M. C. (1924). The Elimination of Children's Fears. *Journal of Experimental Psychology, 7*(5), 382-390.

Jones, N., Pelissier, B., & Klein-Saffran, J. (2006). Predicting sex offender treatment entry among individuals convicted of sexual offense crimes. *Sexual Abuse: A Journal of Research and Treatment, 18*, 83-100.

Kafka, M. P. (2010). Hypersexual Disorder: A Proposed Diagnosis for DSM-V. *Archives of Sexual Behavior, 39*(2), 377-400.

Karila, L., Weary, A., Weinstein, A., Cottencin, O., Petit, A., Reynaud, M, & Billieux, J. (2014). Sexual Addiction or Hypersexual Disorder: Different Terms for the Same Problem? A Review of the Literature. *Current Pharmaceutical Design, 20*(25), 4012-4020.

Langton, C. M. (2003). Contrasting approaches to risk assessment with adult male sexual offenders: An eval-uation of recidivism prediction schemes and the utility of supplementary clinical information for enhancing predictive accuracy. Unpublished doctoral dissertation. University of Toronto, Toronto, Canada.

Langton, C. M., Barbaree, H. E., Harkins, L., & Peacock, E. J. (2006). Sex offenders' response to treatment and its association with recidivism as a function of psychopathy. *Sexual Abuse: A Journal of Research and Treatment, 18*(1), 99-120.

Lasher, M. P., McGrath, R. J., & Cumming, G. F. (2015). Sex offender modus operandi stability and relationship with actuarial risk assessment. *Journal of interpersonal violence, 30*(6), 911-927.

Laws, D. R., & Ward, T. (2006). When one size doesn't fit all: The reformulation of relapse prevention. *Sexual offender treatment: Controversial issues,* 241-254.

Leary M. R., & Downs D. L. (1995). Interpersonal Functions of the Self-Esteem Motive. In M. H. Kernis (Ed.), *Efficacy, Agency, and Self-Esteem. The Springer Series in Social Clinical Psychology*. Springer, Boston, MA.

Leguízamo, A., Lee, S., Jeglic, E., & Calkins, C. (2017). Utility of the Static-99 and Static-99R With Latino Sex Offenders. *Sexual Abuse: A Journal of Research and Treatment, 29*(8), 765-785.

Lee, J., Proeve, M., Lancast, M., Jackson, H., Pattison, P., & Mullen, P. (1996). An Evaluation and 1Year FollowUp Study of a CommunityBased Treatment Program for Sex Offenders. *Australian Psychologist, 31*(2). 147-152.

Lepper, M. R., & Greene, D. (Eds.). *The hidden costs of reward*. Hillsdale, New Jersey: Erlbaum, 1978.

Letourneau, E. J. (2002). A comparison of objective measures of sexual arousal and interest: Visual reaction time and penile plethysmography. *Sexual Abuse: A Journal of Research and Treatment, 14*, 207-223.

Lichstein, K. L., Riedel, B. W., & Grieve, R. (1994). Fair tests of clinical trials: A treatment implementation model. *Advances in Behaviour Research and Therapy, 16*(1), 1-29.

Lindsay, W. R., Whitefield, E., Carson, D., Broxholme, S., & Steptoe, L. (2004). Questionnaire on attitudes consistent with sexual offending (QACSO): Administration and scoring manual. Unpublished manuscript. (Available from Bill Lindsay: bill. lindsay@ tpct. scot. nhs. uk).

Lipsey, M. W. (1995). What do we learn from 400 research studies on the effectiveness of treatment with juvenile delinquents? In J. McGuire (Ed.), *Wiley series in offender rehabilitation. What works: Reducing reoffending: Guidelines from research and practice* (pp. 63-78). John Wiley & Sons.

Looman, J. (2006). Comparison of two risk assessment instruments for sexual offenders. *Sexual Abuse: A Journal of Research and Treatment, 18*(2), 193-206.

Looman, J., & Abracen, J. (2006, September). Psychopathy subtypes, treatment performance and recidivism. Paper presented at the 25th Annual Conference of the Association for the Treatment of Sexual Abusers. Chicago.

Looman, J., Abracen, J., Serin, R., & Marquis, P. (2005). Psychopathy, treatment change, and recidivism inhigh-risk, high-need sexual offenders. *Journal of Interpersonal Violence, 20*(5), 549-568.

Lösel, F. (1995). The efficacy of correctional treatment: A review and synthesis of meta-evaluations. In J. McGuire (Ed.), *Wiley series in offender rehabilitation. What works: Reducing reoffending: Guidelines from research and practice* (pp. 79-111). John Wiley & Sons.

Lösel, F. & Schmucker, M. (2005). The effectiveness of treatment for sexual offenders: A comprehensive meta-analysis. *Journal of Experimental Criminology, 1*(1), 117-146.

Lowden, K., Hetz, N., Harrison, L., Patrick, D., English, K., & Pasini-Hill, D. (2003). *Evaluation of Colorado's prison therapeutic community for sex offenders: A report of findings.* Denver, CO: Office of Research and Statistics, Division of Criminal Justice.

Loza, W., Dhaliwal, G., Kroner, D. G., & Loza-Fanous, A. (2000). Reliability, Construct, and concurrent validities of the Self-Appraisal Questionnaire: A Tool for Assessing Violent and Nonviolent Recidivism. *Criminal Justice and Behavior, 27*(3), 356-374.

Lucas, R. E., Diener, E., & Larsen, R. J. (2003). Measuring positive emotions. In S. J. Lopez & C. R. Snyder (Eds.), *Positive psychological assessment: A handbook of models and measures* (pp. 201-218). Washington, DC, US: American Psychological Association.

Malamuth, N. M. (1981). Rape proclivity among males. *Journal of social issues, 37*(4), 138-157.

Maletzky, B. M. (1991). The use of medroxyprogesterone acetate to assist in the treatment of sexual offenders. *Annals of Sex Research, 4*(2), 117-129.

Maletzky, B. M. (1996). The Cognitive/Cognitive Treatment of the Sexual Offender: The Decline of Behavior Therapy. *Sexual Abuse, 8*(4), 261-265.

Mann, R. E. (1998). Relapse prevention? Is that the bit where they told me all the things I couldn't do anymore. In 17th Annual Research and Treatment Conference of the Association for the Treatment of Sexual Abusers. Vancouver, British Columbia, Canada.

Marlatt, G. A., & Gordon, J. R. (1985). *Relapse prevention: Theoretical rationale and overview of the model.* New York: Guilford.

Marolla, J., & Scully, D. (1986). Attitudes toward women, violence, and rape: A comparison of convicted rapists and other felons. *Deviant Behavior, 7*, 337-355.

Marques, J. K., Day, D. M., & Nelson, C. (1992). Findings and Recommendations from California's Experimental Treatment Program. Unpublished manuscript. Sex Offender Treatment and Evaluation Project, Atascadero State Hospital, California.

Marques, J. K., Wiederanders, M., Day, D. M., Nelson, C., & Van Ommeren, A. (2005). Effects of a relapse prevention program on sexual recidivism: Final results from California's Sex Offender Treatment and Evaluation Project (SOTEP). *Sexual Abuse: A Journal of Research and Treatment, 17*, 79-107.

Marquis, J. N. (1970). Orgasmic reconditioning: Changing sexual object choice through controlling masturbation fantasies. *Journal of Behavior Therapy and Experimental Psychiatry, 1*(4), 263-271.

Marshall, J. (1993). Organisational cultures and women managers: Exploring the dynamics of resilience. *Applied Psychology: An International Review, 42*(4), 313-322.

Marshall, L. E. (2020). The Utility of Treatment for Sexual Offenders. In J. Proulx, F. Cortoni, L. Craig, & E. Letourneau (Eds.), *The Wiley Handbook of Wat Works with Sexual Offenders: Contemporary Perspectives in Theory, Assessment, Treatment and Prevention.* John Wiley & Sons LTD.

Marshall, L. E., Marshall, W. L., Fernandez, Y. M., Malcolm, P. B., & Moulden, H. M. (2008). The Rockwood Preparatory Program for sexual offenders: Description and preliminary appraisal. *Sexual Abuse, 20*(1), 25-42.

Marshall, L. E., Marshall, W. L., Gates, M., Alguire, T., & Humphries, S. (2010). A Therapist Rating Scale for Determining Treatment-Induced Change. Paper presented at the 29th annual conference of the Association for the Treatment of Sexual Abusers (ATSA). Phoenix, AZ.

Marshall, L. E., Marshall, W. L., & Humphries, S. (2012). A Therapist Rating Scale for Determining Treatment-Induced Change. Paper presented at the annual conference of the Partner Assault Response program of Eastern Ontario (P.A.R.E.O.). Gananoque, Canada.

Marshall, L. E., Marshall, W. L., Humphries, S., Serran, G. A., & O'Brien, M. D. (2010). A Therapist Rating Scale for Determining Treatment-Induced Change. Paper presented at the 11th annual conference of the International Association for the Treatment of Sexual Offenders (IATSO). Oslo, Norway.

Marshall, W. L. & Pithers, W. D. (1994). A reconsideration of treatment outcome with sex offenders. *Criminal Justice and Behavior, 21*(4), 10-27.

Marshall, W. L. (1971). *A combined treatment method for certain sexual deviations. Behaviour Research and Therapy, 9(3)*, 293-294.

Marshall, W. L. (1989). Intimacy, loneliness and sexual offenders. *Behaviour Research and Therapy, 27*(5), 491-504.

Marshall, W. L. (1996). Assessment, treatment and theorising about sex offenders: Developments during the past twenty years and future directions. *Criminal Justice and Behaviour, 23*(1), 162-199.

Marshall, W. L. (1999). Current status of North American assessment and treatment programs for sexual offenders. *Journal of Interpersonal Violence, 14*(3), 221-239.

Marshall, W. L. (2001). Attachment problems in the etiology and treatment of sexual offenders. In W. Everaerd, E. Laan, & S. Both (Eds.), *Sexual appetite, desire and motivation: Energetics of the sexual system* (pp. 135-143). Amsterdam, Netherlands: Koninklijke Nederlandse Akademie van Wetenschappen.

Marshall, W. L. (2006). *Dia*gnostic problems with sexual offenders. Sexual offender treatment: *Controversial issues*, 33-43.

Marshall, W. L., & Barbaree, H. E. (1990). An integrated theory of the etiology of sexual offending. *In Handbook of sexual assault* (pp. 257-275). Springer, Boston, MA.

Marshall, W. L., & Laws, D. R. (2003). A brief history of behavioral and cognitive behavioral approaches to sexual offender treatment: Part 2. The modern era. *A Journal of Research and treatment, 15*(2), 93-120.

Marshall, W. L., & Lippens, K. (1977). The clinical value of boredom: A procedure for reducing inappropriate sexual interests. *Journal of Nervous and Mental Disease, 165*(4), 283-287.

Marshall, W. L., Anderson, D., & Fernandez, Y. (1999). *Cognitive-behavioural treatment of sexual offenders.* Chichester, UK: Wiley.

Marshall, W. L., Eccles, A., & Barbaree, H. E. (1991). The treatment of exhibitionists: A focus on sexual deviance versus cognitive and relationship features. *Behaviour Research and Therapy, 29*(2), 129-135.

Marshall, W. L., Hudson, S. M., Jones, R., & Fernandez, Y. M. (1995). Empathy in sex offenders. *Clinical psychology review, 15*(2), 99-113.

Marshall, W. L., Marshall, L. E., Fernandez, Y. M., Malcolm, P. B., & Moulden, H. M. (2008). The Rockwood Preparatory Program for Sexual Offenders: Description and Preliminary Appraisal. *Sexual Abuse: A Journal of Research and Treatment, 20*(1), 25-42.

Marshall, W. L., Marshall, L. E., Serran, G. A., & Fernandez, Y. M. (2013). *Treating sexual offenders: An integrated approach.* Routledge.

Marshall, W. L., Marshall, L. E., Serran, G. A., & O'Brien, M. D. (2009). Self-esteem, shame, cognitive distortions and empathy in sexual offenders: Their integration and treatment implications. Psychology, *Crime & Law, 15*, 217-234.

Marshall, W. L., Marshall, L. E., Serran, G. A., & O'Brien, M. D. (Eds.) (2011). Psychology, crime, and justice. *Rehabilitating sexual offenders: A strength-based approach.* Washington, DC, US: American Psychological Association.

Marshall, W. L., Webster, S., Serran, G. A., Marshall, L. E., & Fernandez, Y. M. (2004). The therapist rating scale: interrater reliability. Unpublished paper. Rockwood Psychological Services, Kingston, Ontario, Canada.

Martinson, R. (1974). What works? Questions and answers about prison reform. *The Public Interest, 10*, 22-54.

Martinson, R. (1979). New findings, new views: A note of caution regarding sentencing reform, *Hofstra Law Review, 7*, 243-258.

McCrae, R. & Costa, P. (1986). Personality, coping, and coping effectiveness in an adult sample. *Journal of Personality 54*(2) 385-404.

McGrath, R. J. (1995). Sex offender treatment: Does it work? *Perspectives, Winter*, 24-26.

McGrath, R. J., & Cumming, G. F. (2003). *The Sex Offender Treatment Needs and Progress Scale-Version*. Middlebury, VT: Author.

McGrath, R. J., & Cumming, G. F. (2008). *The Sex Offender Treatment Needs and Progress Scale-Version.* Middlebury, VT: Author.

McGrath, R. J., Cumming, G. F., & Lasher, M. P. (2013). The Sex Offender Treatment Intervention and Progress Scale (SOTIPS) Manual-Version 2013. Middlebury, VT: Author.

McGrath, R. J., Hoke, S. E., & Lasher, M. P. (2013). *Vermont Assessment of Sex Offender Risk-2 Manual.* Middlebury, VT: Author.

McGrath, R. J., Lasher, M. J., & Cumming, P. F. (2011). The sex offender treatment intervention and progress (SOTIP) scale: Psychometric properties and incremental validity with the Static 99. *Sexual Abuse: A Journal of Research and Treatment, 24*, 431-458.

McGrath, R. J., Lasher, M. P., & Cumming, G. F. (2012). The Sex Offender Treatment Intervention and Progress Scale (SOTIPS): Psychometric properties and incremental predictive validity with Static-99R. *Sexual Abuse: A Journal of Research and Treatment, 24,* 431-458.

McPherson, M., Chein, D., Van Maren, N., & Swenson, D. (1994). Sex offender treatment programs. Program Evaluation Division Office of the Legislative Auditor State of Minnesota, Saint Paul, MN: Centennial Office Building.

Mercer, C. E., & Mercer. A, R. (2005). *Teaching Students with Learning Problems* (7th ed.). Pearson.

Mews, A., Di Bella, L., & Purver, M. (2017). Impact evaluation of the prison-based Core Sex Offender Treatment Programme. London: Ministry of Justice Analytical Series 2017. http://www.gov.uk/government/publications

Middleton, D. (2008). From research to practice: The development of the internet sex offender treatment programme (i-SOTP). *Irish Probation Journal, 5*, 49-64.

Miller, W. R., & Rollnick, S. (2002). *Motivational interviewing-Second Edition:* New York. Guilford Press.

Miller, W. R., & Sovereign, R. G. (1989). The Check-up: A model for early intervention in addictive behaviors. In T. Lø berg, W. R. Miller, P. E. Nathan, & G. A. Marlatt (Eds.), *Addictive behaviors: Prevention and early intervention* (pp. 219-231). Lisse, Netherlands: Swets & Zeitlinger Publishers.

Miner, M. H., Robinson, B. E., Newstrom, N., & Strobel-Ayres, C. (2018). *Evaluation of the Implementation of the Sex Offender Treatment Intervention and Progress Scale (SOTIPS).* National Criminal Justice Reference Service. https://www.ncjrs.gov/pdffiles1/nij/grants/251747.pdf

Moll, A. (1911). Die Behandlung sexueller Perversionen mit besonderer Berücksichtigung der Assoziationstherapie. *Zeitschrift für Psychotherapie und medizinische Psychologie 3,* 1-29.

Moon, A. E., & Shivy, V. A. (2008). Treatment fidelity in sex offender programming: Assessing delivery across community providers. *Victims and Offenders, 3*(1), 45-74.

Moore, L. (2012). A Comparison of Offence History and Post Release Outcomes for Sexual Offenders Against Children in New Zealand Who Attended or Did Not Attend the Kia Marama Special Treatment Unit. Unpublished Masters Thesis. University of Canterbury.

Moos, R. H. (1986). *Group environment scale manual* (2nd ed.). Palo Alto, CA: Consulting Psychologists Press.

Moos, R. H., & Schaefer, J. A. (1986). Life transitions and crises. *In Coping with life crises* (pp. 3-28). Springer, Boston, MA.

Moulden, H. M., & Marshall, W. L. (2005). Hope in the treatment of sexual offenders: The potential application of hope theory. *Psychology, Crime & Law, 11*(3), 329-342.

Murphy, W. D. (1990). Assessment and modification of cognitive distortions in sex offenders. In W L. Marshall, D. R. Laws, & H. E. Barbaree (Eds.), *Handbook of sexual assault: Issues, theories, and treatment of the offender* (pp. 331-342). New York: Plenum Press.

Nathan, L., Wilson, N., & Hillman, D. (2003). Te Whakakotahitanga: An evaluation of the Te Piriti Special Treatment Programme for child sex offenders in New Zealand. Wellington: Department of Corrections.

NIJ (2020). Program Profile: Minnesota Prison-Based Sex Offender Treatment Program. National Institute of Justice. https://crimesolutions.ojp.gov/programdetails?id=233#pd

Nisbet, I. A., Wilson, P. H., & Smallbone, S. W. (2004). A prospective longitudinal study fo sexual recidivism among adolescent sex offenders. *Sexual abuse: A Journal of Research and Treatment, 16*, 223-234.

O'Brien, M., Bera. W. H. (1986). Adolescent Sexual Offenders: A Descriptive Typology. *Preventing Sexual Abuse: A Newsletter of the National Family Life Education Network 1*, 2-4.

O'Donohue, W., & Letourneau, E. (1993). A brief group treatment for the modification of denial in child sexual abusers: Outcome and follow-up. *Child Abuse & Neglect, 17*(2), 299-304.

Paquette, S., Fortin, F., Perkins, D. (2020). Online Sexual Offenders: Typologies, Assessment, Treatment, and Prevention. in *The Wiley Handbook of What Works with Sexual Offenders: Contemporary Perspectives in Theory, Assessment, Treatment, and Prevention*. John Wiley & Sons, Ltd. 311-326.

Parkinson, B., Totterdell, P., Briner, R. B., & Reynolds, S. (1996). *Changing moods: The psychology of mood and mood regulation.* Harlow, England: Longman.

Patrick, C., Fowles, D., & Krueger, R. (2009). Triarchic conceptualization of psychopathy: Developmental origins of disinhibition, boldness, and meanness. *Development and Psychopathology, 21*(3), 913-938.

Perkins, D., Hammond, S., Coles, D., & Bishopp, D. (1998). *Review of sex offender treatment programmes.* Department of Psychology Broadmoor Hospital.

Perry, G. P., & Orchard, J. (1992). Assessment and treatment of adolescent sex offenders. Sarasota, FL, US: Professional Resource Press/Professional Resource Exchange.

Phenix, A., Hanson, R. K., & Thornton, D. (2000). *Coding rules for the Static-99* (Corrections research: Manuals and forms). Ottawa: Department of the Solicitor General of Canada.

Posavac, E. J., & Carey, R. G. (1997). *Program evaluation methods and case studies.* Upper Saddle River, NJ: Prentice Hall.

Proulx, J., Cortoni, F., Craig, L., & Letourneau, E. (2020). What Works with Sexual Offenders. Hoboken: Wiley. DOI:10.1002/9781119439325

Quinn, J, T., Harbison, J. J. M., & McAllister, H. (1970). An attempt to shape human penile responses. *Behaviour Research and Therapy 8*(2), 213-216.

Quinsey, V. L., Harris, G. T., Rice, M. E., & Cormier, C. A. (2006). *Violent offenders: Appraising and managing risk* (2nd ed.). Washington, DC: American Psychological Association.

Quinsey, V. L., Khanna, A., & Malcolm, B. (1996). *A retrospective evaluation of the RTC sex offender treatment program.* In World Congress of Psychology, Montreal, Canada.

Reeves, S., Ogloff, J., & Simmons M. (2018). The Predictive Validity of the Static-99, Static-99R, and Static-2002/R: Which One to Use? *Sexual Abuse: A Journal of Research and Treatment, 30*(8), 887-907.

Rehder, U., Wischka, B., & Foppe, E. (2014). Behandlungsprogramm für Sexualstraftäter. In book: Behandlung von Straftätern.

Reitzel, L. R., & Carbonell, J. L. (2006). The Effectiveness of Sexual Offender Treatment for Juveniles as Measured by Recidivism: A Meta-analysis. *Sexual Abuse, 18*(4), 401-421.

Rich P. (2006). *Attachment and sexual offending: Understanding and applying attachment theory to th treatment of juvenile sexual offenders.* Chichester, UK: John Wiley & Sons, Ltd.

Rich, P. (2003). *Understanding, assessing and rehabilitating juvenile sexual offenders.* New York: John Wiley.

Rich, P. (2009). Understanding the complexities and needs of adolescent sex offenders. In A. Beech, L. Craig, & K. Browne (Eds.), *Assessment and Treatment of Sex Offenders: A Handbook.* New York: John Wiley and Sons Ltd.

Rogers, C. R. & Wood, J. K. (1974). Client-centered therapy. In A. Burton (Ed.), *Operational theories of Personality* (pp. 211-258). New York: Bruner/ Mazel

Rosenberg, M. (1965). Rosenberg self-esteem scale (RSE). Acceptance and Commitment Therapy, Measures Package, 61.

Ross, R. R., Fabiano, E. A., & Ewles, C. D. (1988). Reasoning and Rehabilitation. *International Journal of Offender Therapy and Comparative Criminology, 32*(1), 29-35.

Ryan, R. M., & Deci, E. L. (2000). Self-determination theory and the facilitation of intrinsic motivation, social development, and well-being. *American Psychologist, 55*(1), 68-78.

Salekin, R. T. (2002). Psychopathy and therapeutic pessimism. *Clinical Psychology Review, 22*(1), 79-112.

Scherer, M., Maddux, J. E., Mercandante, B., Prentice-Dunn, S., Jacobs, B., & Rogers, R. (1982). The Self-Efficacy Scale : Construction and validation. *Psychological Reports, 51*, 663-671.

Schmucker, M., & Lösel, F. (2015). The effects of sexual offender treatment on recidivism: An international meta-analysis of sound quality evaluations. *Journal of Experimental Criminology, 11*(4), 597-630.

Scully, D. (1988). Convicted rapists'perceptions of self and victim: role taking and emotions. *Gender and Society, 2*, 200-213.

Seager, J. A., Jellicoe, D., & Dhaliwal, G. K. (2004). Refusers, dropouts, and completers: Measuring sex offender treatment efficacy. *International Journal of Offender Therapy and Comparative Criminology, 48*(5), 600-612.

Serran, G., Fernandez, Y., Marshall, W. L., & Mann, R. E. (2003). Process issues in treatment: Application to sexual offender programs. *Professional Psychology: Research and Practice, 34*(4), 368.

Seto, M. C. (2013). *Internet Sex Offenders.* Washington, DC: American Psychological Association.

Seto, M. C., & Barbaree, H. E. (1999). Psychopathy, Treatment Behavior, and Sex Offender Recidivism. *Journal of Interpersonal Violence, 14*(12), 1235-1248.

Seto, M. C., Hanson, R. K., & Babchishin, K. M. (2011). Contact sexual offending by men with online sexual offences. *Sexual Abuse: A Journal of Research and Treatment, 23*, 124-145.

Sewall, L. A., & Olver, M. E. (2019). Psychopathy and treatment outcome: Results from a sexual violence reduction program. *Personality Disorders: Theory, Research, and Treatment, 10*(1), 59-69.

Smallbone, S. W., & Dadds, M. R. (1998). Childhood attachment and adult attachment in incarcerated adult male sex offenders. *Journal of Interpersonal Violence, 13*(5), 555-573.

Smallbone, W., & Dadds, M. R. (2000). Attachment and Coercive Sexual Behavior. *Sexual Abuse: A Journal of Research and Treatment 12,* 3-15.

Smallbone, S., & Rallings, M. (2013). Short-Term Predictive Validity of the Static-99 and Static-99-R for Indigenous and Nonindigenous Australian Sexual Offenders. *Sexual Abuse: A Journal of Research and Treatment, 25*(3), 302-316.

Snyder, C. R., Harris, C., Anderson, J. R., Holleran, S. A., Irving, L. M., Sigmon, S. T., Yoshinobu, Gibb, J., Langelle, C., & Harney, P. (1991). The will and the ways: Development and validation of an individual-differences measure of hope. *Journal of Personality and Social Psychology, 60*(4), 570-585.

Snyder, C. R., Sympson, S. C., Ybasco, F. C., Borders, T. F., Babyak, M. A., & Higgins, R. L. (1996). Development and validation of the State Hope Scale. *Journal of Personality and Social Psychology, 70*(2), 321-335.

Sobsey, D., & Doe, T. (1991). Patterns of sexual abuse and assault. *Sexuality and Disability, 9*(3), 243-259.

Soldino, V., & Carbonell-Vayá, E. J. (2017). Effect of treatment on sex offenders' recidivism: a meta-analysis. *Anales De Psicología/Annals of Psychology, 33*(3), 578-588.

Sparks, J. B., Marshall, W. L.. & Marshall, L. E. (2003). Shame and guilt in sex offenders. Paper presented at the 22nd Annual Research and Treatment Conference of the Association for the Treatment of Sexual Abusers. St. Louis, MO.

Spencer S. J., Josephs R. A., & Steele C. M. (1993) Low Self-Esteem: The Uphill Struggle for Self-Integrity. In R. F. Baumeister (Ed.), *Self-Esteem*. The Plenum Series in Social / Clinical Psychology. Springer, Boston, MA.

Steinberg, L. (2003). Less guilty by reason of adolescence: A developmental perspective on adolescence and the Law. Invited Master Lecture, biennial meetings of the Society for Research in Child Develompent. Tampa, FL. April 2003.

Stoller, R. F. (1975). *Perversion: The erotic form of hatred.* Pantheon Books.

Stouthamer-Loeber, M., Loeber, R., Wei, E., Farrington, D. P., & Wikström, P. O. H. (2002). Risk and promotive effects in the explanation of persistent serious delinquency in boys. *Journal of Consulting and Clinical Psychology, 70*(1),

111-123.

Tener, D., Wolak, J., & Finkelhor, D. (2015). A typology of offenders who use online communications to commit sex crimes against minors. *Journal of Aggression, Maltreatment & Trauma, 24*, 319-337.

Thornton, D., Beech, A., & Marshall, W. L. (2004). Pretreatment self-esteem and posttreatment sexual recidivism. *International Journal of Offender Therapy and Comparative Criminology, 48*(5), 587-599.

Thornton, D., Mann, R., Webster, S., Blud, L., Travers, R., Friendship, C., & Erikson, M. (2003). Distinguishing and combining risks for sexual and violent recidivism. *Annals of the New York Academy of Sciences, 989*, 225-235; discussion 236-246.

Vallerand, R. J., Pelletier, L. G., & Gagne, F. (1991). On the multidimensional versus unidimensional perspectives of self-esteem: A test using the group-comparison approach. *Social Behavior and Personality: an international journal, 19*(2), 121-132.

Walker-Hirsch, L. (2007). The Facts of Life....and More: Sexuality and Intimacy for People with Intellectual Disabilities. Brookes Publishing.

Ward, T., & Siegert, R. (2002). Toward a Comprehensive Theory of Child Sexual Abuse: A Theory Knitting Perspective. *Psychology, Crime, & Law 8*(4): 319-351.

Ward, T., & Gannon, T. A. (2006). Rehabilitation, etiology, and self-regulation: The comprehensive good lives model of treatment for sexual offenders. *Aggression and Violent Behavior, 11*(1), 77-94.

Ward, T., & Stewart, C. A. (2003). The treatment of sex offenders: Risk management and good lives. *Professional Psychology: Research and Practice, 34*(4), 353-360.

Ward, T., Mann, R. E., & Gannon, T. A. (2007). The good lives model of offender rehabilitation: Clinical implications. *Aggression and Violent Behavior, 12*(1), 87-107.

Ward, T., McCormack, J., & Hudson, S. M. (1997). Sexual offenders' perceptions of their intimate relationships. *Sexual Abuse: A Journal of Research and Treatment, 9*(1), 57-74.

Ward. T., & Hudson, S. M. (1998). A Model of the Relapse Process in Sexual Offenders. *Journal of Interpersonal Violence, 13*(6), 700-725.

Watson, J. B. (1919). *Psychology from the standpoint of a behaviorist.* Philadelphia, PA, US: J B Lippincott Company.

Watson, J. B. (1924). The Unverbalized in Human Behavior. *Psychological Review, 31*(4), 273-280.

Wells L. E., & Marwell, G. (1976). *Self esteem: Its conceptualization and measurement*. Beverly Hills, CA: Sage Publications

Willis, G. M., Prescott, D. S., & Yates, P. M. (2013). The Good Lives Model (GLM) in theory and practice. *Sexual Abuse in Australia and New Zealand, 5*(1), 3-9.

Wolf, S. C. (1988). A model of sexual aggression/addiction. *Journal of Social Work and Human Sexuality*. 7(1), 131-148.

Yates, P. M., Prescott, D., & Ward, T. (2010). *Applying the good lives and self-regulation models to sex offender treatment: A practical guide for clinicians.* Brandon, VT, US: Safer Society Press.

Yates, P. M., Prescott, D., & Ward, T. (2016). **성범죄자 치료(좋은 삶과 자기조절 통합모델의 적용)** [*Applying the good lives and self-regulation models to sex offender treatment: A practical guide for clinicians*]. (신기숙, 심진섭, 이종수, 이지원, 전은숙 공역). 서울: 학지사. (원저는 2010년에 출판).

Yates, P., & Ward, T. (2008). Good lives, self-regulation, and risk management: An integrated model of sexual offender assessment and treatment. *Sexual Abuse in Australia and New Zealand, 1*(1), 2-19.

찾아보기

저자 소개

송원영(Song, Wonyoung)

2003년 연세대학교 의과대학 정신과학교실에서 연구강사로 근무할 당시 청소년보호위원회가 세브란스병원에 위탁한 청소년성범죄자 치료프로그램 개발 연구용역에 치료자로 참여하면서 성범죄자를 만나기 시작했다. 성범죄자 심리치료의 효과 검증과 재범률 조사를 주제로 연세대학교에서 박사학위를 받았고, 이후 위치추적 전자장치 부착자를 위한 상담치료 프로그램 개발, 성충동약물치료 대상자를 위한 핵심, 확장, 다중감각 치료프로그램 개발 등 성범죄자의 심리치료 분야에서 선두적인 역할을 해 왔다. 이 과정에서 캐나다 W. Marshall 박사의 Rockwood 프로그램의 우수성을 확인하고, 그를 한국에 초빙하여 수차례의 워크숍을 진행하기도 했다. 2014년에는 성범죄자 심리치료를 통한 보호관찰 분야에서의 공적을 인정받아 법무부 장관 표창을 받았고, 2019년에는 교정 분야에서의 공적으로 법무부 장관 표창, 성범죄예방 시범프로그램으로 경찰청장에게서 감사장을 받았다. 임상심리학을 기반으로 하여 성범죄자 심리치료를 비롯한 청소년 대상의 절도 예방, 학교밖 청소년의 비행 감소, 노인학대 행위자에 대한 개입 등 심리학을 통해 비행과 범죄를 감소시키는 연구를 활발히 하고 있다. 관련 분야에 대한 10여 권의 저서와 50여 편의 논문을 발표하였다. 현재는 건양대학교 심리상담치료학과 교수 및 건양대학교 마음행복연구소장으로 재직 중이다.

성범죄자 심리치료의 이론과 실제

Theory and Practice of Sexual Offender Treatment

2021년 2월 25일 1판 1쇄 인쇄
2021년 3월 1일 1판 1쇄 발행

지은이 • 송원영
펴낸이 • 김진환
펴낸곳 • (주)학지사
04031 서울특별시 마포구 양화로 15길 20 마인드월드빌딩
대표전화 • 02-330-5114 팩스 • 02-324-2345
등록번호 • 제313-2006-000265호

홈페이지 • http://www.hakjisa.co.kr
페이스북 • https://www.facebook.com/hakjisabook

ISBN 978-89-997-2393-3 93180

정가 18,000원